いちばんわかりやすい

奈良正哉　[監修]

ビジネス文書（書き方とマナー）

成美堂出版

本書の使い方と特長

　ビジネスの現場でよく使われる文例を、社外文書（業務文書、社交文書）と社内文書にわけて、豊富に掲載しています。

○例と×例で良い文書の書き方の

文書の目的

送る場面
文書を送る場面。何を目的に送る文書なのかを示しています。

POINT
各文書で押さえておきたいポイントです。

✖ NG例
何が良くないないのかを具体的に指摘しています。

通知する

こちらの状況や事情の変化を受けて、取引先や顧客にその旨を伝えるための文書です。正確な内容をすばやく伝えることを心がけましょう。

送る場面 社屋移転（P45）■資料送付（書面）（P46）■商品出荷（通常の場合）（P46）
■書類送付（書面／メール）（P47）■値上げ（価格改定）（P48）■支払日変更（P48）
■請求書送付（P49）■見積書送付（P49）■応募者への採用・不採用（P50）■夏季休業（P51）
■休業日変更（P51）

Point
▶ 1つの通知状には1つの用件だけを記すのが原則
▶ できるだけ早く先方に伝えて業務に支障を来さないようにする
▶ 必要な事項を正確・簡潔に書く

✖ 社屋移転の通知

株式会社ハローネット
　鈴木翔太様、高畠奈緒子様、橘田義則様
合同会社ハローネットサービス
　嵯峨様、旗本様

　　　　　　　　　　　　　　株式会社　ＴＯＫＹＯ開発
　　　　　　　　　　　　　　代表取締役社長　吉川栄太

　　　　　　　　　社屋移転のお知らせ

　拝啓　時下ますますご清栄のこととお慶び申し上げます。
　平素は格別のご高配を賜り、誠にありがとうございます。
　さて、このたび弊社では、本社社屋を移転することになりましたので、ここにお知らせいたします。

移転先は、
・新住所　〒123-0000　東京都港区港用2-3-4
・新番号　電話　03-1234-0000
　　　　　FAX　03-1234-0001
・メール　XXX1234@△△.jp
まずは、略儀ながら書中をもちましてお知らせいたします。

　　　　　　　　　　　　　　　　　　　　　　　敬具

✖ 発信の日付がない

✖ 宛先をすべて羅列してしまっている。また、フルネームだったり、苗字だけだったりも良くない

✖ 移転の理由が述べられていないと相手に不審の念を抱かせる。「改修工事に伴い」「業務拡張のため」など、簡単で良いのでひと言つけ加えたい

✖ 移転についての情報が十分に押さえられていない。旧社屋での営業がいつまでなのか、電話番号やメールなどに変更があるかどうかなどにもふれておく

44 凡例 ●OK例（お手本）✖NG例 ♪書き換え例 ♪シチュエーション例 ♪用語

アイコンの見方

書き換え例
同じ意味合いの異なる表現を紹介しています。

シチュエーション例
文例にある状況と事情が異なる別の状況の文例を紹介しています。

用語
「各位」「厚誼」などビジネス文書特有の表現を解説しています。ここに登場した用語は、巻末資料の「使いこないしたいビジネス用語」(P312~) にもまとめています。

ポイントがひとめでわかります

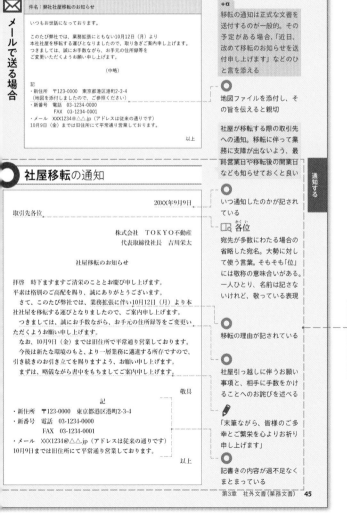

件名:弊社社屋移転のお知らせ

いつもお世話になっております。

このたび弊社では、業務拡張にともない10月12日（月）より
本社社屋を移転する運びとなりましたので、取り急ぎご案内申し上げます。
つきましては、誠にお手数ながら、お手元の住所録等を
ご変更いただくようお願い申し上げます。

(中略)

記
・新住所　〒123-0000　東京都港区港町2-3-4
　（地図を添付しましたので、ご参照ください）
・新番号　電話　03-1234-0000
　　　　　FAX　03-1234-0001
・メール　XXX1234@△△.jp（アドレスは従来の通りです）
10月9日（金）までは旧住所にて平常通り営業しております。

以上

+α
移転の通知は正式な文書を送付するのが一般的。その予定がある場合、「近日、改めて移転のお知らせを送付申し上げます」などのひと言を添える

○
地図ファイルを添付し、その旨を伝えると親切

社屋が移転する際の取引先への通知。移転に伴って業務に支障が出ないよう、最終営業日や移転後の開業日なども知らせておくと良い

メールで送る場合
メールや社内イントラネットに適した文例も掲載。

社屋移転の通知

20XX年9月9日

取引先各位

株式会社　ＴＯＫＹＯ不動産
代表取締役社長　古川栄太

社屋移転のお知らせ

拝啓　時下ますますご清栄のこととお慶び申し上げます。
平素は格別のご高配を賜り、誠にありがとうございます。
　さて、このたび弊社では、業務拡張に伴い10月12日（月）より本
社社屋を移転する運びとなりましたので、ご案内申し上げます。
　つきましては、誠にお手数ながら、お手元の住所録等をご変更い
ただくようお願い申し上げます。
　なお、10月9日（金）までは旧住所で平常通り営業しております。
　今後は新たな環境のもと、より一層業務に邁進する所存ですので、
引き続きお引き立てを賜りますよう、お願い申し上げます。
　まずは、略儀ながら書中をもちましてご案内申し上げます。

敬具

記
・新住所　〒123-0000　東京都港区港町2-3-4
・新番号　電話　03-1234-0000
　　　　　FAX　03-1234-0001
・メール　XXX1234@△△.jp（アドレスは従来の通りです）
10月9日までは旧住所にて平常通り営業しております。

以上

○
いつ通知したのかが記されている

各位
宛先が多数にわたる場合の省略した宛名。大勢に対して使う言葉。そもそも「位」には敬称の意味合いがある。一人ひとり、名前は記さないけれど、敬っている表現

○
移転の理由が記されている

○
社屋引っ越しに伴うお願い事項と、相手に手数をかけることへのお詫びを述べる

OK例（お手本）
NG例を修正してOK例としたもののほか、ぜひ真似したい書き方を紹介しています。

「末筆ながら、皆様のご多幸とご繁栄を心よりお祈り申し上げます」

○
記書きの内容が過不足なくまとまっている

通知する

第4章

印象アップ間違いなし！
社外文書［社交文書］の書き方

第5章

人間関係がスムーズに運ぶ
社内文書の書き方 ₂₀₉

巻末資料 297

索引

第1章

ビジネス文書の
基本

・・・

社会人として必要なビジネス文書の基礎知識を
まとめました。ルールとマナー、そして形式を
守ることからスタートしましょう。
目的は仕事を円滑に進めることです。

仕事を円滑に進める
ビジネス文書 3つの基本

ビジネスにおいて、文書作成は欠かせない作業です。文書の出来・不出来が、仕事の成果や社内外の信頼関係に大きな影響を与えることも珍しくありません。ビジネス文書を作成する際は、まずは、このページで紹介している3つの基本を徹底しましょう。

1 文書の役割を確認しておく

ビジネス文書は、顧客や取引先に宛てた**社外文書**と、会社内でやりとりする**社内文書**に大別できます。社外文書はさらに、**業務文書**と**社交文書**に分けられます。ビジネス文書を作成する際は、これから作成する文書の種類と役割を確認する習慣をつけましょう。

文書の種類		役割	目的
社外文書	**業務文書**	通知する／案内する／依頼する／申し込む／お詫びする　など	顧客や取引先に情報や依頼内容を正確に伝え、必要に応じて行動を起こしてもらう。また、やりとりを記録として残す役割もある
	社交文書	挨拶する／招待する／お祝いする／お見舞いするなど	感謝や弔意などを伝えることで、顧客や取引先との円満な関係を築き、維持する
社内文書		案内する／回覧する／通知する／依頼する／報告する　など	業務に必要な情報や状況を共有し、円滑な組織運営を促す

2 目的をはっきりさせる

わかりやすいビジネス文書には共通点があります。それは、書かれた目的がはっきりしていることです。「自社製品を宣伝してもらえるよう依頼する」「お詫びを伝える」「イベントの告知をする」など、その文書で達成したい目的が明確になっていれば、書くべき情報や書き方はおのずと決まってきます。

❸ ルールに従って作成する

　ビジネス文書には、マナーやレイアウトに関するさまざまな「ルール」があります。ルールに従っていない文書は、読みにくいだけでなく、相手に悪い印象を与えたり、不信感を抱かせたりするおそれがあるので注意が必要です。

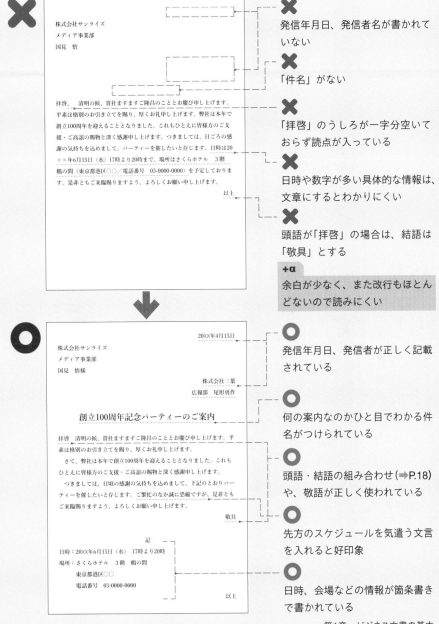

✕　発信年月日、発信者名が書かれていない

✕　「件名」がない

✕　「拝啓」のうしろが一字分空いておらず読点が入っている

✕　日時や数字が多い具体的な情報は、文章にするとわかりにくい

✕　頭語が「拝啓」の場合は、結語は「敬具」とする

+α　余白が少なく、また改行もほとんどないので読みにくい

○　発信年月日、発信者が正しく記載されている

○　何の案内なのかひと目でわかる件名がつけられている

○　頭語・結語の組み合わせ（➡P.18）や、敬語が正しく使われている

○　先方のスケジュールを気遣う文言を入れると好印象

○　日時、会場などの情報が箇条書きで書かれている

押さえておきたいルール ①
ビジネス文書のOKとNG

ルール・マナー 編

　ビジネス文書作成におけるルールは、マナー関連のものとレイアウト関連のものに大別できます。マナー関連のルールはいわば、相手を重んじて敬意を示すための作法です。顧客や取引先と信頼関係を築き、円滑に業務を進められるよう、しっかり覚えましょう。

✖ **新製品**の告知

第000-0000
20XX.03.09

(株) ユウホドウ
事業部　笹野貴史部長

「トトノウ」発売

拝啓、早春の候、貴社ますますご清栄のこととお慶び申し上げます。
　このたび、新製品「トトノウ」が4/2より全国発売することになりました。本製品は、当社の独自技術により、リラクゼーション効果のある香り成分を配合したスキンケア用品です。
　スキンケアしながら心も癒やせる本製品は、多くの女性にとても必要とされるものと確信しております。
　つきましては、ニュースリリースとサンプルを同封いたしました。拝見のほどお願い申し上げます。ご不明な点がございましたら、弊社広報部までご連絡ください。

以上

✖ 発信年月日が略されている

✖ 会社名を「(株)」「(有)」などと略すのはマナー違反

✖ 発信者名がない

✖ 最後まで読んでもらえない可能性が高くなるので、あいまいな件名は避ける

✖ 「拝見」はへりくだったいい方。相手に対して使うと失礼に当たる

✖ 呼称が文書内で統一されていない

✖ 頭語が「拝啓」なら、結語は、「敬具」

OK例はここが違う!

　伝える内容をはっきりさせ、相手がすぐに理解できるようにまず形式を守って書きましょう。そのうえで、相手に対して失礼がないように、マナーに気を配って作成することが大切です。

▶ 「誰が、誰に宛てた文書なのか」がひと目でわかる

▶ 頭語・結語、時候の挨拶、敬語などが適切

▶ 「件名」を読めば、何の文書なのかすぐにわかる

● 新製品の告知

自社の製品やサービスについて、メディアに取り上げてほしいとき

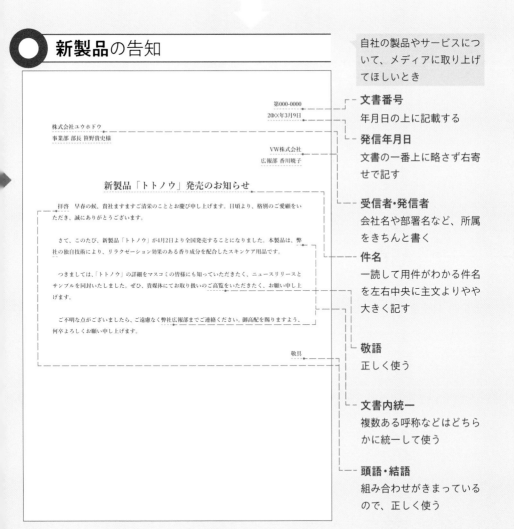

第000-0000
20××年3月9日

株式会社ユウホドウ
事業部 部長 笹野貴史様

VW株式会社
広報部 香川暁子

新製品「トトノウ」発売のお知らせ

　拝啓　早春の候、貴社ますますご清栄のこととお慶び申し上げます。日頃より、格別のご愛顧をいただき、誠にありがとうございます。

　さて、このたび、新製品「トトノウ」が4月2日より全国発売することになりました。本製品は、弊社の独自技術により、リラクゼーション効果のある香り成分を配合したスキンケア用品です。

　つきましては、「トトノウ」の詳細をマスコミの皆様にも知っていただきたく、ニュースリリースとサンプルを同封いたしました。ぜひ、貴媒体にてお取り扱いのご高覧をいただきたく、お願い申し上げます。

　ご不明な点がございましたら、ご遠慮なく弊社広報部までご連絡ください。御高配を賜りますよう、何卒よろしくお願い申し上げます。

敬具

文書番号
年月日の上に記載する

発信年月日
文書の一番上に略さず右寄せで記す

受信者・発信者
会社名や部署名など、所属をきちんと書く

件名
一読して用件がわかる件名を左右中央に主文よりやや大きく記す

敬語
正しく使う

文書内統一
複数ある呼称などはどちらかに統一して使う

頭語・結語
組み合わせがきまっているので、正しく使う

レイアウト 編

　１行あたりの文字数が多すぎて余白がほとんどなかったり、改行や一字下げがなかったりすると、相手は文章をひと目見ただけで、読む気をなくしてしまいます。見やすいレイアウトを心がけましょう。日時など、数字が多い情報は、記書き（別記）として箇条書きにします。

 ## 新製品の告知

20XX年4月10日

株式会社春見商店
販売部　里中文章様

株式会社味菜
事業部　佐々木三枝

拝啓　時下ますますご盛栄のこととお慶び申し上げます。平素は格別のお引き立てを賜り、厚く御礼申し上げます。
さて、このたび、当社が運営しておりますフレンチレストラン「シュマン」では、オープン5周年を迎えることとなりました。
つきましては、これまでの感謝の気持ちを込めて特別試食会を開催いたします。日時は6月10日（土）午前11時～、会場はフレンチレストラン「シュマン」（東京都品川区○○／JR品川駅港南口より徒歩10分／電話　03-0000-0000）です。

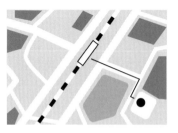

なお、誠に勝手ながら、出欠のご連絡をいただけましたら幸いです。どうぞよろしくお願いいたします。

敬具

+α
余白が狭く、紙面に文字が詰め込まれている文書は、相手の読む意欲を損なう可能性大。A4用紙の場合、1行あたりの文字数は40文字程度が適切

 字下げをしていない

 日時など、数字を多用する情報を本文中に入れてしまっている。重要情報であるのに見落とされやすい

 担当者の連絡先（メールアドレス等）がない。これではどこへ連絡したら良いか、わからない

OK例はここが違う!

中身はもちろん、レイアウトにも気を配りましょう。余白がなく、文字がびっしり詰まっていると、相手は読む気を削がれます。情報を整理して箇条書きや別紙を使い、1枚に収める情報量を適切な量に整えます。

▶ **適度な余白&適切な改行で読みやすい**

▶ **情報量が適度なので相手が疲れない**

▶ **イベント詳細がひと目でわかる**

⬤ 新製品の告知

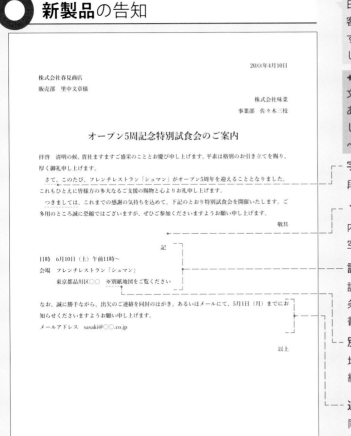

```
                                        20XX年4月10日
株式会社春見商店
販売部 里中文章様
                                       株式会社味菜
                               事業部 佐々木三枝

              オープン5周年記念特別試食会のご案内

拝啓 清明の候、貴社ますますご盛栄のこととお慶び申し上げます。平素は格別のお引き立てを賜り、
厚く御礼申し上げます。
  さて、このたび、フレンチレストラン「シュマン」がオープン5周年を迎えることとなりました。
これもひとえに皆様方の多大なるご支援の賜物と心よりお礼申し上げます。
  つきましては、これまでの感謝の気持ちを込めて、下記のとおり特別試食会を開催いたします。ご
多用のところ誠に恐縮ではございますが、ぜひご参加くださいますようお願い申し上げます。
                                            敬具

                         記

日時 6月10日(土)午前11時～
会場 フレンチレストラン「シュマン」
   東京都品川区×○○ ※別紙地図をご覧ください

なお、誠に勝手ながら、出欠のご連絡を同封のはがき、あるいはメールにて、5月1日(月)までにお
知らせくださいますようお願い申し上げます。
   メールアドレス sasaki@○○.co.jp

                                            以上
```

日頃お世話になっている顧客や取引先に、自社が開催するイベントに参加してほしいとき

+α
文書の周囲に適度な余白があると、相手が情報を理解しやすくなる。紙面の60～70%程度を心がける

字下げ
段落のはじめは1字下げる

1行空き
内容のまとまりごとに1行空ける

記書き(別書)
詳細や具体的な内容は、箇条書きにしてまとめる。記書きの注意点はP296参照

別紙
地図など、煩雑な情報は別紙へ

連絡先
同封はがきかメールで、出欠連絡をお願いしている。期限も明記している

第一印象はここで決まる！
前文の書き方

社外宛のビジネス文書では、本題にすぐに入らず、まず前文を記します。

前文は、「送る相手」「文書の目的」によって使い分ける必要があります。ビジネスマナーを知らないと、「失礼な相手」という印象を与えてしまうおそれがあるので注意しましょう。

ビジネス文書の本文は、
❶前文
❷主文
❸末文
の3部構成です。

前文は
ここ！

第000-0000

20××年3月9日

株式会社ユウホドウ
事業部 部長 笹野貴史様

VW株式会社

広報部 香川暁子

新製品「トトノウ」発売のお知らせ

前文

① 拝啓 ② 早春の候、③ 貴社ますますご清栄のこととお慶び申し上げます。日頃より、格別のご愛顧をいただき、④ 誠にありがとうございます。

主文

さて、このたび、新製品「トトノウ」が4月2日より全国発売することになりました。本製品は、弊社の独自技術により、リラクゼーション効果のある香り成分を配合したスキンケア用品です。

つきましては、「トトノウ」の詳細をマスコミの皆様にも知っていただきたく、ニュースリリースとサンプルを同封いたしました。ぜひ、貴媒体にてお取り扱いのご検討をいただきたく、お願い申し上げます。

末文

ご不明な点がございましたら、ご遠慮なく弊社広報部までご連絡ください。御高配を賜りますよう、何卒よろしくお願い申し上げます。

敬具

さらに**前文**は、①頭語→②時候の挨拶→③慶賀の挨拶→④感謝の挨拶で成り立っています。社内文書（➡P.147〜）では、前文と末文は省略します。

頭語と結語の組み合わせ

頭語と**結語**には決まった組み合わせがあります。以下の表を参考に、送る相手や文書の内容によって使い分けましょう。ただし、**お悔やみの文書では頭語は省略して、すぐに本題に入ってかまいません。**

文書の例	頭語と結語の一般的な組み合わせの例
一般的な文書	拝啓－敬具／拝呈－拝具／啓上－拝白
改まった文書	謹啓－敬白／謹呈－謹白

急用のとき	急啓−草々／急白−拝具
挨拶を省略するとき	前略−草々
お見舞いのとき	急啓−草々
返信するとき	拝復−敬具／復啓−拝具
お悔やみを伝えるとき	（頭語は省略）−合掌／（頭語は省略）−敬具

時候の挨拶

　頭語のあとは**1字分空けて、時候の挨拶を続けます。**具体例はP.308〜309で紹介していますので、そちらを参照してください。なお、時候の挨拶を「**時下**」で済まし、「時下ますますご健勝のこととお慶び申し上げます」と書くこともできます。

慶賀の挨拶／感謝の挨拶

　頭語、時候の挨拶のあとは、送付先の繁栄を慶ぶ「**慶賀の挨拶**」と、日頃の感謝を伝える「**感謝の挨拶**」を続けます。感謝の挨拶は省略もできますが、加えるとより丁寧な印象になります。また、ひさしぶりに連絡する場合やはじめて連絡する場合は、感謝の挨拶ではなく**お詫び**を記します。

文書の例	慶賀の挨拶の例	感謝の挨拶の例
一般的な文書（会社宛）	貴社ますますご盛栄のこととお喜び申し上げます。	平素は格別のお引き立てにあずかり、厚くお礼申し上げます。
一般的な文書（個人宛）	○○様におかれましてはいよいよご健勝のこととお喜び申し上げます。	日頃はひとかたならぬご高配を賜り心よりお礼を申し上げます。
久しぶりに連絡する場合	貴社ますますご繁栄のこととお喜び申し上げます。	心ならずもご無沙汰ばかりで誠に申し訳ございません。
はじめて連絡する場合	貴社におかれましてはますますご発展のことと拝察いたします。	突然、ご連絡を差し上げるご無礼をお許しください。

用件が確実に伝わる 主文の書き方

頭語、時候の挨拶、慶賀の挨拶のあとは、いよいよ主文、本題です。

このページで紹介する「起こし言葉」や「文中の決まり文句」を使いこなして、用件が明確に伝わる文書に仕上げましょう。

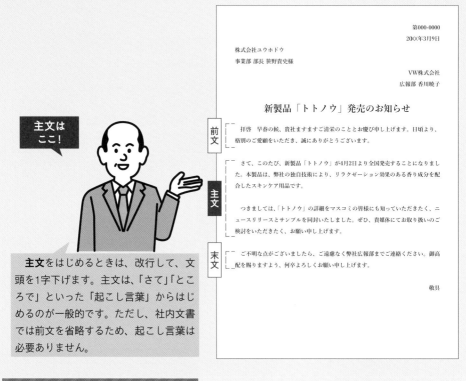

主文はここ！

主文をはじめるときは、改行して、文頭を1字下げます。主文は、「さて」「ところで」といった「起こし言葉」からはじめるのが一般的です。ただし、社内文書では前文を省略するため、起こし言葉は必要ありません。

（文書例）

第000-0000
20◇◇年3月9日

株式会社ユウホドウ
事業部 部長 笹野貴史様

VW株式会社
広報部 香川暁子

新製品「トトノウ」発売のお知らせ

前文
拝啓　早春の候、貴社ますますご清栄のこととお慶び申し上げます。日頃より、格別のご愛顧をいただき、誠にありがとうございます。

主文
　さて、このたび、新製品「トトノウ」が4月2日より全国発売することになりました。本製品は、弊社の独自技術により、リラクゼーション効果のある香り成分を配合したスキンケア用品です。

　つきましては、「トトノウ」の詳細をマスコミの皆様にも知っていただきたく、ニュースリリースとサンプルを同封いたしました。ぜひ、貴媒体にてお取り扱いのご検討をいただきたく、お願い申し上げます。

末文
　ご不明な点がございましたら、ご遠慮なく弊社広報部までご連絡ください。御高配を賜りますよう、何卒よろしくお願い申し上げます。

敬具

わかりやすい主文とは

　主文は**ビジネス文書**の**「本題」**です。読み手に用件が過不足なく伝わるよう、下記のポイントを押さえながら書きましょう。

- ●「起こし言葉」で主文を目立たせる
- ●「文中の決まり文句」で話の流れをつくる
- ● 1つの文は最大で80字くらいに留める
- ● ダラダラとした文章ではなく、要点を箇条書きにする

起こし言葉で本題を示す

　主文の冒頭に用いられる「さて」「ところで」などの接続詞を**「起こし言葉」**といいます。**起こし言葉には読み手の注意を引き、「ここから文書の本題がはじまります」と知らせる役割があります。**以下の表のほかにも、「実は」「さて表題の件につきましては」「このたび」なども起こし言葉としてよく使われます。

起こし言葉	使い方の例
さて	さて、このたび弊社では さて、突然ではございますが
ところで	ところで、先日ご連絡差し上げました〇〇の件ですが ところで、〇月〇日付に配信されたリリースにおかれまして
さっそくですが	さっそくですが、先日お問い合わせいただきました〇〇の件で さっそくですが、過日ご提案いただきましたお見積もりにつきまして
すでにご存じかと思いますが	すでにご存じかとは思いますが、弊社は〇月〇日（〇）より すでにご存じかとは思いますが、弊社はこのたび

文中の決まり文句

　用件をひと通り説明したら、主文のまとめに入りましょう。このとき、下記の**決まり文句**を使うと文章の流れが良くなり、読み手も理解しやすくなります。

内容	決まり文句	使い方の例
結論を述べる	つきましては	つきましては、下記のとおり、〇〇の発売記念パーティーを開催いたします。
	以上より	以上より、社内で慎重な検討を重ねました結果、今回は〇〇とさせていただきました。
依頼する	つきましては	つきましては、〇日までにご回答いただきますようよろしくお願い申し上げます。
用件を補足する	もし	もし、ご不明な点がございましたら、担当〇〇までお問い合わせください。
	なお	なお、〇〇につきましては、改めて回答させていただきます。

好感度をアップさせる
末文の書き方

読み手が最後に目を通す文章が末文です。末文の良し悪しで、文書の印象が大きく変わります。簡潔で、なおかつ、目的に適した末文を書いて、読み手に好感をもってもらえる文書を目指しましょう。

末文はここ!

第000-0000
20○○年3月9日

株式会社ユウホドウ
事業部 部長 笹野貴史様

VW株式会社
広報部 香川暁子

新製品「トトノウ」発売のお知らせ

前文
拝啓　早春の候、貴社ますますご清栄のこととお慶び申し上げます。日頃より、格別のご愛顧をいただき、誠にありがとうございます。

主文
さて、このたび、新製品「トトノウ」が4月2日より全国発売することになりました。本製品は、弊社の独自技術により、リラクゼーション効果のある香り成分を配合したスキンケア用品です。

つきましては、「トトノウ」の詳細をマスコミの皆様にも知っていただきたく、ニュースリリースとサンプルを同封いたしました。ぜひ、貴媒体にてお取り扱いのご検討をいただきたく、お願い申し上げます。

末文
ご不明な点がございましたら、ご遠慮なく弊社広報部までご連絡ください。御高配を賜りますよう、何卒よろしくお願い申し上げます。

敬具

文書の最後に置く**末文**。主文の最後から改行、1字下げをして、書きはじめます。末文を書いたら、改行して右寄せで「結語」を書きましょう。なお、記書きがある場合は、結語のあと、さらに改行し、左右中央の位置に「記」と書いて、追加情報をまとめます。

末文の書き出し

● **用件をまとめる場合**	用件をまとめる場合は、「まずは」「取り急ぎ」「略儀ながら」などの**慣用句**ではじめるのが一般的です。
● **そのほか**	今後の親交や厚誼（➡P.46）を願う場合の書き出しは「**今後とも**」が一般的です。相手の健康や繁栄を願う場合に用いられる「**末筆ながら**」は、相手の繁栄や健康を祈ったり、気遣ったりする場合によく使われます。「末筆ではございますが」でもかまいません。

目的に合わせた末文の例

　末文の書き方の例を目的別にまとめました。最後の1文まで気を抜かず、読み手に好印象を与えられる末文を心がけましょう。

目的	書き方の例
用件をまとめる ※書き方の例の「お知らせ」の部分は、文書の目的によって、「ごあいさつ」「ご依頼」「お祝い」「お礼」「お見舞い」などに変更します	・まずは書面にてお知らせ申し上げます。 ・略儀ながら書中をもちましてお知らせ申し上げます。 ・まことに略儀ではございますが、書面をもちましてお知らせ申し上げます。 ・まずはお知らせまで。 ・取り急ぎお知らせまで。
今後の親交を願う	・今後ともよろしくお願い申し上げます。 ・変わらぬご愛顧を賜りますようお願い申し上げます。
返事を求める	・ご多忙のところ誠に恐縮ですが、お返事をお待ち申し上げております。 ・誠に申し訳ございませんが、〇月〇日までにご回答いただければ幸甚に存じます。
依頼する	・勝手なお願いを申し上げ、誠に恐縮ではございますが、〇〇いただきますよう何卒よろしくお願い申し上げます。 ・何卒お取り計らいのほど、よろしくお願いいたします。 ・何かほかに必要な資料等、ございましたらお申しつけください。手配いたします。
断る	・あしからずご了承くださいますよう、お願い申し上げます。 ・誠に遺憾ながら、ご期待には添えかねます。何卒、ご容赦ください。
相手の繁栄や 健康を願う	・末筆ながら、いっそうのご活躍のほどを祈念しております。 ・貴社ますますのご発展を心からお祈りしています。

無味乾燥にならない！ 気の利いた締めのフレーズ

　ビジネスメールだからといって、本題だけに終始してしまうと、少し冷たく感じてしまうもの。次のような、相手を気遣う締めのフレーズを入れると好印象です。距離がぐっと縮まることもあります。

- 「風邪などひかれないよう、ご自愛ください」
- 「お近くにお越しの際は、ぜひお立ち寄りくださいませ」
- 「いつもお心配りいただき、ありがとうございます」
- 「今後とも何卒、よろしくお願いいたします」

"何で知らせる"
書面・メールの使い分け

電子メールでのやりとりが常態化している現代において、何をどんな手段で送るのかはケースバイケース。そこで、郵送とメール送付に向いている場面などを、それぞれまとめてみましたが、業界でも慣例が違いますので、上司や同僚が取っている方法も参考にしましょう。

文書作成ソフトで文面作成

▶ **プリントアウトして、郵便で送付**

ワードなどの文書作成ソフトを使って作成した書面をプリントアウトし、封筒に入れて郵送する

▶ **PDFにしてメールで送付**

プリントアウトせず、作成した文書をPDF化して、メールに添付する

▶ **FAXで送信する**

プリントアウトして、FAX（ファクシミリ）で送信する

メールソフトで文面作成

▶ **メールで送付**

メール本文に直接、記載する方法。添付文書などはつけず、メールのみで送る

電話連絡のメリット・デメリット

用件を直接伝えられて、返事もその場でもらえる電話は、急ぎの用件を伝えるのにピッタリです。また、郵送にしろメールにしろ、届いたことを確認する場合にも使えます。ただし、近年電話は嫌がる人も少なくないので、相手によっては書面のほうが良いかもしれません。また、文書化しないと「聞いていない」など、いったいわないのトラブルになったり、詳細が伝わっていなかったりすることもありますので、注意が必要です。

	こんなときに	注意点
郵送	☑ フォーマルな文書を送りたいとき ☑ 招待状やお悔やみ状などを送りたいとき ☑ 返信用の紙と封筒が入っていたとき ☑ 証拠を残したいとき	☑ 相手に到着するまでにタイムラグが生じる ☑ 送料がかかる
PDF	☑ プリントアウトして使う資料を送るとき ☑ 郵送する場合の先ぶれとして ☑ 伝えたい内容が複雑なとき ☑ 請求書などを送りたいとき	☑ 添付が外れていることが少なくない ☑ 容量の重いものはオンラインストレージサービスなどを利用しないと送れない
FAX	☑ 相手がメールアドレスをもっていないとき	☑ 相手先のほかの同僚に見られる可能性がある ☑ FAX自体の使用頻度が低くなっているのであまり確認してもらえない ☑ ほかの紙に紛れてしまいやすい
メール	☑ 日頃からやりとりのある相手に送るとき ☑ 伝えたいことが1点のみなどシンプルな場合 ☑ 急いでいる場合	☑ 謝罪など、内容から向かないものも ☑ 資料が多いと煩雑になってしまう

ビジネス文書力が確実に上がる
伝わるルールとキーワード

基本的なルールとマナーが身についたら、次は「読み手が容易に理解できる文章」を目指しましょう。

伝えるべきことが明確に、過不足なく、相手に読みやすく書かれている。これが理想です。詳細はP.28〜P.29にまとめました。

伝わる文章を書く4つのルール
1.読み手を意識する
2.文章はとにかく簡潔に
3.接続詞を活用する
4.ナンバリングする

 省エネ推進運動について

20XX年4月1日

各位

総務課　高木忠

省エネ推進運動について

当社は、経費削減と環境への配慮から「省エネルギー推進運動」を進めてきましたが、昨今のエネルギーコストの上昇によりさらなる削減が求められているため、より一層のご協力をお願い致します。

・業務時間外はできるだけ消灯を心がけ、昼休みにつきましても、可能なかぎり消灯するようにしてください。
・ワード文書やPDFなどのデジタルデータを必要以上にプリントしないようにし、ページ数が多い文書は両面印刷するなど、コピー枚数を減らすよう心がけてください。
・冷暖房の設定温度については、基本的に夏場は26℃、冬場は22℃とし、総務課が一括管理します。調節が必要な場合は総務課に申し出てください。

読み手を意識した見出しになっていない。これでは省エネ推進運動について理解するだけで良いのか、何か協力する必要があるのか、わからない

一文が長すぎ、接続詞がないため、文章の展開がわかりにくい

✖
ナンバリングも標題もないため、すべての文章を読まないと内容をつかめない

伝わる文章を書く！ 奈良式キーワード

28〜29ページで紹介している「伝わるルール」は、次の3つのキーワードに集約されています。

1. 短単

冗長な文章は読みにくく、誤解を生じがちです。ビジネス文書においては、「短く」「単純」な文章こそが良い文章です。

2. 形式

前文→主文→末文という構成や、1文の長さ、箇条書き、ナンバリングといったビジネス文書の「形式」が守られていれば、読み手は、「最低限の基準をクリアしている」と判断します。

3. 予測

接続詞やナンバリング、標題などを効果的に使うと、読み手が次の展開を予測しやすくなり、理解が深まります。

省エネ推進運動について

> 社内で推進する省エネ推進運動について社員各位の理解を促すための文書。このような社内連絡事項はメールで送ってもかまわない

0031-65A
20XX年4月1日

各位

総務課　高木忍

省エネ推進運動への協力のお願い

当社は、経費削減と環境への配慮から、「省エネルギー推進運動」を進めてきました。しかし、昨今のエネルギーコストの上昇によりさらなる省エネが求められています。つきましては、下記の取り組みに関しまして、より一層のご協力をお願い致します。

記

1. 消灯について
　①業務時間外はできるだけ消灯をお願いします。
　②昼休みも可能なかぎり消灯を心がけてください。
2. コピー用紙について
　①ワード文書やPDFなどのデジタルデータを必要以上にプリントしないよう留意してください。
　②ページ数が多い文書は両面印刷するなど、コピー枚数を減らすよう心がけてください。
3. 冷暖房の設定温度について
　①基本的に夏場は26℃、冬場は22℃とし、総務課が一括管理します。
　②調節が必要な場合は総務課に申し出てください。

以上

● キーワード3. 予測

標題を読めば何についての文書かすぐわかる

● キーワード3. 予測

接続詞によって話の流れが予測できる

● キーワード3. 予測

箇条書きにしてナンバリングし、表題をつけている

● キーワード1. 短単

一文が短く、簡潔

● キーワード2. 形式

ビジネス文書の「形式」が守られた構成

+α

1文につき、1つの内容が書かれていると、読み手にストレスを与えにくい。読みやすい文書となる

伝わる文章を書く4つのルール

読み手を意識する

ビジネス文書は、読んで、理解してもらってはじめてその役目が果たせます。**「相手が読みやすいかどうか」「相手が理解できるかどうか」** を意識して書くことが重要です。

✕ ダラダラ続く文章で要点がわかりづらい

> 拠点別にみると、本社は、目標に対しての達成率は107.5%、北米は同95.3%、欧州は68%、アジアは99.3%となり、全体としてはかろうじて目標達成の100.1%となった。
> 拠点別に要因をみると、本社では早くAX006及びAY003を投入した効果もあり、もともと当社への顧客のロイヤルティも高くハイエンド顧客が大層を占めることもあって、マーケット全体がシュリンクした影響が軽微であったことと思われるが…（略）

⭕ 表組、ナンバリング、標題でひと目でわかるようにした

1. 拠点別目標達成率

全体	本社	北米	欧州	アジア
100%	108%	95%	68%	99%

2. 概況
本社は新商品の投入効果により目標達成。しかし、本社以外は値上げによる買い控えが広がり苦戦（拠点別・製品別の実績詳細は「資料1」参照）。

● 「一読了解型」を心がける

ダラダラと続く文章や、いいたいことが不明瞭な文章は、読み手に大きな負担をかけるだけでなく、誤解が生じがち。一回読んだらすんなりわかる、「一読了解型」の文章を心がけましょう。

● 読み手の知識も考慮する

専門的な内容について書く場合、読み手の知識を考慮することも大切です。読み手が精通していないことを想定し、専門用語を使わないようにするなどの配慮が求められます。

● 読み手になったつもりで推敲する

推敲は、読み手になったつもりで行いましょう。「これくらいのミスなら気づかれないはず」「たぶん理解してくれるはず」という甘い考えは禁物です。

文章はとにかく簡潔に

ビジネス文書には、美しい修飾もユニークな表現も複雑な構成も必要ありません。徹底して**簡潔な文章**を心がけましょう。**1文で伝える内容は1つ**に絞り、最長でも80字くらいに留めます。

✕ 一文が長いので読みづらい

> さて、このたびは、弊社の取引先である株式会社ホワイト空間設計という3名の優れた一級建築士が在籍し、創業30年以上で実績も豊富、業界内での評価も高い横須賀市に本社を構える建築設計事務所様で営業本部長を務めておかれる須永誠氏を……

⭕ 1センテンス1テーマを徹底した

> さて、突然で恐縮ですが、弊社の取引先である株式会社ホワイト空間設計の営業本部長 須永誠氏をご紹介申し上げます。横須賀市に本社を置きます同社は、創業30年以上を数える建設設計事務所です。現在は3名の一級建築士が（中略）高い評価を得ています

● 伝えたいことを整理しておく

この文書で伝えたいことは何か、まずは要点を整理しておきましょう。

● 1センテンス1テーマを徹底する

1つの文には1つのことだけ書く。これを徹底するだけで文章は簡潔になります。

● 書いたらそぎ落とす

いったん書き終えたら、余分な箇所を躊躇なくそぎ落とします。

● 言い訳を書かない

謝罪や報告の文書が長くなりがちなのは、言い訳を書いてしまうからです。

ルール 3 接続詞を活用する

「したがって」「つきましては」「しかし」といった接続詞があれば、**読み手は次の展開を予測**でき、内容への理解を深めることができます。また、**接続詞は文章を短くするのにも役立ちます**。ワンランク上のビジネス文書を書けるようになりたいなら、接続詞を効果的に使えるようになりましょう。

✖ 接続詞がないので話の展開がみえない

> いつもお世話になっております。貴社のシステムエンジニアとして適任の人物が見つかりました。貴社がシステムエンジニアをお探しとのことは伺っておりました。当人の経歴書を同封しますので、お目通しください。

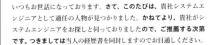

⚫ 接続詞を入れ、話の展開を明白にした

> いつもお世話になっております。**さて、このたびは**、貴社システムエンジニアとして適任の人物が見つかりました。**かねてより、**貴社がシステムエンジニアをお探しと伺っておりましたので、**ご推薦する次第です。つきましては**当人の経歴書を同封しますのでお目通しください。

● 次の展開を知らせる

「したがって」「つきましては」などの接続語があれば、読み手は「このあとは結論が書かれているんだな。読み飛ばさないようにしよう」と判断できます。「しかし」「なお」「また」などの接続詞があれば、「次は反論や補足が書かれている」とわかります。接続詞を活用して読み手の理解をサポートしましょう。

● 接続詞で文を短くする

1文が長くなってしまったら、接続詞を使って2つの文に分割できないか考えてみましょう。繰り返しますが、1センテンス1テーマが鉄則です。

ルール 4 ナンバリングする

視覚的にわかりやすいことも、良いビジネス文書の条件の1つです。文章を内容ごとに項目分けし、**ナンバリング**と**標題**をつければ、読みやすさは格段にアップします。また、箇条書きも積極的に取り入れましょう。箇条書きすることで文章が短くなり、さらに余白も生まれるため、読みやすさがアップします。

✖ 情報が整理されていない印象で読みづらい

> 記
>
> 日時　令和○年10月25日（土）
> 　　　13：00-18：00
> 会場　御茶ノ水商会本社ビル1階イベントスペース
> 　　　（別紙地図をご参照ください）
> 　　　　　　　　　　　　　　　　　　　　以上

⚫ ナンバリングと標題でわかりやすくした

> 記
>
> 1. 日時
> 　　令和○年10月25日（土）13：00-18：00
>
> 2. 会場
> 　　御茶ノ水商会本社ビル1階イベントスペース
> 　　（別紙地図をご参照ください）
> 　　　　　　　　　　　　　　　　　　　　以上

● 基本はローマ数字

ナンバリングに絶対に守らなければいけないルールはありませんが、「1、2、3…」「①、②、③…」という具合にローマ数字を使うのが一般的です。

● 標題をつける

ただナンバーを振るのではなく
1. 今年度の販売状況
2. 来年度の目標
という具合に標題をつけると、読み手が内容をより理解しやすくなります。

● 箇条書きにする

文章が長くなってしまったときは、箇条書きにできないか検討してみてください。箇条書きにする過程で内容が整理され、読み手に内容が伝わりやすくなります。

便利に使いこなそう!
FAXのマナー

FAXでビジネス文書を送る際は、送信票を添えるのがマナーです。送信票には、送信日、送付先情報、発信元情報、送付枚数、送信間違いに備えてFAX番号も明記します。なお、FAXは複数の人に見られる可能性があるため、プライバシーや機密事項のやりとりは控えます。

送信票の書き方

FAXにて文書を送る際につける頭紙。用件を送信票のなかに書ける場合「本状のみ」と書き添えると親切

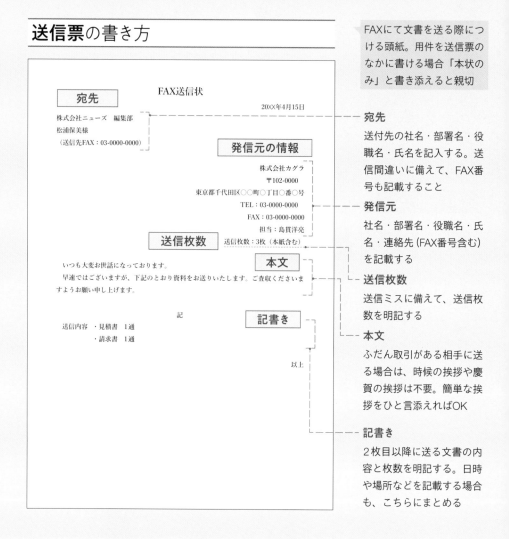

FAX送信状

20XX年4月15日

宛先

株式会社ニューズ　編集部
松浦保美様
（送信先FAX：03-0000-0000）

発信元の情報

株式会社カグラ
〒102-0000
東京都千代田区○○町○丁目○番○号
TEL：03-0000-0000
FAX：03-0000-0000
担当：島貫洋亮

送信枚数

送信枚数：3枚（本紙含む）

本文

いつも大変お世話になっております。
早速ではございますが、下記のとおり資料をお送りいたします。ご査収くださいますようお願い申し上げます。

記

送信内容　・見積書　1通
　　　　　・請求書　1通

記書き

以上

宛先
送付先の社名・部署名・役職名・氏名を記入する。送信間違いに備えて、FAX番号も記載すること

発信元
社名・部署名・役職名・氏名・連絡先（FAX番号含む）を記載する

送信枚数
送信ミスに備えて、送信枚数を明記する

本文
ふだん取引がある相手に送る場合は、時候の挨拶や慶賀の挨拶は不要。簡単な挨拶をひと言添えればOK

記書き
2枚目以降に送る文書の内容と枚数を明記する。日時や場所などを記載する場合も、こちらにまとめる

第2章

ビジネスメールの
基本

・・・

昨今では、書面に代わり、メールでの連絡が
高い割合を占めてきています。ケータイメールや
LINEなどの私信では問われない、ビジネスシーンな
らではの、メールのマナーとルールを押さえましょう。

書面との違いに注意！
ビジネスメールのルール

　紙の文書に比べるとややカジュアルな印象をもつメールですが、ビジネスシーンで使うからには相応のルールがあります。ルールを踏まえずに書くと、相手に悪い印象を与えてしまったり会社の評判を損なったりする可能性があるため、注意が必要です。

印象アップの原則

❶返信は速やかに
メールをもらったらできるだけ速やかに返信を。すぐに返信できない内容のときも、「検討して改めてご連絡します」と一報を入れると◎。

❷内容はできるだけ簡潔に
長文のメールはそれだけで相手にとっては負担。1メール1用件を原則とし、スクロールせずに読める分量にまとめるとスマートです。

❸メール特有の構成・マナーを押さえる
メールにはメール特有の構成とマナーがあります。メールを書く前に今一度確認しておきましょう（➡P.34〜35、P.36〜37参照）。

❹見やすいレイアウトを心がける
画面の横方向に文字が延々と続くメールや、空白行がまったくないメールは読みにくいもの。見やすいレイアウトを心がけてください（➡P.38〜39参照）。

宛先：oda@○○.co.jp
件名：ご連絡
添付：採用サイトリニューアル案.ppt スケジュール表.xls

拝啓 師走の候、ますますご清栄のこととお慶び申し上げます。平素は格別のご支援を賜り、厚くお礼申し上げます。先日お話しました採用サイトリニューアルのキックオフミーティングの日程ですが、12月5日（月）14：00〜に決まりました。場所は弊社A会議室です。ご不明な点がございましたらご連絡ください。お忙しいところお手数おかけしますが、どうぞよろしくお願い申し上げます。
敬具

三井

件名が「ご連絡」だけでは、何の用件なのかわからない

送信相手の社名・部署名・肩書き・氏名がない

メールでは頭語・結語、時候、慶賀の挨拶は不要

ミーティングの日程が本文に埋もれてしまっている

✖
名前だけで会社名も連絡先もない

宛先：oda@○○.co.jp
件名：キックオフミーティングの日程につきまして
添付：採用サイトリニューアル案.ppt スケジュール表.xls

株式会社カネコ
人事部　織田朋香様

いつも大変お世話になっております。
株式会社オーツ営業促進部の三井莉乃です。

先日お話しましたキックオフミーティングの日程が
決まりましたのでご連絡いたします。

日時　12月5日（月）14：00〜
場所　弊社A会議室

あわせまして、下記の資料を添付いたします。ご確認いただけますでしょうか。

《添付資料》
・採用サイトリニューアル案
・スケジュール表

ご不明な点がございましたらご連絡ください。
お忙しいところお手数おかけしますが、
どうぞよろしくお願い申し上げます。

****
株式会社オーツ
営業促進部　三井莉乃
〒140-0000　東京都品川区○○1-0-00
電話：03-0000-0000／FAX：03-0000-0000
Mail：mitsui@○○.co.jp
****

+α
1行30〜35文字程度にまとめ、キリの良いところで折り返すと読みやすい。また、話題が変わるときは行を空ける

件名
メールの用件が件名にわかりやすく書かれている

送信先
送信先の社名・部署名・肩書き・氏名が正確に書かれている

書き出し
簡単な挨拶ではじめ、勤務先、所属部署、フルネームなどの自己紹介を続ける

記書き（別記）
日時が記書きされており、わかりやすい

署名
メールの最後に署名がきちんと書かれている

押さえておこう！
ビジネスメールの基本構成

ビジネスメールの基本構成を紹介します。基本構成に則って書けば、「何から書けばいいのだろう？」と悩まずに済み、生産性が上がります。また、相手に「ビジネスマナーがわかっている人」という良い印象を与えられるので、一石二鳥です。

① 伝わる！ビジネスメール

宛先：m.susukake@○○.co.jp
件名：お問い合わせいただいた「タカラZ」の件
　　　【有限会社タカラ】

株式会社アカネックス
商品開発部
篠懸満様

いつもお世話になっております。
有限会社タカラ営業部の豊田綾乃です。

先日は弊社製品の「タカラZ」について
お問い合わせいただきありがとうございました。

早速ですが、下記のとおりご回答申し上げます。
弊社としましては、ぜひお取引を賜りたく、
ご検討のほど何卒よろしくお願い申し上げます。

　　　　　　　　　　　　記
1.価格　添付の価格表をご参照ください。
2.納期　○月○日までにご注文いただけましたら、
△月△日までの納品が可能です。
3.支払い方法　月末締め翌月末日の現金払い
　　　　　　　　　　　　　　　　　　以上

ご不明な点がございましたら、お申し付けください。
お忙しいところお手数おかけしますが、
どうぞよろしくお願い申し上げます。

有限会社タカラ　営業部　豊田綾乃
〒112-0000　東京都文京区○○1-0-00
電話：03-0000-0000／FAX：03-0000-0000
Mail：a-toyoda@○○.co.jp

宛先 送信先のメールアドレスを記入する
件名 メールの用件を端的に書く
送信先 いわゆる宛名。会社名、所属部署、フルネームが基本
前文 ひと言挨拶をしてから名乗ると好印象
主文（用件） 用件は簡潔に、わかりやすく書く
記書き 必要な情報を記書き（別記）にしてわかりやすくする
主文（用件） 締めくくりの一文を入れると印象アップ
署名 社名・部署名・名前・連絡先などをまとめる

2 できるビジネスパーソンの伝わるメール術

宛先	メールアドレスに間違いがないか、送信前に確認する。なお、メールアドレス部分はアドレス帳に登録された名称で表示されるため、正式名称で登録しておくと良い
件名	どんな用件のメールなのかがひと目でわかる件名にする。「はじめまして」「お知らせ」といった件名では迷惑メールに間違われてしまう可能性あり
送信先	会社の場合は共有アドレスを使っている可能性もあるので、社名・部署名・肩書き・氏名を省略せずに書く。頻繁にやりとりしている相手であれば氏名だけでもOK
前文	ビジネスメールでは時候の挨拶や慶賀の挨拶は不要だが、「いつもお世話になっております」「はじめてご連絡させていただきます」など、簡単なひと言を添えてから名乗ると好印象
主文（用件）	適宜改行したり、一行空けたりしながら、用件を簡潔にまとめる。必要に応じて、箇条書きやナンバリングで目立たせたり、罫線で区切ったりすると良い
末文	末文は絶対に必要というわけではないが、「お忙しいところ申し訳ございませんが」「ご多忙とは存じますが」など、相手を気遣う一文を添えるだけで印象UP

ビジネスメールの基本構成

宛先は慎重に！ CC・BCCの使い方

CCはカーボンコピー（Carbon Copy）の略で、情報を共有したい相手のメールアドレスを入れます。

BCCはブラインド・カーボンコピー（Blind Carbon Copy）の略で、CCに記入されたメールアドレスは受信者全員に表示されますが、BCCに記入されたメールアドレスは表示されません。受信者同士の面識がない場合など、受信者にほかの送信先メールアドレスを知られたくない場合に使います。

BCCと間違えてCCを使わないように注意

社会人なら知っておきたい
ビジネスメールの基本①

ルール・マナー 編

　書状とメールでは、マナーが違います。例えば、紙の社交文書には欠かせない時候の挨拶と慶賀の挨拶は、メールでは原則として不要です。また、改行後の1字下げも必要ありません。
　メール特有のマナーを覚えておきましょう。

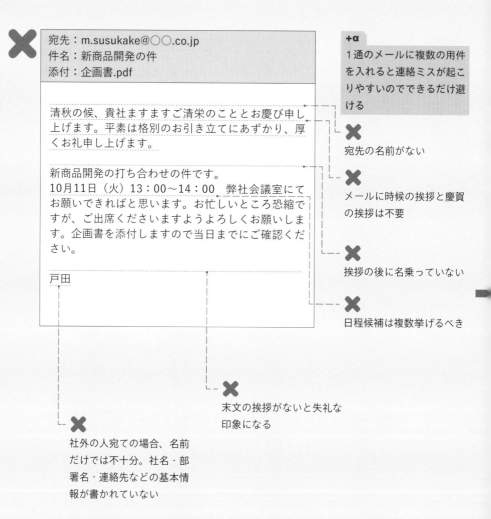

宛先：m.susukake@○○.co.jp
件名：新商品開発の件
添付：企画書.pdf

清秋の候、貴社ますますご清栄のこととお慶び申し上げます。平素は格別のお引き立てにあずかり、厚くお礼申し上げます。

新商品開発の打ち合わせの件です。
10月11日（火）13：00〜14：00　弊社会議室にてお願いできればと思います。お忙しいところ恐縮ですが、ご出席くださいますようよろしくお願いします。企画書を添付しますので当日までにご確認ください。

戸田

+α
1通のメールに複数の用件を入れると連絡ミスが起こりやすいのでできるだけ避ける

✖ 宛先の名前がない

✖ メールに時候の挨拶と慶賀の挨拶は不要

✖ 挨拶の後に名乗っていない

✖ 日程候補は複数挙げるべき

✖ 末文の挨拶がないと失礼な印象になる

✖ 社外の人宛ての場合、名前だけでは不十分。社名・部署名・連絡先などの基本情報が書かれていない

OK例はここが違う!

　基本構成を守り、**情報を過不足なくまとめるテクニック**が必要です。メールははじめての相手に送ることもありますが、基本的には知っている人の間で取り交わされるものです。堅苦しい、形式張った挨拶などは不要ですが、**相手を思いやり、時間をいただくことへの感謝**を述べると、気遣いのある印象になります。記書きのほか、**添付ファイル**も活用しましょう。

▶ 宛先、件名、用件、署名など基本構成に沿って書かれている

▶ 相手を気遣う内容になっている

▶ 添付ファイルについて言及している

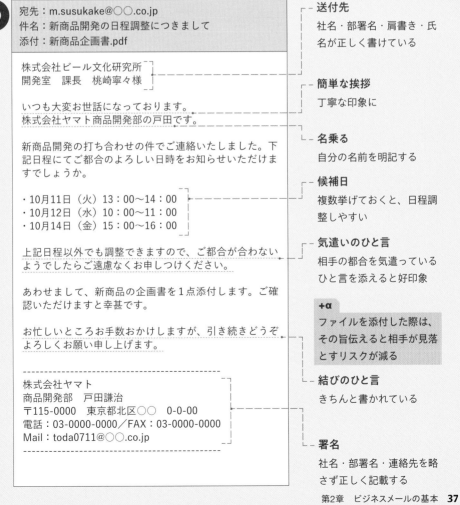

宛先：m.susukake@○○.co.jp
件名：新商品開発の日程調整につきまして
添付：新商品企画書.pdf

株式会社ビール文化研究所
開発室　課長　桃崎寧々様

いつも大変お世話になっております。
株式会社ヤマト商品開発部の戸田です。

新商品開発の打ち合わせの件でご連絡いたしました。下記日程にてご都合のよろしい日時をお知らせいただけますでしょうか。

・10月11日（火）13：00～14：00
・10月12日（水）10：00～11：00
・10月14日（金）15：00～16：00

上記日程以外でも調整できますので、ご都合が合わないようでしたらご遠慮なくお申しつけください。

あわせまして、新商品の企画書を1点添付します。ご確認いただけますと幸甚です。

お忙しいところお手数おかけしますが、引き続きどうぞよろしくお願い申し上げます。

株式会社ヤマト
商品開発部　戸田謙治
〒115-0000　東京都北区○○　0-0-00
電話：03-0000-0000／FAX：03-0000-0000
Mail：toda0711@○○.co.jp

送付先
社名・部署名・肩書き・氏名が正しく書けている

簡単な挨拶
丁寧な印象に

名乗る
自分の名前を明記する

候補日
複数挙げておくと、日程調整しやすい

気遣いのひと言
相手の都合を気遣っているひと言を添えると好印象

+α
ファイルを添付した際は、その旨伝えると相手が見落とすリスクが減る

結びのひと言
きちんと書かれている

署名
社名・部署名・連絡先を略さず正しく記載する

読みやすいメールの極意
ビジネスメールの基本②

レイアウト編

　スペースに限りがないメールは、文章が長くなりやすい傾向があります。しかし、必要以上に長いと、肝心の用件が伝わりにくく、相手をイラッとさせてしまう可能性も。改行や空白行の挿入、罫線による区切りなどを駆使して、読みやすいレイアウトを心がけましょう。

宛先：m.susukake@○○.co.jp
件名：お知らせ

合同会社 fu-sa　事業部　課長　矢口憲仁様

いつもお世話になっております。株式会社フォーブス製品課の坂本です。弊社では8月11日（木）〜8月16日（火）の期間、休業となりますのでお知らせいたします。なお、8月17日（水）午前9時より平常どおり営業いたします。
　誠に勝手ながら、休業期間中のメールでのお問い合わせにつきましては、8月17日（水）以降に回答いたします。休業期間中は何かとご不便をおかけいたしますが、何卒ご理解たまわりますようお願い申し上げます。
株式会社フォーブス　製品課　坂本宗一　〒124-0000
東京都葛飾区○○　0-0-00　電話：03-0000-0000／FAX：03-0000-0000　Mail：souichi.sakamoto@○○.co.jp

✕ 送信先を1行に羅列しているため、やや読みにくい

✕ 日時や数字などの重要な情報が本文に埋もれてしまっている

+α 空白の行がないと読みにくく、読み手に負担をかけてしまう

✕ 本文と署名の区切りがわかりにくい

読みづらいなぁ…

OK例はここが違う！

　ビジネスメールは、作成したら、送る前に受け取った相手の気持ちになって読み返し、以下の点をチェックしましょう。同じことを言っていても、1行の字数が長すぎたり、行間が空いてなかったり、長い文章のなかにダラダラと不必要な情報を書いてしまうと、伝わるのに時間がかかります。それだけ相手の負担になりますので注意が必要です。

▶ **適度に改行されているため、読みやすい**

▶ **内容ごとに空白行が挿入されているので、圧迫感がない**

▶ **箇条書きや罫線区切りで、重要な情報が強調されている**

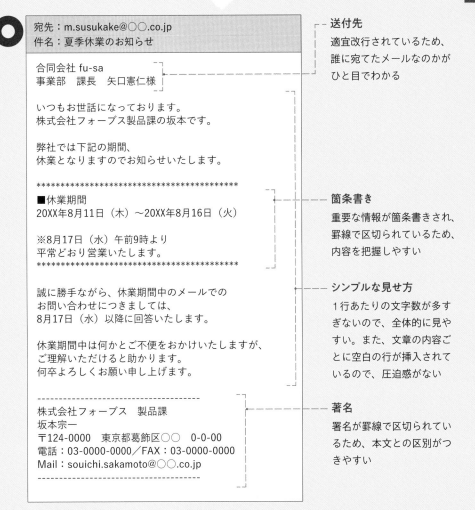

宛先：m.susukake@○○.co.jp
件名：夏季休業のお知らせ

合同会社 fu-sa
事業部　課長　矢口憲仁様

いつもお世話になっております。
株式会社フォーブス製品課の坂本です。

弊社では下記の期間、
休業となりますのでお知らせいたします。

＊＊＊＊＊＊＊＊＊＊＊＊＊＊＊＊＊＊＊＊＊＊＊＊＊＊＊＊＊＊＊＊＊＊
■休業期間
20XX年8月11日（木）～20XX年8月16日（火）

※8月17日（水）午前9時より
平常どおり営業いたします。
＊＊＊＊＊＊＊＊＊＊＊＊＊＊＊＊＊＊＊＊＊＊＊＊＊＊＊＊＊＊＊＊＊＊

誠に勝手ながら、休業期間中のメールでの
お問い合わせにつきましては、
8月17日（水）以降に回答いたします。

休業期間中は何かとご不便をおかけいたしますが、
ご理解いただけると助かります。
何卒よろしくお願い申し上げます。

株式会社フォーブス　製品課
坂本宗一
〒124-0000　東京都葛飾区○○　0-0-00
電話：03-0000-0000／FAX：03-0000-0000
Mail：souichi.sakamoto@○○.co.jp

送付先
適宜改行されているため、誰に宛てたメールなのかがひと目でわかる

箇条書き
重要な情報が箇条書きされ、罫線で区切られているため、内容を把握しやすい

シンプルな見せ方
1行あたりの文字数が多すぎないので、全体的に見やすい。また、文章の内容ごとに空白の行が挿入されているので、圧迫感がない

著名
署名が罫線で区切られているため、本文との区別がつきやすい

気をつけたい
メールのチェックポイント5選

　ここでは、ビジネスメールの基本構成・マナー・レイアウトに加えて、相手を気遣うメールのチェックポイントを5つ紹介します。実践すれば、ビジネスメールのレベルは格段にアップします。仕事がスムーズに運ぶメールを目指しましょう。

☑1. 機種依存文字を避ける

　機種依存文字とは、パソコンの種類やOSに依存し、ほかのパソコンやOSと互換性がない文字のことです。例えば、機種依存文字である丸付数字を使うと、(日)、(月)…などと文字化けすることがあります。完全に化けているならまだしも、なまじ読める字だけに余計わかりにくくなることがあります。

> **機種依存文字の例**
> - ① ② などの丸付の数字
> - ㈱ ㈲ などのかっこつきの漢字
> - Ⅰ Ⅱ Ⅲ などのローマ数字
> - ㎝ ㎏ などの単位

☑2. 必要に応じて電話でフォローする

　受信者がすぐに読むとは限りません。緊急度や重要度が高いメールを送る際は、メール送信の前後に電話でフォローアップすることをおすすめします。

☑3. 件名の「Re：」にも気を配る

　メールソフトの設定によって違いはあるものの、返信メールの件名には、もとのメールの件名の頭に「Re：」がプラスされます。「Re：」は1つだけ残して削除しましょう。

☑4. 添付ファイルは容量に注意する

　昨今はスマートフォンで確認する人も多いため、添付ファイルの容量は3MB未満が好ましいといえます。3MBを超えるファイルを送る際は、「PCで確認してください」とひと言添えると親切。

☑5. 迷惑メールに振り分けられないようにする

　わかりにくい件名や、送信者名がきちんと書かれていないメール、HTMLメールなどは、迷惑メールに振り分けられてしまう可能性があるので注意しましょう。

仕事が進む！
社外文書の書き方

［業務文書］

・・・

仕事をするうえで必要な情報や内容を、社外宛に
発信する文書です。仕事を円滑に進めるためには、
何よりも間違いなく、正しく、わかりやすく
伝えることが肝要です。目的別の文例を紹介します。

業務文書の要点

業務文書は、業務の必要に応じて取引先や顧客などの社外向けに発信する文書のこと。
対外的な信用を損なわないよう、失礼な表現や字句の誤りには特に注意しましょう。

業務文書とは

業務文書は、具体的な仕事を遂行するうえで、必要な情報や内容を社外に向けて発信する際に用いる文書です。仕事を円滑に進めるため、取引関係先と正しい情報を共有することに主眼が置かれます。

どのように書くべきか

1 情報を正確に伝える

業務文書には、必ず具体的な目的があります。情報が間違っていればその目的が遂げられません。特に日時や金額などの間違いは大きな損失の原因となり得るため注意が必要です。

2 相手の気持ちを配慮して書く

業務文書を出すときは、こちらが相手に何を求めているのかが、はっきりとわかるようにしなければなりません。場合によっては、いいにくいことをいわなければならないこともありますが、相手の気持ちにも十分配慮すべきです。

3 目的に応じて書き分ける

たとえば「通知」なら、挨拶と要件を本文で述べた後、「記書き」で通知内容を箇条書きにするなど、業務文書にはそれぞれの目的に応じて使い分けるべき型があります。型に則って文書を作成すれば、正確な情報を相手に伝えることができます。

業務文書の主な目的

目的	概要
相手に依頼する	こちらの要求を伝え、相手に動いてもらうための文書 依頼する／勧誘する／交渉する／申し込む　など
相手に知らせる	こちらが知ってほしい情報を伝えるための文書 案内する／通知する　など

凡例　●OK例（お手本）　✖NG例　✎書き換え例　↻シチュエーション例　🔲用語

解決する	相手への問い合わせや、相手からの問い合わせに答えるときなどに用いる文書 照会する／回答する　など
注文・請求する	注文内容の確認や、代金を支払うときなどに用いる文書 注文する／請求書・見積書／契約書　など

伝わる業務文書の手本

① 経01－1234

② 20XX年 3月20日

③ 株式会社エキスポット
経理部　宍崎長利様

④ 株式会社メーブル
経理部　姫路東子

⑤ 支払方法変更のお願い

⑥ 拝啓　貴社におかれましてはますますご清栄のこととお慶び申し上げます。平素は格別のご愛顧を賜り、心より感謝申し上げます。

⑦ さて、弊社では、取引銀行の変更に伴い、これまで貴社から仕入れております商品の取引条件について、下記のように変更させていただきたく存じます。
　　つきましては、本年の6月締めのご請求分から下記の方法でお支払いくださいますよう、お願い申し上げます。

⑧ はなはだ勝手ではございますが、諸般の事情をご賢察くださいまして、上記の件、ご了承賜りたく存じます。
　　まずは取り急ぎお願いまで。

敬具

⑨ 記

● 変更前のお支払方法　　手形決済
● 変更後のお支払方法　　銀行振込
● 実施日　　　　　　　　20XX年6月締めご請求分より
● お振込先　　　　　　　横浜静岡銀行川崎支店
　　　　　　　　　　　　当座預金123＊＊＊＊＊＊

以上

---

① 文書番号
重要な文書は、部署ごとに文書番号を振って管理する場合があります。

② 日付
日付を記すのにはトラブルを防止する目的があります。西暦でも和暦でも可。縦書きは和暦が一般的です。

③ 宛名
相手先の組織名、部署名（役職名）、氏名の順に記します。固有名詞の書き間違いはとくに注意。

④ 発信者名
組織名、部署名（役職名）、氏名の順に記します。宛名が上揃えなのに対し、発信者名は下揃え。

⑤ 件名
用件が一目でわかるように簡潔な言葉で記します。「抗議」「督促」「反駁」などの場合は、そのまま書くと角が立つので「～の件」とします。

⑥ 前文
頭語や季節の挨拶、日頃の厚情に対する感謝の言葉など、形式を踏まえて書きます。

⑨ 記書き（別記）
主文で書ききれない詳細な情報や添付の資料があることを伝えたい場合などは、それらを記書き（別記）にまとめます。

⑧ 末文
結びの挨拶を入れ、文章全体を締めます。結語（敬具、敬白など）を頭語に対応させる形で入れましょう。

⑦ 主文
もっとも大切な用件を伝える文です。長くなると読みにくいので、その場合は箇条書きにするなどの工夫が必要です。

通知する

こちらの状況や事情の変化を受けて、取引先や顧客にその旨を伝えるための文書です。正確な内容をすばやく伝えることを心がけましょう。

送る場面 ➡社屋移転（P45）➡資料送付（書面）（P46）➡商品出荷（通常の場合）（P46）
➡書類送付（書面／メール）（P47）➡値上げ（価格改定）（P48）➡支払日変更（P48）
➡請求書送付（P49）➡見積書送付（P49）➡応募者への採用・不採用（P50）➡夏季休業（P51）
➡休業日変更（P51）

Point
▶ **1つの通知状には1つの用件だけを記すのが原則**
▶ **できるだけ早く先方に伝えて業務に支障を来さないようにする**
▶ **必要な事項を正確・簡潔に書く**

✖ 社屋移転の通知

株式会社ハローネット様
　鈴木翔太様、高畠奈緒子様、橘田義則様
合同会社ハローネットサービス
　嵯峨様、旗本様

　　　　　　　　株式会社　ＴＯＫＹＯ開発
　　　　　　　代表取締役社長　吉川栄太

　　　　　社屋移転のお知らせ

拝啓　時下ますますご清栄のこととお慶び申し上げます。
平素は格別のご高配を賜り、誠にありがとうございます。
　さて、このたび弊社では、本社社屋を移転することになりましたので、ここにお知らせいたします。

移転先は、
・新住所　〒123-0000　東京都港区港町2-3-4
・新番号　電話　03-1234-0000
　　　　　FAX　03-1234-0001
・メール　XXX1234@△△.jp
まずは、略儀ながら書中をもちましてお知らせいたします。

　　　　　　　　　　　　　　　　　　　　敬具

発信の日付がない

宛先をすべて羅列してしまっている。また、フルネームだったり、苗字だけだったりも良くない

移転の理由が述べられていないと相手に不審の念を抱かせる。「改修工事に伴い」「業務拡張のため」など、簡単で良いのでひと言つけ加えたい

移転についての情報が十分に押さえられていない。旧社屋での営業がいつまでなのか、電話番号やメールなどに変更があるかどうかなどにもふれておく

メールで送る場合

件名：弊社社屋移転のお知らせ

いつもお世話になっております。

このたび弊社では、業務拡張にともない10月12日（月）より
本社社屋を移転する運びとなりましたので、取り急ぎご案内申し上げます。
つきましては、誠にお手数ながら、お手元の住所録等を
ご変更いただくようお願い申し上げます。

（中略）

記
・新住所　〒123-0000　東京都港区港町2-3-4
　（地図を添付しましたので、ご参照ください）
・新番号　電話　03-1234-0000
　　　　　FAX　03-1234-0001
・メール　XXX1234@△△.jp（アドレスは従来の通りです）
10月9日（金）までは旧住所にて平常通り営業しております。

以上

+α
移転の通知は正式な文書を送付するのが一般的。その予定がある場合、「近日、改めて移転のお知らせを送付申し上げます」などのひと言を添える

○
地図ファイルを添付し、その旨を伝えると親切

社屋が移転する際の取引先への通知。移転に伴って業務に支障が出ないよう、最終営業日や移転後の開業日なども知らせておくと良い

● 社屋移転の通知

20XX年9月9日

取引先各位

株式会社　ＴＯＫＹＯ不動産
代表取締役社長　吉川栄太

社屋移転のお知らせ

拝啓　時下ますますご清栄のこととお慶び申し上げます。
平素は格別のご高配を賜り、誠にありがとうございます。
　さて、このたび弊社では、業務拡張に伴い10月12日（月）より本社社屋を移転する運びとなりましたので、ご案内申し上げます。
　つきましては、誠にお手数ながら、お手元の住所録等をご変更いただくようお願い申し上げます。
　なお、10月9日（金）までは旧住所で平常通り営業しております。
　今後は新たな環境のもと、より一層業務に邁進する所存ですので、引き続きのお引き立てを賜りますよう、お願い申し上げます。
　まずは、略儀ながら書中をもちましてご案内申し上げます。

敬具

記
・新住所　〒123-0000　東京都港区港町2-3-4
・新番号　電話　03-1234-0000
　　　　　FAX　03-1234-0001
・メール　XXX1234@△△.jp（アドレスは従来の通りです）
10月9日までは旧住所にて平常通り営業しております。

以上

○
いつ通知したのかが記されている

 各位（かくい）
宛先が多数にわたる場合の省略した宛名。大勢に対して使う言葉。そもそも「位」には敬称の意味合いがある。一人ひとり、名前は記さないけれど、敬っている表現

○
移転の理由が記されている

○
社屋引っ越しに伴うお願い事項と、相手に手数をかけることへのお詫びを述べる

✎
「末筆ながら、皆様のご多幸とご繁栄を心よりお祈り申し上げます」

○
記書きの内容が過不足なくまとまっている

資料送付の通知

令和○年5月9日

山梨物産株式会社　事業部
鈴木一郎様

合同会社カナヤ美創
営業　田中真一

　拝啓　新緑の候、ますますご清栄のこととお慶び申し上げます。
平素は格別のご厚誼を賜り、心よりお礼申し上げます。
　このたびは、弊社新商品の資料請求のご連絡をいただき、誠にあ
りがとうございます。
　本日、下記の関連資料を同封いたしましたので、ご査収ください。
　なお、送付資料について、ご不明点、ご質問等ございましたら、
お気軽にご連絡ください。担当者よりご説明させていただきます。
　まずは書面にて、資料送付のご連絡まで。

敬具

記

・弊社新商品のご案内
・価格表
・注文票

以上

自社の商品などについて、
資料請求があった場合の通
知。興味をもってもらった
ことに対するお礼も忘れず
に伝える

「日頃より格別のご愛顧を
賜り、心よりお礼申し上げ
ます」

厚誼 <ruby>厚誼<rt>こうぎ</rt></ruby>

日頃からの親しいつきあい
や厚い心遣いに感謝すると
いう意味。目上の人に対し
て使う。同等の相手や友人
などには「交誼」を用いる

資料請求をしてくれた相手
に、まずはお礼の言葉を述
べると好感度が増す

送付資料一式を記書きにま
とめ、受け取り手の確認も
スムーズに

商品出荷の通知

出荷通知状

　拝啓　時下益々ご盛栄のこととお慶び申し上げます。平素は格
別のご高配を賜り、厚く御礼申し上げます。
　さて、2月3日付でご注文いただきました下記商品を同封す
る納品書の通り、ネコ急便にて発送いたしました（ネコ急便送
り状番号：1234-△△△）。到着の際はよろしくご査収くださいま
すようお願い申し上げます。

敬具

記

発送商品：メンズＴシャツＸＬサイズ（黒）50枚
同封書類：納品書1通

以上

商品発送の通知。実際の商
品は別便で届くので、到着
予定日や同梱物などの情報
も記載する

丁寧な挨拶と日頃の感謝を
伝える

いつ、何の商品を、いくつ、
どのような方法で出荷した
か明記する

「まずは取り急ぎ、書面に
て商品発送のご連絡まで」

書類送付の通知（書面）

資料送付に際してつける頭紙。同封する場合の文例

資料送付の通知

拝啓　早春の候、ますますご健勝のこととお慶び申し上げます。日頃は格別のご厚情を賜り、深く感謝いたします。
　さて、先日は、資料を依頼、誠にありがとうございます。ご希望の資料をお送りさせていただきましたので、ご査収くださいませ。
　なお、送付資料について、ご不明な点、ご質問などございましたら、下記担当までご連絡ください。
お取り計らいのほど、　よろしくお願い申し上げます。

資料担当：合同会社ナカヤ美創　田中真一
電話：080-○○○○-○○○○
メールアドレス　s.tanaka○○@○○.com

依頼に対してお礼を述べる

何かあったときの連絡先を用意し、明記しておく

通知する

✉ 書類送付の通知

件名：資料送付のご通知

山梨物産株式会社　事業部
鈴木一郎様

日頃大変お世話になっております。
合同会社カナヤ美創　営業　田中真一と申します。
先日、メールにてご依頼いただいた資料ですが、
ご希望どおりに手配できましたので、
宅配便にて送付いたしました。
明日の午前中には、お手元に届く予定です。
　（ネコ急便　1234-XXX）

ご高覧のうえ、ご不明の点等ありましたら、
遠慮なくご連絡ください。
取り急ぎ、メールにてお願い申し上げます。

メールでの作法に則って、簡潔に用件を切り出している。時候の挨拶は省略してかまわない

別便の送付物がある場合、問い合わせ番号を明記しておくと、先方でも発送状況が確認できて便利。添付で資料を送付する場合は「添付（文書）をご確認ください」などとする

値上げ(価格改定)の通知

令和○年7月21日

株式会社正力
仕入部　飛田太郎様

有限会社ヴィクトル
代表取締役社長　桐原隆二

販売価格変更のお知らせ

拝啓　時下益々ご清祥のことと大慶に存じます。平素は格別のご高配を賜り厚くお礼
申し上げます。

　さて、弊社で取り扱う商品につきまして過去5年間に渡り現在の価格で販売してお
りましたが、長引く不況と原材料仕入値の上昇のため、現状を維持するのが困難にな
ってまいりました。
　つきましては、まことに不本意ながら、添付しております新価格表の通り各製品の
価格を値上げさせていただきたいと存じます。事情をご賢察のうえ、ご了承ください
ますようお願い申し上げます。
　なお、今後とも変わらぬお引き立てのほど、謹んでお願い申し上げます。

敬具

記

同封書類：新価格表：1通

以上

商品値上げの通知。値上げ
の理由や事情を言い訳せず
に述べ、心からの謝罪の言
葉を伝える

「価格値上げのお知らせ」
「値上げ」などの直接的表
現は使わない

「昨今の物価上昇の煽りを
受け、従来の価格体系では
利益が見込めない状況とな
ってまいりました」「全社
を挙げて経費削減と合理化
に努めてまいりましたが、
昨今の情勢から現行の価格
体系を見直さざるを得ない
状況です」

「価格を改定させていただ
きたく、関係各位にご協力
をお願いする次第です」

支払日変更の通知

令和○年8月22日

株式会社天木商事
経理部　宮原常太郎様

株式会社中央理研
経理部　中川みのり

支払日変更のお知らせ

拝啓　時下益々ご清栄のこととお喜び申し上げます。平素は格別のご高配を賜り感謝
申し上げます。

　さて、突然ではございますが、弊社は長引く不況に対応すべく、経営事務処理の改善
に向けた措置として、現在ご利用いただいております支払日を下記のとおり変更させ
ていただくこととなりました。
　お引き取り先様にはご迷惑をおかけしますが、何卒ご理解のほど宜しくお願い申し
上げます。

敬具

記

(以下略)

相手への支払日を変更する
際の通知。支払いサイトの
変更は一方的なものになら
ないよう、事情と理由を簡
潔に述べ、謝罪の言葉を伝
える

「ご通知」としても良い。
「通知」とすると冷たい印
象を与える可能性がある

🔁 変更の理由に関して
　　共通の認識がある場合
「ご承知のように」「折柄の」

一方的な通知という印象を
与えないよう、お詫びの言
葉を添える

請求書送付の通知

請求書送付のご案内

拝啓　時下ますますご隆盛のこととお慶び申し上げます。平素は、格別のご愛顧を賜りまして誠にありがとうございます。
　さっそくですが、○月○日に納品させていただきました「100パーセント有機野菜ジュース」10ケースに関しまして、請求書を送付致します。

ご査収のうえ、ご確認いただけますと幸甚です。
ご多忙のこととは存じますが、ご確認の程宜しくお願い申し上げます。

敬具

記
「100パーセント有機野菜ジュース」請求書：1通

以上

請求書発送の通知。請求書そのものは、別紙に作成し、通知状には振込期日などの詳細を記す

「○月×日のご請求が別紙のとおりとなりましたので、ご案内申し上げます」

査収 さ しゅう
金品や書類を相手が受け取るのを敬っていう言葉

詳細は別紙にまとめるとスマート

幸甚 こうじん
大変感謝している、とてもうれしく思うといった意味。こちらから何かを依頼するときに、相手を敬って使う

通知する

見積書送付の通知

見積書送付のご案内

拝啓　時下益々ご隆盛のこととお慶び申し上げます。平素より格別のお引き立てを賜り、深く感謝いたします。
　このたびはお忙しい中、弊社サービスにつきましてお見積もりのご請求をいただき、誠にありがとうございます。
　早速ですが、見積書を送付させていただきます。
　なお、お打ち合わせの際の価格面でのご相談につきまして、弊社で検討を重ねた結果、貴社のご要望に沿うよう見積書に十分な反映をさせていただきました。さらにご異存がありましたら、なんなりとご相談ください。
　何卒ご検討のうえ、ご用命賜りますよう、改めてお願い申し上げます。
　まずは取り急ぎご案内申し上げます。

敬具

見積書を送る通知。相手の要望と自社の状況を勘案した旨、書き添えると良い

見積書を送付する段階では契約がまとまる保証はないが、相手の依頼に対してのお礼は先に必ず伝えておく

すでに金額は決まっている場合
「お約束どおり、価格についてはできるだけサービスさせていただきました」

「お見積の内容についてご不明点・ご質問等ありましたら遠慮なくお申しつけください。ご納得いただけるよう、前向きに検討させていただきます」

応募者への採用内定通知

自社の採用試験を受けに来た人に採用内定を通知する

20XX年6月20日

鈴木太郎様

有限会社みなと商事
人事部

採用内定のご通知

拝啓　時下いよいよご清祥のこととお慶び申し上げます。このたびは、当社の社員募集にご応募いただきありがとうございました。

　慎重な選考の結果、採用内定となりましたので、ここにお知らせ申し上げます。

　つきましては、入社にあたり当社にご提出いただく書類を本日郵送いたしましたので、6月30日までに同封の返信用封筒でご返送くださいますよう、お願いいたします。その後御来社いただく日時につきましては、追ってご連絡いたします。

　まずは取り急ぎ、採用内定のご通知まで。

敬具

📖 **清祥**

「清栄」「盛栄」ともに、使い方はほぼ同じ。いずれも、企業・個人どちらにも使えるが、「清祥」の方がより個人向きとされている

「厳正な審査の結果、貴殿を採用と内定いたしましたので、ご通知申し上げます」

🔄 **入社の意思を相手に問う場合**

「入社日は○年○月○日を予定しておりますが、ご都合はいかがでしょうか。ご都合が悪い場合は調整いたしますので、ご遠慮なくお申しつけください」

応募者への不採用通知

自社の採用試験を受けに来た人に不採用の結果を通知する

令和○年9月11日

尾鶴博様

有限会社みなと商事
人事部

採用結果のご通知

拝啓　先般は弊社の中途採用試験にご足労いただき、ありがとうございました。

　慎重に選考を重ねましたが、貴殿のご期待に添いかねる結果となりました。大変申し訳ありませんが、あしからずご高承くださいますようお願い申し上げます。

　末筆ながら、貴殿の今後ますますのご発展を心よりお祈り申し上げます。

敬具

不採用の場合でも「採用結果」と記す。「不採用結果のご通知」とはしない

📖 **貴殿**

男性が目上、または同等の男性に向けて使う二人称。近年は女性に用いることも許容されるが、ビジネス文書では女性には控え、名前で呼ぶと良い

励ましの言葉を最後にもってくると印象が良い

夏季休業の通知

令和○年7月20日

各位

株式会社高畑製薬

夏季休業日のお知らせ

盛夏の候、貴社ますますご発展のこととお慶び申し上げます。
平素より格別のご愛顧を賜り、心よりお礼申し上げます。
　さて、弊社では夏季の休業期間を、下記の通りとさせていただきます。
　休業期間中にいただいたお問い合わせにつきましては、20XX年8月20日以降のご回答、ご返信となります。
　ご迷惑をおかけいたしますが、何卒ご理解賜りますようお願い申し上げます。

記

下記の休業期間
令和○年8月13日（土）〜8月18日（木）
（8月19日（金）8時40分より平常どおり営業いたします）

以上

取引先へ、自社の夏季休暇を通知する際の文書。毎年お盆の前後は必ず休暇でも、年によって曜日は変わるので、通知する

○
このように、詳細は記書きにまとめるとわかりやすい

緊急時の対応先がある場合
「緊急のお問い合わせ等がございましたら、本社代表番号までご連絡ください（03-1234-○○○○）」

○
休業で迷惑をかけることに対しお詫びの言葉を添える

○
始業時間を書き添えると親切。緊急時の連絡先の用意がある場合、こちらに記載しても良い

休業日変更の通知

令和○年7月23日

各位

株式会社おりひめ

休業日変更のお知らせ

　平素より株式会社おりひめをご愛顧いただき誠にありがとうございます。
　さて、弊社ではこれまで毎月第2、第4月曜日を定休日とさせていただいておりましたが、令和○年8月からは毎週月曜日に変更させていただくことになりましたのでお知らせいたします。
　皆様には当面ご不便をおかけすることと存じますが、何卒ご了承賜りますようお願い申し上げます。
　まずは休業日変更のお知らせまで。

自社の休業日が変更になる場合の通知状。一時的なのか、今後はその曜日で確定になるのかも知らせておく

○
どこを変更したのかわかるように、従来の定休日についても明記しておく

休業日が変わる理由を明記する場合
「弊社では移転のため、誠に勝手ながら下記の期間中、休業日を変更させていただきたく存じます」

○
休業日の変更によって顧客の混乱が予想されるため、お詫びを述べる

通知する

案内する

新年会や新製品発表会、展示会、会社説明会などの行事を対外的に告知するための文書です。イベントに興味をもって参加してもらえるよう、わかりやすくこちらの意図を伝えましょう。

送る場面 ➡新製品展示会（P53）　➡キャンペーン（P54）　➡展示会（P54）　➡新商品（プレスリリース）(P55)
➡新商品（プレスリリース／メール）(P55)　➡新サービス（プレスリリース）(P56)　➡セール（P56）
➡新年会（P57）　➡メールアドレス変更（メール）(P57)　➡懇親会（P58）　➡懇談会（P58）
➡定期株主総会（P59）　➡会社説明会（P59）

Point
▶ 通知の目安は開催の3週間前。早めに用意する
▶ 開催目的を明確にして参加対象者の興味を促す
▶ 日時や場所等の情報を正しく伝えるのは必須

新製品展示会の案内

令和○年10月1日

株式会社神田橋楽器
販売部
齋藤博義様

株式会社御茶ノ水商会
宣伝部
土田健司

新製品「ライト・ギターSK―800」発表のご案内

　拝啓　時下ますますご清栄のこととお慶び申し上げます。平素は格別のご高配を賜り、誠にありがとうございます。
　さて、このたび弊社ではご好評をいただいておりました「ライトウェイト・ギターSK」の新シリーズとして「ライト・ギターSK―800」を発売することになりました。「ライト・ギターＳＫ―800」は従来型にはない魅力を満載した画期的なニューモデルです。
　つきましては、この商品の展示発表会を弊社1階イベントスペースにて開催いたします（令和○年10月25日（土）　13：00〜18：00）ので、ここにご案内申し上げます。
　ご多忙中とは存じますが、ぜひご来場を賜りますようお願い申し上げます。
　なお、ご不明な点などがございましたら、お気軽にお問い合わせください。

敬具

具体的にどういう点が画期的なのかにふれられていない。既発売商品との違いなどを挙げると、読む人に理解してもらいやすくなる。魅力的な新製品であることをアピールするのは良い

具体的な開催日時や場所については、本文のなかにダラダラと書くよりも、記書きにまとめたほうが見やすい。自社のスペースでイベントを開催する場合でも、住所や連絡先、地図などは詳細に案内するべき

メールで送る場合

件名：新製品「ライト・ギターSK－800」発表のご案内

いつもお世話になっております。株式会社御茶ノ水商会営業部土田でございます。

このたび弊社では、ご好評をいただいておりました
「ライト・ギターSK」の新シリーズとして「ライト・ギターSK－800」を
発売することになりました。
「ライト・ギターSK－800」はボディの剛性や
基本的な音の質感は従来通りに、ボディ重量を大幅に軽減。
価格も6万円台からとお求めやすくなっており、
より幅広い年齢層をターゲットにできる画期的な新商品です。

つきましては、この商品の展示発表会を下記の通り開催いたしますので、
ここにご案内申し上げます。

ご多忙中とは存じますが、ぜひご来場を賜りますようお願い申し上げます。
なお、ご不明な点などがございましたら、お気軽にお問い合わせください。

（以下略）

はじめての相手に送る場合
「はじめてのメール、失礼いたします」

CC、BCCにて送付する場合
「BCCにて失礼いたします」

+α
BCCを使って一斉送信する場合、個人情報に配慮して、宛名も「各位」「関係各位」などとする

● 新製品展示会の案内

案内する

令和○年10月1日

株式会社神田橋楽器
販売部
齋藤博義様

株式会社御茶ノ水商会
宣伝部
土田健司

新製品「ライト・ギターSK－800」発表のご案内

拝啓　時下ますますご清栄のこととお慶び申し上げます。平素は格別のご高配を賜り、誠にありがとうございます。
　さて、このたび弊社ではご好評をいただいておりました「ライト・ギターSK」の新シリーズとして「ライト・ギターSK－800」を発売することになりました。「ライト・ギターSK－800」はボディの剛性や基本的な音の質感は従来通りに、ボディ重量を大幅に軽減。価格も6万円台からとお求めやすくなっており、より幅広い年齢層をターゲットにできる画期的な新商品です。
　つきましては、この商品の展示発表会を下記の通り開催いたしますので、ここにご案内申し上げます。
　ご多忙中とは存じますが、ぜひご来場を賜りますようお願い申し上げます。
なお、ご不明な点などがございましたら、お気軽にお問い合わせください。

敬具

記

・日時　令和○年10月25日（土）　13：00〜18：00
・会場　御茶ノ水商会本社ビル1階イベントスペース
　　　　（別紙地図をご参照ください）

以上

自社の展示会のご案内。どういった新製品が展示されるのか、簡単に説明する

高配（こうはい）
相手の配慮を敬っていう言葉。言い換え例は「お引き立て」「ご配慮」など

「厚くお礼申し上げます」

新製品の魅力について簡潔に記し、興味を引くようにする

当日、演奏披露などの演目がある場合
（該当箇所のあとに続けて）
「当日は、プロの人気ギタリストによるデモ演奏も予定しております」

「ご多用のところ誠に恐縮に存じますが」

地図や連絡先は別紙を添付するなど、工夫すると良い

キャンペーンの案内

自社で行う販促などを目的としたキャンペーンのご案内。取引先へ連絡する場合の文例

歳末キャンペーンのお知らせ

拝啓　師走の候、貴社におかれましては一段とご多忙のことと拝察いたします。平素はひとかたならぬお引き立てを賜り心よりお礼申し上げます。

　さて、恒例の歳末キャンペーンを12月23日（金）から31日（土）の日程で行います。今回は、弊社がこの冬一押しの商品として売り出している「鍋用冷凍うどん」のさらなる販売促進がねらいです。

　つきましては、期間中の店舗スペース確保、ポップの掲示等のご協力を賜りたく存じます。

　キャンペーン期間中は、例年通り弊社スタッフが店頭にて商品案内をいたしますので、何卒ご協力のほど、よろしくお願い申し上げます。

　なお、詳しいキャンペーン内容については、同封の資料をご覧ください。

　疑問点、ご希望、ご質問等ございましたら、担当の中山までご遠慮なくお申しつけください。

　まずは書面にてご案内申し上げます。

敬具

「さて、今年も〇〇キャンペーンの季節となりました」

商品の特長や魅力について一言述べる場合

「弊社が社運をかけている」「特に売れ行き好調な」「これまでにない画期的なアイデアを実現し、多くのお客様からご好評をいただいている」

メールで送る場合

「添付」

展示会の案内

自社で行う展示会のご案内。展示する商品が特定の新商品などではない場合の文書

製品展示会のご案内

拝啓　日増しに秋の深まりを感じる季節となりました。

　みなさまにおかれましては、ますますご隆昌のこととお慶び申し上げます。

　さて、このたび弊社では、製品展示会を催すこととなりました。

　11月に発売を予定しております新製品「アウトドアウォッチLC-500」を中心に、弊社人気製品も多数取りそろえております。

　当日はゆったりとくつろげる商談スペースもご用意しております。日頃より格別のご愛顧をいただいております皆様方に弊社製品をじっくりとご覧いただき、率直なご感想やご意見をお聞かせいただけましたら幸甚に存じます。

　つきましては、ご多忙中のところ誠に恐縮ではございますが、皆様にぜひご来場賜りますよう、ご案内申し上げます。

敬具

新商品のみの展示ではなく、既存の人気商品もラインナップにあることをきちんと述べる

魅力や特徴などがほかにある場合

「当日は各種お飲み物と軽食も用意し、皆様をお待ち申し上げております」

記

・日時	令和〇年10月20日（木）
・時間	午後1時〜午後5時
・場所	東春パレス・ビル2階　（JR新宿駅　徒歩4分）
	〒123-0000　東京都新宿区大王町1－2
・お問い合わせ先	株式会社マウンテンホールディングス　総務部
・電話	03-XXXX-XXXX

※恐れ入りますが、10月15日（消印有効）までに同封の返信はがきにて出欠のご連絡をお願いいたします。

以上

先方からの連絡が必要な場合は、記書きに記すと良い

新商品の案内(プレスリリース)

令和○年6月24日

報道関係各位

株式会社美麗堂
広報部　松本清子

新商品「ナチュラルマスカラ　ボリューム＋ロング」のご案内

拝啓　向暑の候、貴社におかれましてはますますご清勝のこととお慶び申し上げます。日頃より格別のご高配を賜り、心より御礼申し上げます。

　このたび弊社では、アクティヴな女性を応援する新商品「ナチュラルマスカラ　ボリューム＋ロング」を発売することとなりました。同商品は、独自の製法で抽出した天然樹脂を配合することにより、従来のレベルを飛躍的に上回る耐久性を特徴としており、水分・皮脂・温度変化にきわめて強い画期的なアイテムです。貴メディアの読者様、視聴者様にも高い関心をもっていただける商品かと存じますので、ぜひとも取り上げていただきたく、ご連絡差し上げました。

　商品の詳しい説明や開発背景などは、別紙の資料をご覧ください。

　なお、この件のお問い合わせは、下記担当までご連絡ください。
何卒よろしくお願い申し上げます。

敬具

(担当先 略)

✉ 新商品の案内(プレスリリース)

件名：新商品「ナチュラルマスカラ　ボリューム＋ロング」発売について／
株式会社美麗堂

報道関係各位

いつもお世話になっております。
株式会社美麗堂広報部　松本清子と申します。

このたび弊社では、アクティヴな女性を応援する新商品
「ナチュラルマスカラ　ボリューム＋ロング」を発売することとなりました。
同商品は、独自の製法で抽出した天然樹脂を配合することにより、
従来のレベルを飛躍的に上回る耐久性を特徴としており、
水分・皮脂・温度変化にきわめて強い画期的なアイテムです。

貴メディアの読者様、視聴者様にも
高い関心をもっていただける商品かと存じますので、
ぜひとも取り上げていただきたく、ご連絡差し上げました。
商品の詳しい説明や開発背景などは、添付のPDF資料をご覧ください。

なお、この件のお問い合わせは、下記担当までご連絡ください。
何卒よろしくお願い申し上げます。

新商品のご案内。マスコミ発表向けのプレスリリースの文例

 向暑(こうしょ)
「梅雨の候」「向夏の候」「麦秋の候」

詳しい説明は別紙に記載し、本文では新商品の特徴や魅力を一文で簡潔にまとめる

「取り急ぎ書面にてご案内申し上げます」

+α
企業によっては外部ストレージの使用、閲覧を禁止にしている。確認して、開けないようなら、添付にする、郵送する、FAXするなど、別の手段を考える

特にCCやBCCなどで一斉送信する場合、件名に自社名を併記しておくと良い。他社のメールや不審なメール、迷惑メールと混同されずに済む

頻繁にプレスリリースを発信している相手に対するメールなら、この挨拶で十分。特にその後に続く主文が長くなる場合、挨拶は短いほうがかえって良い

 オンラインストレージ
サービスを利用する場合
「以下のURLをクリックして該当ホームページをご覧ください」「下記リンクから資料をダウンロードしていただけますでしょうか」

新サービスの案内(プレスリリース)

報道各位

株式会社グッドネス
営業企画部

見守りサービス「リモート安心プラン」サービス開始のご案内

　いつもお世話になっております。株式会社グッドネス 広報部の田中でございます。
　さて、この度弊社がご案内差し上げますのは、離れて暮らす高齢者ご家族のための
カスタマイズ見守りサービス「リモート安心プラン」です。
　昨今の事情により、離れて暮らす高齢者のご家族に対するサポート／ケアが難しい
状況です。そこで、現在もすでに関連業者による多くの見守りサービスが提供されて
いますが、既成のサービスを活用しただけでは、必ずしも各家庭のライフスタイルに
対応しきれないのが実情です。
　今回の新サービスでは、ご高齢者とそのご家族、双方にヒアリングを実施したうえで、
計画から立案、実際のサポートまで、すべてオーダーメイドによる見守りサポート体
制を実現いたしました。弊社独自のスタッフ育成制度を開発したことで、同業他社に
はない安心・安全を感じていただけるものと自負しております。
　貴メディアの読者様へご興味を思っていただける商品かと存じますので、ぜひ取り
上げていただきたく、ご連絡を差し上げました。同サービスの利用方法、料金等の詳
細につきましては、別紙資料をご覧ください。
　よろしくお取り計らいくださいますよう、心よりお願い申し上げます。

セールの案内

アウトドア用品特別セールのご案内

拝啓　ようやく梅雨も明け、アウトドア・レジャーにぴったりの季節となりました。
皆さまにおかれましては、いよいよご壮健のことと拝察いたします。
　さて、日頃のご愛顧への感謝を込めて、本年もアウトドア用品の特別セールを下記
のとおり開催することとなりました。
　世界のアウトドア・トレンドを牽引し続けるゴールド・キャニオン、たしかな品質
で近年注目を集めている国産ブランドの山屋テントなど、人気の商品を多数取り揃え
ております。また、本年は会場内に「ボルダリングジムホットロック」監修の特設ボ
ルダリング場をご用意。初心者から上級者まで、多くの参加者に無料体験していただ
けます。
　いずれの商品も特別ご奉仕価格にてご提供させていただきますので、ぜひ皆さまお
誘い合わせのうえ、ご来場くださいますようお願い申し上げます。

敬具

記

・開催時期：令和○年7月9日（金）～7月11日（日）
・営業時間：１０：００～１９：００（ただし、11日は１７：００まで）
・場所：東京グランドサイト（別紙地図をご参照ください）
※本状をご持参のお客様に、もれなく粗品を進呈いたします

以上

○
メディアで取り上げてもらいたい自社サービスがあることを最初に伝える

○
ほかにはない独自の魅力をアピールし、相手の興味を誘うようにする

🔁 **詳細について直接説明する機会がある場合**
「サービス内容等の詳細につきましては、ぜひ一度、担当の者が直接お話しさせていただければと存じます」

✏ 「この件のお問い合わせは下記にお願いいたします」

季節商品のセール案内。どのような商品が奉仕価格となっているのか、簡単に説明すると良い

🔁 **創業記念セールの場合**
「弊社では、創業○周年といたしまして、特別記念セールを実施いたします」

✏ 「セール期間中は、弊社店舗商品を最大70％の値引きでご奉仕させていただきます」「この機会をお見逃しなく、なにぶんにもご用命くださいますようお待ち申し上げております」

○
粗品との引き換えが本状の持参だった場合、一文を添えると親切

新年会の案内

令和○年12月15日

取引先各位

見里紙業株式会社
代表取締役　松岡博

新年会のご案内

謹啓　師走の候、皆様におかれましてはいよいよご発展の段、心よりお慶び申し上げます。平素は格別のご厚誼を賜り、心より御礼申し上げます。来年もさらなるご高配を賜りますよう、お願い申し上げます。

さて、皆様と共に新春を祝し、さらなる飛躍の糧としていただきたく、新年会を下記の要領で催したく存じます。

時節柄ご多忙とは存じますが、ぜひご出席賜りますようご案内致します。

なお会場準備の都合等ございますので、ご出席の有無につきましては1月X日までに同封の返信ハガキにてご一報くださいますようお願い申し上げます。

お手数とは存じますが、何卒よろしくお願い致します。

敬白

記

・日時：令和○年1月15日（金）午後6時～
・場所：東陽ホテル5階宴会場（別紙の地図をご参照ください）
・電話：03-0000-00000
・お問い合わせ先：見里紙業株式会社　営業部　綿貫一郎
　　　　　　　　　TEL：080-1234-○○○○
　　　　　　　　　Mail：○○○○@○○○○.co.jp

以上

会の趣旨がある場合

「本年の盛業を皆様とともに祈念すべく、下記の通り新年会を催したく存じます」

メールで参加の有無をお願いする場合

「下記のメールアドレスに1月○日までにご返信をお願い申し上げます」

+α

来場者に人数制限がある場合は、「なお、誠に勝手ながら、ご参加人数は1社3名様までとさせていただくようお願いいたします」などの一文を添える

案内する

✉ メールアドレス変更の案内

件名：メールアドレス変更のご案内／株式会社日信貿易

いつもお世話になっております。
平素より、格別のお引き立てをいただき厚くお礼申し上げます。
さて、弊社では令和○年4月1日より、
全社のメールアドレスが下記の通り変更されます。

4月末までは旧アドレスでも受信可能でございますが、
お早めにアドレス帳の変更を行っていただけますと幸いです。
取り急ぎ、弊社メールアドレス変更のご案内を申し上げます。

敬具

記
・運用開始日　令和○年4月1日
・変更内容　変更前メールアドレス：ＮＢ1234XXX@email.co.jp
・変更後メールアドレス：ＮＢ1234XXX @nb5.com

以上

「誠に恐縮ではありますが、変更後は以下のアドレスへ送信いただくとともにアドレス帳のご変更をお願いいたします」

「まずは弊社メールアドレス変更のご案内まで」

変更前と変更後のメールアドレスを併記してある

懇親会の案内

令和○年 6 月15日

取引先各位

株式会社 I Dコーポレーション
総務部

懇親会のご案内

拝啓　時下益々ご清栄のこととお慶び申し上げます。平素は格別のご高配を賜り、誠にありがとうございます。

　さて、このたび当社では、日頃お世話になっている皆様をお招きし、懇親の機会をもつことにいたしました。これは本年度より当社とご縁のつながったお取引企業の方々のご紹介と親睦を目的として実施するものであります。

　つきましては、下記の要領で開催したく存じます。ご多用中のところ誠におそれ入りますが、万障お繰り合わせのうえご出席賜りたく、心よりお待ち申し上げます。

敬具

記

・日時　令和年 7 月11日（金）　午後 5 時30分より
・場所　第一東西ホテル　割烹和の蔵（地下鉄南北線目黒駅下車徒歩 1 分）
・住所　東京都目黒区○○
・電話番号　03-○○○-○○○○
・会費　4,000円（当日受付にて）

※ご出席の回答は 7 月 4 日までに幹事（総務部□□/03 - 0000 - 0000）まで、ご連絡ください。
※なお、ご不明な点やご質問がございましたらお気軽に幹事までご連絡くださいますようお願いいたします。

以上

懇談会の案内

懇談会 開催のご案内

拝啓

　貴社ますますご清祥のこととお慶び申し上げます。日頃はひとかたならぬご厚誼を賜り、心よりお礼申し上げます。

　さて、毎年恒例であります関係協力会社の皆様の懇談会を下記のとおり開催いたしますので、ご案内申し上げます。ご多忙のこととは存じますが、ぜひともご出席のうえ、忌憚なくさまざまなご意見・ご要望を頂戴できましたら幸いに存じます。

　まずは取り急ぎご案内申し上げます。

敬具

記

・日時　　令和○年 7 月20日（金）17時～19時
・場所　　埼玉リバーサイドホテル大広間（別添の地図をご参照ください）

※　懇談会終了後、粗宴を用意しております。準備の都合上、お手数ですが同封の葉書かメールにて、7 月14日までに出欠のお返事をお願いいたします。

以上

懇親会の案内。懇親会とは、「うちとけて話し合う」会のこと

 定期的に行われる親睦会の場合

「例年○月に弊社にて実施しております懇親会につきましてご案内させていただきます」

✎「それぞれの業務における諸々の課題やご意見を積極的に取り交わし、合わせて親睦を図ることを目的とするものです」

🔍 **万障お繰り合わせのうえ（ばんしょうくあわせ）**
万障は、いろいろな不都合の意でいろいろな支障をうまくやり繰りして、という意味。類語に「万難(を排して)」など

懇談会への参加を促すご案内。相手が参加したくなるような文章を心がける

〇 このような一文を入れることで、「懇親会」ではなく「懇談会」という意図が明確になる

+α
懇親会は参加者の親睦を図る場、懇談会はある議題に沿って話し合う場

🔍 **忌憚なく（きたん）**
「遠慮せずに」「ためらわずに」といった意味。「忌憚なく」あるいは「忌憚のない」

🔍 **粗宴（そえん）**
宴会のこと。へりくだっていう言葉

定期株主総会の案内

令和○年6月10日

株主各位

株式会社SSD
総務部

第20期定期株主総会開催のご案内

拝啓　向夏の候、株主の皆様におかれましては、ますますご発展の段大慶に存じます。
　さて、当社第20期定時株主総会を下記の通り開催いたします。万障お繰り合わせの
うえ、ご出席くださいますようご案内申し上げます。
　なお、本議会中には定足数の出席を必要とする議案もございます。万一ご出席願え
ない場合は、書面により議決権を行使することができます。
　まずは、略儀ながら書面をもってご案内申し上げます。

敬具

記

・日時：令和○年6月30日（金）午後2時〜
・会場：品川第三会議場5階（詳細は別紙をご覧ください）
・議案：第20期営業利益の件
　　　　貸借対照表および利益配当承認の件
　　　　取締役3名の任期満了に伴う改選の件

以上

会社説明会の案内

会社説明会のご案内

拝啓　浅春の候、貴学ますますご清栄のこととお慶び申し上げます。また、
弊社社員の採用に関しまして、毎年格別のご配慮を賜り、誠にありがとう
ございます。
　さて、本年もまた、入社説明会の時期を迎えました。
　つきましては、下記の通り弊社説明会を開催いたします。弊社の業務、
将来の展望などをより詳細にご理解いただけるよう、尽力いたします。
　ぜひこの機会に、多くの学生様のご来場を賜りますよう、よろしくお願
い申し上げます。

敬具

記

・日時　令和○年4月5日（火）　午後3時〜午後5時
・場所　東京都文京区○○○当社1階大ホール
・内容　株式会社チェンジの会社説明と今後の事業展開について
・発表者　代表取締役社長　長船恒美

以上

定期株主総会のご案内。2
週間までに案内することを、
会社法で定められている

開催日時の2週間以上前の
日付

「当日ご欠席される場合は、
別紙参考資料をご検討いた
だき、同封の委任状用紙に
賛否のご表示、ご記名、ご
捺印のうえ、ご返送くださ
いますようお願い申し上げ
ます」

学生向け、あるいは中途採
用向けの会社説明会の案内

🔍 貴学（きがく）
学校に対する尊称。「貴校」
に同じ。

+α
学校向けに発信された案内
状であれば、「貴学」「貴校」
とするが、学生に直接向け
た文書であれば、「学生の
皆様」「就活生の皆様」な
どとする

「格別のご関心を賜り」

会社説明会と入社試験
の実施時期が近い場合

「本年もまた、入社試験の
時期を迎えました。つきま
しては、それに先立ちまし
て、会社説明会を下記の通
り実施いたします」

依頼する

相手に対し、具体的な行動や便宜を願う目的で送る文書です。相手に願いを聞き入れたいと思わせる書き方を工夫することが大切です。

送る場面 ➡仕事（P61）➡面談（メール）（P62）➡アンケート（P63）➡アンケート（メール）（P63）
➡資料貸出（P64）➡新規取引先紹介（P64）➡講演（P65）➡原稿（P65）➡値下げ（P66）
➡支払い方法変更（P66）➡見積もり（P67）➡再見積もり（P67）

Point
▶ 命令や強制と取られないよう、くれぐれも丁寧な態度を心がける
▶ 何を、どのように依頼したいのかが相手にはっきりと伝わる内容にする
▶ 相手に動いてもらうのだから、返答を急がせない

 仕事の依頼

令和○年4月1日

青島デザイン事務所
青島雄三様

株式会社友愛出版
制作部
古川博

お仕事のご依頼

謹啓　陽春の候、青島様におかれましてはますますご発展のこととお慶び申し上げます。
　さて、弊社は平成○年の創業以来、一貫して企業の社史制作を手掛けてまいりました株式会社友愛出版と申します。このたびは、弊社が制作している社史のデザインに関する依頼でご連絡差し上げました。
　もし前向きにご検討いただけるようでしたら、大変ありがたいのですが、青島様のご意向はいかがでしょうか。まずはお電話かお手紙でご回答賜れば幸いに存じます。
　略儀ながら、まずは書中にてお願いまで。

謹白

+α
どういう仕事の分量と納期で、どれくらいの報酬を見込んでおけばいいのかなど、相手が確実に知りたいと思う情報を正確に伝えるべき

依頼が唐突すぎる。その会社（人）に依頼しようと決めた根拠や経緯などは、自己紹介と同じくらい丁寧に伝えたい

具体的な条件などを提示していないうえ、快い返事を期待している。相手に傲慢な印象を与えてしまいかねない

凡例　●OK例（お手本）　✖NG例　🖊書き換え例　🔄シチュエーション例　📖用語

メールで送る場合

件名：お仕事のご依頼の件

はじめてメールを差し上げます。
当方は、社史の編集制作を業務としている
株式会社友愛出版制作部の古川博と申します。

この度弊社では業務拡張に伴い、
本の装丁とページデザインをお願いできる
デザイナーを求めています。
青島様のこれまでのお仕事をいくつか拝見したうえで、
ぜひ一度、具体的なお話をさせていただければと、
ご連絡差し上げた次第です。

デザイン料その他の条件につきましては、
添付の資料をご覧いただけると助かります。
そのうえで、もし前向きにご検討いただけるようでしたら、
その旨お返事いただければ幸いです。

まずはメールにてご依頼まで。

- はじめて連絡する場合、ひと言あると良い
- メールでも具体的な依頼内容や条件は省略せずにしっかりと伝える
- メールは頻繁なやり取りが可能なので、ダラダラと長文を送るよりは、簡潔な表現にまとめて相手の返信を願うほうがベター

● 仕事の依頼

新規の仕事を依頼する際に送る。具体的な条件などを提示して、相手に快く引き受けてもらえるようにする

令和○年4月1日

青島デザイン事務所
青島雄三様

株式会社友愛出版
制作部
古川博

お仕事のご依頼

謹啓　陽春の候、青島様におかれましてはますますご発展のこととお慶び申し上げます。

　さて、弊社は平成○年の創業以来、一貫して企業の社史制作を手掛けてまいりました株式会社友愛出版と申します。このたび弊社では、業務の拡張に伴い、新たに装丁とページデザインをお願いできるデザイナーを求めているところでございます。青島様のお名前は大賢印刷の田島様から教えていただき、貴事務所のホームページを通じて日頃のご活躍ぶりも拝見しております。

　つきましては、ぜひ青島様にその一翼を担っていただけないかと、不躾も顧みず突然のご連絡を差し上げた次第です。

　弊社のデザイン料その他の条件については、別紙の通りです。

　もし前向きにご検討いただけるようでしたら、弊社が過去に制作した社史の現物を郵送させていただいたうえで、改めてお電話にてお気持ちをうかがいたいと存じます。

　略儀ながら、まずは書中にてお願いまで。

謹白

- 自己紹介と仕事を依頼する動機について、両方ともきちんとかつ端的に述べられている
- その相手に依頼する根拠を前向きな言葉で伝える
- 「ご多用中とは重々承知しておりますが」「ご迷惑も顧みず」
- はじめて連絡する場合は、どこかにお詫びのニュアンスを含む言葉を入れておきたい。文の冒頭に「はじめてお手紙を差し上げます」と入れても良い
- どういう条件で仕事を依頼しようと考えているのか、あらかじめ伝えておくのは最低限の礼儀

依頼する

✉ 面談の依頼

件名：ご面談の依頼

平素よりお世話になっております。

過日は弊社の製品についてお問い合わせをいただきありがとうございます。
つきましては、ぜひ詳細についてご説明させていただきたく、
ご連絡差し上げた次第です。

3月10日（月）15時にお伺いできればと考えておりますが、
ご都合いかがでしょうか。
上記の各時間で問題ないようでしたら、弊社の担当者が貴社に伺います。
日程にご不都合がありましたら、
改めて調整いたしますので遠慮せずにご連絡ください。

お忙しい中大変申し訳ございませんが、
何卒ご調整いただけますようよろしくお願いいたします。

 発信者の氏名が書かれていない

✖ 希望日時の候補がないある程度の幅をもたせるか、相手の都合を先に聞くべき

✖ 面談する場所についても、相手の意向を聞いてから決める

✖ 署名がない。役職や所属部署、担当部門、名前など、大切な情報が何ひとつ書かれていない

✉ 面談の依頼

件名：ご面談の依頼

平素よりお世話になっております。
株式会社相模コーポレーション　営業部　隈本紀夫です。

過日は弊社の製品についてお問い合わせをいただきありがとうございます。つきましては、ぜひ詳細についてご説明させていただきたいと思い、ご連絡差し上げた次第です。
下記いずれかの日程で貴社にお伺いできればと考えておりますが、ご都合の良い日はございますでしょうか。

・3月10日（月）15時〜
・3月13日（木）14時〜
・3月17日（月）15時〜

　上記の各時間以降であれば、こちらはある程度柔軟に対応することが可能です。また、それ以外の日でも、特にご希望の日時がございましたら遠慮なくお申し付けください。できるかぎりの対応をさせていただきます。
まずは、駒沢様のご都合をお聞かせいただけると幸いです。
日程にご不都合がありましたら調整いたしますのでお申しつけください。

お忙しい中大変申し訳ございませんが、
何卒ご調整いただけますようよろしくお願いいたします。

株式会社相模コーポレーション
営業部　隈本紀夫
〒252-○○○○　神奈川県相模原市○区○○3-1-○
電話　080-○○○○-○○○○
メールアドレス○○○koma@○○.co.jp

面談の約束を取りつける際の依頼状。相手の時間を割いていただくことに対して、感謝と配慮を伝える

 正しく名乗っている

🔁 **初めて相手に連絡をする場合**
「突然お手紙を差しあげる無礼をお許しください。○○の件でご連絡を差し上げました」

🔁 **先に相手の都合を聞いてから日程を調整する場合**
「近日中にこちらからお電話差し上げますので、ご都合をお聞かせいただければ幸いに存じます」

 候補日を複数挙げている。相手に配慮が伝わる

アンケートの依頼

20XX年1月15日

各位

株式会社和水堂
六甲の炭酸水品質向上キャンペーン実行委員会

アンケートのお願い

拝啓　中冬の候、皆様におかれましてはますますご清祥のこととお慶び申し上げます。平素は弊社製品をご愛顧いただき、誠にありがとうございます。

　さて、このたび弊社では、日頃より「六甲の炭酸水」をご愛飲いただいている皆様方に、更なるご満足をいただくための品質向上キャンペーンを実施いたします。

　つきましては、キャンペーンに先駆けて、「六甲の炭酸水」について皆様方の忌憚ないご意見を賜るべく、アンケートをお願いする次第です。お手数ですが、同封のアンケート用紙の回答欄にご記入のうえ、2月14日（金）までにご返送願いたく存じます。お答えいただいた皆様には、もれなくオリジナルペアグラスを進呈いたします。

　なお、ご回答の内容は、弊社製品開発の参考とさせていただく以外には使用いたしません。また、決して外部に情報をもらさぬことを固くお約束いたします。

　何卒ご協力のほど、よろしくお願い申し上げます。

敬具

「つきましては、商品の改善やサービスの向上を行うにあたり、皆様の貴重なご意見を参考にしたいという考えから、お客様アンケートを実施することにいたしました」

どのような形でいつまでに回答がほしいのか説明する

集めたアンケートを今回の目的以外には使用しないことを約束する

依頼する

✉アンケートの依頼

件名：アンケートのお願い

日頃より「六甲の炭酸水」をご愛飲いただき誠にありがとうございます。

このたび株式会社和水堂では、「六甲の炭酸水」をご愛飲いただいている皆様方に、さらなるご満足をいただくための品質向上キャンペーンを実施いたします。

つきましては、キャンペーンに先駆けて、「六甲の炭酸水」について皆様方の忌憚ないご意見を賜るべく、アンケートをお願いする次第です。

アンケート項目は3つのみ、3分程度で終わる内容となっておりますので、たいへんお忙しいところ誠に恐縮ではございますが、ご協力のほどよろしくお願い申し上げます。

アンケートの回答はこちらから
↓
www.rokkoutannsannsui.com

※アンケートは3分程度でお答えいただけます。
※アンケートの締め切りは、2月14日午前0時までとなります。
※ご回答いただいた皆様には、日頃の感謝の気持ちを込めて、オリジナルペアグラスをプレゼントいたします。多くの方にご回答いただければ幸いです。
※ご回答の内容は、弊社製品開発の参考とさせていただく以外には使用いたしません。

ご協力のほど、お願い申し上げます。

（以下略）

冒頭で日頃の感謝について述べる

定期的にアンケートを実施している場合

「今年もお客様アンケートを実施することになりました。お忙しいところ誠に恐縮ではございますが、ご協力をお願い申し上げます」

アンケート専用ページのURLを載せておけば、集計がスムーズに行える

資料貸出の依頼

他社がもっている資料を貸与させてもらう場合の依頼状。相手に権利があるものなので、丁寧に申し込む

20XX年7月16日

株式会社ショーワ電器
広報　辻村實様

株式会社泰出版
編集部　登坂和幸

御社資料ご貸与のお願い

拝啓　時下ますますご清栄のこととお慶び申し上げます。平素は格別のお引き立てを賜わり、厚く御礼申し上げます。

　突然のお手紙にて失礼いたします。このたび弊社では、泰ムックシリーズの一冊として『懐かしい昭和の真空管ラジオ』の刊行を予定しております。

　つきましては、戦前に貴社が製造されていた真空管ラジオやカタログなどの関連資料をご貸与いただけないかと思い、ご連絡差し上げた次第です。

　ご参考までに、編集部が作成した企画書を同封いたしましたので、ご査収、ご検討いただけましたら幸いに存じます。

　ご無理をいって申し訳ありませんが、ぜひともお力添えをいただきたく、心よりお願い申し上げます。

　まずはお伺いとお願いまで申し上げます。

敬具

はじめて書状を送るときは、ひと言断ってから本題に入るのが礼儀。「はじめてお便り差し上げます」も可

何の目的で資料を借りたいのか、簡潔に説明する

「厚かましいお願いで恐縮ですが、お差し支えない範囲で結構ですので、ご検討いただけますようお願いいたします」

新規取引先紹介の依頼

20XX年10月7日

株式会社美羽
松木英寿様

株式会社大判屋
石谷久就

取引先ご紹介のお願い

拝啓　貴社におかれましてはますますご隆昌のこととお慶び申し上げます。日頃は格別のご芳情をいただき誠にありがとうございます。

　さて、おかげさまをもちまして当社では、「自宅でカンタントレーニングマシーン」が発売以来、多くのユーザー様よりご好評をいただき、月平均1000台を売り上げるようになりました。今後は、日本以上にプライベートトレーニング熱の高い欧米にも販路を拡大したいと計画しております。

　つきましては、欧米のスポーツショップおよびスポーツジムの販路に明るい松木様に、「自宅でカンタントレーニングマシーン」の需要先としてのお心当たりがございましたら、ご紹介いただけないでしょうか。もちろん、この件につきまして貴台にご迷惑がかかるようなことは一切いたさないことを固くお約束いたします。

　ご多忙中誠に恐れ入りますが、何卒ご検討のほどお願い申し上げます。

　まずは書中をもちましてお伺いかたがたご依頼申し上げます。

敬具

ネガティブな理由で新たな取引先を探す場合

「当社では、このところの急激な国内需要減にともない、新たな販路開拓を迫られております」

紹介者の立場である相手に迷惑がかからないことを約束する

貴台（きだい）

相手を敬っている二人称。また、建物そのものを指すことも。「貴殿」「貴社」などと同意

「はなはだ厚かましいお願いではございますが」
「勝手なお願いにて大変恐縮ですが」

講演の依頼

20XX年4月1日

下神茂地先生

SUGホールディングス
総務部　磯部勉

謹啓　時下ますますご清栄のこととお慶び申し上げます。
　突然のお手紙に失礼いたします。当社では、例年新人研修の一環として幅広い分野にご活躍中の著名な方々をお招きし、ご講演いただいております。
　つきましては、金融問題に関して専門的な知見をおもちの下神先生に講師をお願いしたく、下記の通りご依頼申し上げる次第です。
　ご多忙のところ誠に恐縮ではございますが、ご承諾いただけますよう衷心よりお願い申し上げます。
　まずは略儀ながら、書中にてご依頼まで。

謹白

記

1. 日時　20XX年5月25日（水）午後3時〜4時
2. 会場　本社大広間
3. テーマ　超高齢化社会における金融事情と課題
4. 受講者　当社新入社員50名
5. 謝礼　100,000円（＋税）

以上

○ 尊称は『先生』。続いて「御机下」「御侍史」とつけることも。へりくだって使う

○ はじめて書状を送る場合

○ 依頼の要件を伝える

✏ 「ご多用中大変恐縮ではございますが、何分よろしくご高配賜りますようお願い申し上げます」「ご内諾いただけますならば、詳細については改めてご相談させていただきたく存じます」

依頼する

原稿の依頼

原稿ご執筆の依頼

拝啓　向夏の候、淀川先生におかれましてはいよいよご活躍のこととお慶び申し上げます。
　さっそくですが、当方は花と雑貨のギフトショップ「たちあおい」を全国で展開しております株式会社イデアの季刊会報誌『百花両輪』編集室　品川と申します。このたび弊誌では、レギュラー巻頭エッセイ「私と花と」に淀川先生の玉稿を賜りたく、ご連絡差し上げました。
　「私と花と」は、毎回、各界の御有識者に、花にまつわる個人的な思い出や、お好きな花のエピソードなどについてご執筆いただいております。つきましては、『花に生きる』『薔薇色の人生』『夕暮れの朝顔』と、花を主題にした小説で文名高い先生に、ぜひともご執筆いただきたく、お願い申し上げる次第です。
　ご依頼内容の詳細は下記の通りでございます。見本誌を同封させていただきましたので、ご参考としていただけましたら幸いに存じます。ご執筆の諾否につきましては、改めてこちらからお電話にて伺いたいと存じます。何卒ご検討のほど、よろしくお願い申し上げます。
　略儀ながら、まずは書中にてお願いまで。

敬具

記

・エッセイ題名　私と花と
・原稿字数　1200字（20字×60行）
・原稿締切　8月1日
・原稿料　30,000円（＋税）

以上

○ 儀礼的な挨拶のあと、自己紹介と用件を伝える

🔍 玉稿（ぎょくこう）
原稿のこと

○ はじめて原稿を依頼する相手には、見本として既刊を送るのが礼儀

○ 依頼内容や条件は、箇条書きにすると間違いがない。題名（またはテーマ）、字数、締切、原稿料は必須の事項

値下げの依頼

20XX年9月18日

株式会社マーブル
営業部　小檜山和平様

株式会社東西館
販売部　三矢末廣

製品価格ご検討のご依頼

拝啓　貴社におかれましてはますますご清栄のこととお慶び申し上げます。平素は格別のお引き立てを賜り厚く御礼申し上げます。
　さて、このたびは、貴社から購入しています製品の価格について、ご検討をお願いいたしたい件がございます。
　実は、昨今の円安傾向により、現状のままの単価では、弊社といたしましてもきわめて厳しい状況が続く可能性があります。つきましては、誠に勝手なお願いかとは存じますが、仕入れ値を今より5％値引きしていただけないでしょうか。
　貴社におかれましてもご事情があること重々承知いたしておりますが、諸事情ご賢察のうえ、ご理解、ご協力のほど、伏してお願い申し上げます。
　まずは略儀ながら、書中をもちましてお伺い申し上げます。

敬具

支払方法変更の依頼

20XX年8月3日

株式会社レンズオフ
経理部　槻谷灯里様

株式会社川崎光学
経理部　中嵩幸弥

拝啓　貴社におかれましてはますますご清栄のこととお慶び申し上げます。平素は格別のご愛顧を賜り、心より感謝申し上げます。
　さて、弊社では、取引銀行の変更に伴い、これまで貴社から仕入れております商品の取引条件について、下記のように変更させていただきたく存じます。
　つきましては、本年の9月締めのご請求分から下記の方法でお支払いくださいますよう、お願い申し上げます。
　はなはだ勝手ではございますが、諸般の事情をご賢察くださいまして、上記の件、ご了承賜りたく存じます。
　まずは取り急ぎお願いまで。

敬具

記

1．変更前のお支払方法　手形決済
2．変更後のお支払方法　銀行振込
3．実施日　　　　　　　20XX年9月締めご請求分より
4．お振込先　東京さいたま銀行東口駅前支店
　　　当座預金123＊＊＊＊＊＊

以上

値下げをお願いする際の依頼状。「お願い」なので、一方的な表現は避ける

相手が納得するだけの理由を明確に述べる

こちらの都合を伝えるだけでなく、相手を慮る

相手のメリットを明示する場合
「貴社とは今後とも末永くお取引させていただき、その品質の良さをいっそう広める努力を続けてまいりたいと存じますので」

一方的な通告と取られないよう、「あくまでもお願いであって、相手の判断を仰ぐ」という姿勢を示す

金融機関変更などの理由で、支払い方法に変更が出た場合、変更した方法にしたがってもらえるようにお願いする文書

「経理事務の合理化に向けて〜」

諸般の事情
いろいろな事情、もろもろの理由。詳細を相手に伝えたくない場合や理由を伏せたいときに便利

ご賢察
相手の推察を敬って使う言葉

　凡例　●OK例（お手本）　✖NG例　✎書き換え例　↻シチュエーション例　用語

見積もりの依頼

20XX年3月21日

株式会社ニコラ
営業部　鶴本亜登里様

株式会社ライクドラッグ
商品管理部　美田冨士朗

お見積りのお願い

拝啓　貴社におかれましてはますますご清栄のこととお慶び申し上げます。
　さっそくですが、弊社では貴社製品の購入を下記の通り検討いたしております。
　つきましては、お見積りをお願いしたく、ご連絡差し上げた次第です。
　ご多用のところ、誠に恐縮ではございますが、4月1日までにご送付いただけますと
助かります。
　まずは取り急ぎ、見積りのご依頼まで。

敬具

記

1．見積もり商品　　健康ドリンク30ケース
　　　　　　　　　　サプリメント50パック
2．支払方法　　　　貴社ご指定
3．受取場所　　　　弊社倉庫

以上

相手にお願いした仕事の見積書を作成してもらう場合に送る依頼状。何について見積もるのか、明記する

カタログを取り寄せて、見積もり依頼をする場合
「先日は、製品案内をご送付いただきありがとうございました。さっそくですが、弊社では、貴社製品の購入を検討しております。詳細は以下をご確認ください」

「勝手を申し上げて大変恐縮ですが」

商品名と数量のほか、納入期日や納入場所、受け渡し方法などの条件も提示すれば、見積もりがより正確になる

依頼する

再見積もりの依頼

20XX年7月5日

株式会社開戸
営業部　小平新平様

株式会社シェール
散田紹明

お見積書再考のお願い

拝復　平素は格別のお引き立てを賜り、厚く御礼申し上げます。
　さて、7月1日付貴信にて見積書をご送付いただき、誠にありがとうございます。迅
速なご対応に深く感謝申し上げます。
　ご提示いただいた内容のうち、「赤ワイン」「白ワイン」のご提示価格につきましては
異論ございません。しかしながら、「スパークリングワイン」につきましては、いささ
か貴意に添いかねます。現状のご提示価格ですと、他社と10％程度の開きがございます。
　つきましては、今回の貴社価格から1本当たり30円ほど値引きしていただくわけには
まいりませんでしょうか。事情ご賢察のほど、何卒よろしくお願い申し上げます。
　まずは取り急ぎ、お願い申し上げます。

敬具

見積額が引き合わず、再見積もりを依頼する際の文例。交渉ではあるが、お金に関することなので、あくまでも丁寧な態度を崩さない

最初に送ってもらった見積りに対してお礼を述べる

納得できる部分があれば、先にそのことにふれると角が立たない

再考を願い出るからには、相手が納得できる具体的な理由が必要

勧誘する

取引先や顧客の興味を誘い、自ら協力してもらえるようにするための文書です。信頼を損なわないよう、強引な勧誘と受け取られかねない文言は慎みましょう。

送る場面 ➡入会の勧誘（P69） ➡テナント出店の勧誘（P70） ➡見学ツアーへの勧誘（P70）
➡共同事業への勧誘（P71）

Point
▶ 相手のニーズを的確につかむことに重きを置く
▶ 強引な勧誘はかえって逆効果、誠意ある表現を心がける
▶ 趣旨を明確に伝えることが相手の心を動かすための基本

 入会の勧誘

令和〇年2月27日

合同会社イッツハッピー
代表　杉崎幸代様

有限会社アトラス
代表　木方理恵

「サンライズ・アソシエーション」入会のご案内

拝啓　初秋の候、ますますご清栄のこととお慶び申し上げます。日頃はひとかたならぬご厚誼を賜り、誠にありがとうございます。
　さて、このたび川崎市のニュービジネス創業有志が集い、異業種交流会「サンライズ・アソシエーション」を発足いたしました。当会に入会いたしますと、さまざまな特典がございます。
　つきましては、合同会社イッツハッピー様にぜひともご入会いただきたく、本状にてご案内申し上げます。
　疑問点、ご質問等ございましたら、下記事務局宛てにお電話、メール等、いつでもお気軽にお問い合わせいただけます。入会のご意思が固まり次第、同封の申込書にご記入のうえ、下記住所までご返送ください。

　何卒よろしくお願い申し上げます。

敬具

✗ 名称だけではどういう種類の団体なのかひと目でわからない。後ろ暗いイメージを与えてしまう

✗ 入会のメリットが漠然としすぎている。もっと具体的な説明がないと検討のしようがない

✗ 入会ありきの勧誘では、強制していると取られかねない。「もし、ご入会をご検討いただけるようでしたら」のように謙虚な表現を用いるようにしたい

メールで送る場合

件名：異業種交流会「サンライズ・アソシエーション」入会のご案内

拝啓　初秋の候、ますますご清栄のこととお慶び申し上げます。
日頃はひとかたならぬご厚誼を賜り、誠にありがとうございます。

（中略）

つきましては、ＩＴ技術を駆使した高齢者サービスの分野で
フレッシュな風を起こしている合同会社イッツハッピー様に、
ぜひともご入会いただき、さらなるビジネスチャンスを開拓していただきたく、
ご案内申し上げます。

入会についての条件、規約などは別紙のとおりでございます。
疑問点、ご質問等ございましたら、
下記事務局宛てにお電話、メール等、
いつでもお気軽にお問い合わせください。
ご検討のうえ、よろしければ添付の申込書にご記入後、
ご返信いただけましたら幸いです。

（以下略）

メールなのでもっと簡潔な挨拶文でも問題ないが、勧誘という性質上、これくらいの丁寧さはあってもいい

面識のない相手に初めて連絡する場合

「○○様（第三者）の紹介でご連絡差し上げました」「○○様（勧誘の相手）のご活躍ぶりは、○○で拝見しております」など、声をかけるに至った経緯を述べることで安心感を与える

● 入会の勧誘

会合などへの参加、入会を促す際の文例。あくまで相手の意思を尊重し、断りにくいような書き方はしない

勧誘する

令和○年2月27日

合同会社イッツハッピー
代表　杉崎幸代様

有限会社アトラス
代表　木方理恵

異業種交流会「サンライズ・アソシエーション」入会のご案内

集まりの目的が件名を読むだけで伝わる

拝啓　初秋の候、ますますご清栄のこととお慶び申し上げます。日頃はひとかたならぬご厚誼を賜り、誠にありがとうございます。
　さて、このたび川崎市のニュービジネス創業有志が集い、異業種交流会「サンライズ・アソシエーション」を発足いたしました。現在、川崎市で事業を展開する30のベンチャー企業が当会に参加し、さまざまな意見やアイデアを交換しながら新たなビジネスの創出と発展に多くの可能性を拓いているところです。当会にご入会された業者様には、異業種を含む他業者とのマッチング仲介、会員限定の提携ビジネス施設の優待利用といった数々の特典もございます。
　つきましては、今、IT技術を駆使した高齢者サービスの分野でフレッシュな風を起こしている合同会社イッツハッピー様に、ぜひともご入会いただき、さらなるビジネスチャンスを開拓していただきたく、本状にてご案内申し上げた次第です。
　入会についての条件、規約などは別紙の通りでございます。疑問点、ご質問等ございましたら、下記事務局宛てにお電話、メール等、いつでもお気軽にお問い合わせください。ご検討のうえ、よろしければ同封の申込書にご記入後、返信用封筒にてご返送いただけましたら幸いです。

　何卒よろしくお願い申し上げます。

敬具

入会した場合のメリットが具体的に述べられている

相手の自尊心をくすぐるものにふれるのも効果的

勧誘の場合、金銭的なことは相手にとって重要な問題。会費がある場合は別紙等に明記する。費用がかからないという条件であれば、それもぜひアピールしたい

テナント出店の勧誘

令和○年8月13日

株式会社ムラカミ屋
代表取締役　村上真彦様

株式会社総合ビル
営業　今野由高

テナント出店のお願い

拝啓　貴店におかれましては、ますますご隆盛のこととお慶び申し上げます。平素は
並々ならぬご厚誼を賜り、誠にありがとうございます。
　さて、このたび神奈川県○○市××町の複合施設「正山ビルディング」では、現在、
1階部分のテナントを募集しております。
　正山ビルディングは京山鉄道仙原駅に直結する商業ビルとして平成○年にオープン
して以来、若いファミリー層の多い地域で高い集客力を誇っております。
　つきましては、神奈川県内で20店舗を展開されるドラッグストアの大手であられる
御社にご出店いただければ、「正山ビルディング」のさらなる充実につながるものと確
信し、ご出店を願い出る次第です。該当1階部分の改修工事は9月いっぱいで完了す
る予定ですので、この機会に、ぜひご検討のほどお願い申し上げます。
　概要につきましてはパンフレットを同封いたしましたので、まずはそちらをご覧く
ださい。後日、担当の者からお電話を差し上げたく存じますので、その際に改めてご
相談させていただけましたら幸いです。
　まずは書中にてご案内申し上げます。

敬具

ビルの空き室にテナント出店を募集する場合の文例。そこにテナントを出すとどういったメリットがあるのかを説明する

 出店する側のメリットについて述べる

○ 勧誘する側のメリットも正直に伝えることで相手の自尊心に訴えかけることができる

○ 一方的にならないよう、あくまで決定権は相手にあると思わせることも大切

見学ツアーの勧誘

令和○年9月30日

各位

甲州市ワイン生産組合

勝沼ワイナリー見学ツアーのご案内

拝啓　時下ますますご盛栄のこととお喜び申し上げます。平素はひとかたならぬご厚
誼を賜り、心よりお礼申し上げます。
　さて、このほど甲州市ワイン生産組合では、ワイナリー見学ツアーを実施する運び
となりました。甲州市ワイン生産組合は、日本有数の生産地である山梨県甲州市のワ
イナリーおよびワインの原料となるブドウの生産業者で構成される組織として、ワイ
ンのPR、販売促進を目的に平成○年より活動を行っております。
　今回のツアーを催行するにつきましては、JPB旅行代理店様が格安料金にてパッ
ケージツアーをご用意してくださいました。皆様には、こぞってご参加くださいます
ようご案内申し上げます。

敬具

工場などの見学ツアーの案内。パッケージツアーなど簡便なものがあれば、それも紹介する

○ 主催者の自己紹介にアピールポイントを加えて相手の関心を誘う

○ 参加費用は、参加者最大の関心事。メリットを具体的に述べる

✎ 「皆様お誘い合わせのうえ、ふるってご参加ください」「皆様のご参加を心よりお待ち申し上げております」

共同事業への勧誘

令和○年10月24日

株式会社ＡＫ開発
営業部　大藤繁利様

株式会社新英コーポレーション
営業部　浜畑智明

共同事業の勧誘

拝啓　貴社におかれましてはますますご隆昌のこととお慶び申し上げます。平素は格別のご芳志をいただき、心より御礼申し上げます。

　さて、すでにご高承のこととは存じますが、このたび○○駅東口駅前の再開発に伴い、ショッピングモール「ミナトックス」が建設されることとなりました。

　同モールには、すでに「東阪エージェンシー」様が共同事業展開を決めており、弊社といたしましても県内随一の集客が見込まれる巨大プロジェクトと認識し、全力で取り組んでおります。

　つきましては、貴社にもぜひご参画賜りますよう、謹んでお願い申し上げる次第です。プロジェクト詳細に関しましては、同封のパンフレットをご参照いただけると幸いです。弊社の担当者が頃合いを見たうえで参上しご説明申し上げますので、ご一報賜りますよう重ねてお願い申し上げます。

　まずは書面をもちましてご案内申し上げます。

敬具

内容は実質的に勧誘だが、「勧誘」という言葉を相手に向かって使うのは露骨な印象を与える

なぜその相手に白羽の矢を立てたのか、明確な理由がないと勧誘の言葉としては弱い

一方的に話を進めていると受け取られてしまう。あくまで相手に判断を委ねる形を崩さない

共同事業は互いにメリットがあることを伝え、ぜひ参画したいと考えていただくための文書

共同事業への勧誘

共同事業のお願い

拝啓　貴社におかれましてはますますご隆昌のこととお慶び申し上げます。平素は格別のご芳志をいただき、心より御礼申し上げます。

　さて、すでにご高承のこととは存じますが、このたび○○駅東口駅前の再開発に伴い、ショッピングモール「ミナトックス」が建設されることとなりました。

　同モールには、すでに「東阪エージェンシー」様が共同事業展開を決めており、弊社といたしましても県内随一の集客が見込まれる巨大プロジェクトと認識し、全力で取り組んでおります。

　つきましては、過去最大規模の計画をいよいよ十全のものとすべく、ショッピングモール開発で数々の実績を挙げられている貴社にもこの機会にぜひご参画賜りますよう、謹んでお願い申し上げる次第です。

　プロジェクト詳細に関しましては、同封のパンフレットをご参照いただけると幸いです。参画をご検討いただけるようでしたら、早速参上のうえご説明申し上げますので、ご一報賜りますよう重ねてお願い申し上げます。

　まずは書面をもちましてご案内申し上げます。

敬具

共同事業のポジティブな見通しを述べ、相手の気持ちを動かす

「同モールには、大手家電ショップの○○様や銀座の老舗レストラン△△様も出店を決めており～」

過去の実績に言及し、相手の自尊心をくすぐる

「ご協力願えるようでしたら、早速参上のうえご説明いたしますので、何卒ご検討のほど、よろしくお願い申し上げます」

交渉する

こちらの要求を相手に提示し、話し合いを進めてもらうための文書です。細かい条件などを具体化するには主張だけでなく、ときに譲歩も必要となります。

送る場面 ➡値上げの交渉（P73）　➡値下げの交渉（P74）　➡納期延長の交渉（P74）
➡支払期日延期の交渉（P75）　➡取引条件変更の交渉（P75）
➡受注品変更の交渉（書面／メール）（P76）　➡在庫返品の交渉（P77）　➡資金融通の交渉（P77）

Point
▶ 交渉したい内容をはっきり伝え、話し合う必要性を理解してもらう
▶ 話し合いに応じてもらうようお願いするのが交渉の第一歩
▶ 主張と譲歩の押し引きで互いが納得できる落としどころを探る

値上げの交渉

令和○年11月10日

引田産業株式会社
黒井康太様

株式会社前園電子
伊藤敏夫

卸価格改定の交渉

拝啓　深秋の候、貴社ますますご清栄のこととお慶び申し上げます。平素は格別のご厚情を賜り、誠にありがとうございます。
　さて、このたび弊社では、全商品の卸価格を値上げすることに決定いたしました。昨今の物価高騰に伴う原材料費と人件費の上昇により、価格体系を維持できない状況となったことが主な理由です。弊社としましても、はなはだ不本意ではございますが、ついに卸価格の値上げをお願いするよりほかに方法がないとの結論に至りました。
　つきましては、12月より全商品の価格値上げをご承認いただき、同封の改定価格表にてのご注文を賜りたく存じます。
　何卒事情をご賢察のうえ、ご理解ご協力のほどお願い申し上げます。

敬具

実際に交渉が目的だとしても、相手に対して「交渉」という言葉は使わない。この場合は「お願い」が適切

いきなり決定事項として値上げを提示すると、一方的な主張と取られてしまう。先に値上げに至るまでの経緯説明が必要

たとえ本音であっても、自分たちの不満を他社にぶつけるような言い方は不適切。「手を尽くしたが、それでも値上げに踏み切らざるを得ない」というニュアンスが伝わるようにするべき

件名：卸価格改定に関するお願い
添付：改定価格表.pdf

いつもお世話になっております。
平素は格別のご厚情を賜り、誠にありがとうございます。

さて、ご高承のこととは存じますが、
昨今の物価高騰に伴う原材料費・人件費の上昇により、
弊社の全商品が現状の価格体系を維持できない状況となって参りました。
弊社としても、何とか現価格を維持しようと努めて参りましたが、
ついに卸価格の値上げをお願いするよりほかに
方法がないとの結論に至りました。

つきましては、誠に遺憾ではございますが、
12月より全商品の価格値上げをご承認いただき、
添付の改定価格表にてのご注文を賜りたく存じます。

何卒ご理解ご協力のほどお願い申し上げます。

特にメールは長文・煩雑にならないよう気をつけたい。価格表のような細かい文字情報は添付ファイルなどで送る

「弊社の商品のうち、○○が現状の価格体系を維持できない見込みとなって参りました」

値上げの交渉

やむを得ず、価格を上げる交渉を行う際に送る文例。事実上の通知となる場合も少なくないが、あくまで「お願い」と表現する

令和○年11月10日

引田産業株式会社
黒井康太様

株式会社前園電子
伊藤敏夫

卸価格改定に関するお願い

拝啓　深秋の候、貴社ますますご清栄のこととお慶び申し上げます。平素は格別のご厚情を賜り、誠にありがとうございます。
　さて、ご高承のこととは存じますが、昨今の物価高騰に伴う原材料費・人件費の上昇により、弊社の全商品が現状の価格体系を維持できない状況となってまいりました。弊社としても、できる限りの手を尽くし、何とか現価格を維持しようと努めてまいりましたが万策尽き、卸価格の値上げをお願いするよりほかに方法がないとの結論に至りました。
　つきましては、誠に遺憾ではございますが、12月より全商品の価格値上げをご承認いただき、同封の改定価格表にてのご注文を賜りたく存じます。
　何卒事情をご賢察のうえ、ご理解ご協力のほどお願い申し上げます。

敬具

事実は「交渉」であり、こちらの主張を通すことが目的だが、あくまで「お願い」するという態度で臨むべき

値上げに至る経緯を正直に説明し、それがやむを得ないことであるとの理解を求める

「社員一丸となって」「八方手を尽くし」

一方的な要求とならないよう、最大限の努力をしたうえで値上げに踏み切ったことを伝える

値下げの交渉

相手の見積もりに対して、値引きを乞う際の文例

令和○年11月1日

株式会社グローバル
営業部　古仲新喜様

株式会社関東資材
営業部　藤谷匡亮

納入価格検討のお願い

拝復　暮秋の候、貴社におかれましては一段とご壮健のこととお慶び申し上げます。日ごろはひとかたならぬご厚誼を賜り、厚く御礼申し上げます。
　さて、先日受領しました「電子内視鏡」のお見積もりについて社内で検討いたしましたところ、大変申し上げにくいのですが他社との差が大きく、ご提示の金額でお受けするのは厳しいとの結論に至りました。ご期待に添えず、誠に申し訳ございません。
　貴社にもご事情はおありとは存じますが、他社のお見積もりと同程度となるよう現行の提示価格を来月から15%ほどお値引きいただくことは可能でしょうか。できれば、貴社に発注したいと考えておりますので、お見積もりを再検討いただければ幸いです。
　また、弊社都合で誠に恐縮ではございますが、11月5日までに、営業担当　藤谷までご返答いただけると助かります。

　以上、何卒よろしくお願い申し上げます。

株式会社関東資材
営業部　藤谷匡亮
〒120-○○○○　東京都足立区○○○3-1-○
電話　080-○○○○-○○○○
メールアドレス○○○tani@○○.co.jp

敬具

値下げを願い出る理由がほかにある場合

「昨今の○○に伴い、業界全体の卸値も下がってきており、弊社も販売価格の引き下げによる生き残りを強いられる状況です」「昨今の社会情勢を鑑みると、10年前に設定した価格○○円は、現在の市場価格との開きを否めません」

● 具体的な数字を提示すると相手も検討しやすい

● 期限があれば、明記する。また、返答先（連絡先）を明記する

納期延長の交渉

お約束の納期から遅れてしまう場合の連絡。素直に詫び、できるだけ早く進めることを誓う

納期延期のお願い

拝啓　残暑の候、貴社ますますご清栄のこととお慶び申し上げます。平素は格別のご愛顧を賜り誠にありがとうございます。
　さて、6月10日（金）付でご注文いただき、8月10日（月）に納期予定の自動車向け電子キー500個の生産が、世界的な半導体不足の影響により遅れております。
　つきましては、勝手なお願いで誠に恐縮ではございますが、納品期日を8月19日（水）に遅らせていただきたく、ここにご連絡差し上げた次第です。
　ご迷惑をおかけして申し訳ございませんが、諸事情ご賢察のうえ、何卒ご理解のほどお願い申し上げます。

敬具

🔍 残暑の候（ざんしょのこう）

8月に用いる時候の挨拶。「晩夏の候」「処暑の候」に同じ。➡P.309参照

伝票番号がわかる場合

「自動車向け電子キー500個（伝票番号○○）が～」

● 延期理由を明確に述べる

● 勝手なお願いごとに対する謝罪を述べたうえで、具体的な事後策を伝える

支払期日延期の交渉

令和○年6月2日

株式会社イチクボ
営業部　横本紀夫様

株式会社大山家具
営業部　円田四郎

支払い期日の延長を交渉する文書。事情は、延期依頼とは分けて説明する

5月分支払い延期のお願い

拝啓　長雨の候、貴社ますますご隆昌の段、大慶に存じます。平素はひとかたならぬご高配を賜り、深謝申し上げます。
　さて、5月末の貴社へのお支払い分が遅延しております件、誠に遺憾に存じ、心よりお詫び申し上げます。
　実は、昨今の不況の影響で弊社の大口お取引先が不渡りを出し、今月分の資金繰りがつかない事態にて、弊社といたしましても大変に苦慮しております。
　幸い、来週中に確実な入金予定がございますので、翌月初めには、間違いなくお振り込みできる見通しです。
　ご迷惑をおかけして申し訳ございませんが、事情をおくみ取りいただき、今しばらくご猶予のほど、お願い申し上げます。
　取り急ぎお詫びかたがたお願いまで。

敬具

○ 用件の中でもっとも先に述べるべきは、支払い遅延に対する謝罪の言葉である

○ 支払い遅延の理由を述べる

○ いつまでに支払いが可能か今後の予定を報告する

↻ **めどが立っていない場合**
「少しでも早く入金できるよう、あらゆる手を尽くしているところでございます」

✎ 「今回に限り、○月○日まででご猶予いただけますよう、お願い申し上げます」

取引条件変更の交渉

取引条件変更ご検討のお願い

拝啓　若葉の候、貴社ますますご盛栄のこととお慶び申し上げます。平素は格別のご高配を賜り誠にありがとうございます。
　さて、ご高承のとおり、長引く不況の影響で弊社も回転資金の運用が大変厳しい状況です。
　つきましては、はなはだ勝手ではございますが、貴社との取引条件を下記の通り変更させていただきたくお願い申し上げます。諸般の事情をご賢察くださいまして、ご理解くださいますよう重ねてお願い申し上げます。
　なお、本件についてのお問い合わせなどございましたら、担当の者までご連絡ください。

敬具

記

・締切日　　毎月20日（従来は毎月25日）
・支払日　　翌月10日（従来は翌月20日）
・支払方法　現金取引（従来は手形取引）

以上

すでにお取引のある相手に対し、条件の変更を願い出る際の文例

 「ご存じのように、原材料価格の高騰に伴い、当社でも資金繰りに余裕がなくなっているのが現状です」

 「諸事情を鑑み、前向きにご検討のほどよろしくお願い申し上げます」

 「なお、後日改めて、詳しいご説明にお伺いしたいと存じます」

交渉する

受注品変更の交渉

令和○年4月20日

株式会社ヨルゲン
営業部　福士智晶様

株式会社コダマ屋
営業部　小野正治

受注品変更ご検討のお願い

拝啓　時下ますますご清栄のこととお慶び申し上げます。平素は格別のご愛顧を賜り厚く御礼申し上げます。
　さて、このたびはBlu-rayプレーヤーBP800を100台ご注文いただきありがとうございます。
　大変申し訳ありませんが、同製品は今年の3月いっぱいをもちまして生産を終了しております。他店舗にも在庫が残っていないか確認いたしましたが、すでに完売しておりました。
　念のためメーカーにも在庫がないか問い合わせましたが、そちらもすべて出荷済みとのことで、取り寄せは難しい状況です。
　同製品の後継モデルとなるBP-1000でしたら発売開始から1か月と日が浅く、値段は同程度のうえに性能もグレードアップしておりますので、こちらをご検討いただけますと幸いです。カタログを同封いたしますので、何卒よろしくお願い申し上げます。

敬具

「誠に遺憾ではございますが」「誠に恐縮ですが」

注文に応えられない理由を正確に伝える

代替品を勧める際は、相手が納得するだけの理由がほしい。値段や性能が同程度か、さらにそれよりも良い条件であることが必須

✉受注品変更の交渉

件名：受注品変更ご検討のお願い
添付：BP1000カタログ

いつもお世話になっております。株式会社コダマ屋営業部　小野正治でございます。

このたびはBlu-rayプレーヤーBP800をご注文いただきありがとうございます。
大変申し訳ありませんが、
同製品は今年の3月いっぱいをもちまして生産を終了しております。
他店舗にも在庫が残っていないか確認いたしましたが、
すでに完売しておりました。

念のためメーカーにも在庫がないか問い合わせましたが、
そちらもすべて出荷済みとのことで、取り寄せは難しい状況です。

同製品の後継モデルとなるBP-1000でしたら
発売開始から1か月と日が浅く、
値段は同程度のうえに性能もグレードアップしておりますので、
こちらをご検討いただけますと幸いです。

カタログを添付いたしますので、ご検討のほどよろしくお願い申し上げます。

まずは注文していただいたことに対するお礼の言葉は述べる

参照資料のURLを提示する場合

「同製品の詳細につきましては、メーカーのホームページに情報がございます。リンクを以下に掲げましたので、そちらをご参照いただけましたら幸いです」

在庫返品の交渉

令和○年7月26日

株式会社ウェルケア
営業部　若桜木広治様

株式会社ニトー
販売部　田宮竹人

在庫分返品のお願い

拝啓　貴社ますますご隆昌のこととお喜び申し上げます。日頃は格別のご厚誼を賜り
誠にありがとうございます。
　さて、このたびは貴社製品「低反発マットレスα」の件でご相談がございます。
　令和○年よりお取引させていただいているこちらの製品ですが、後続の「低反発マ
ットレスZ」が好調なのとは対照的に、近年は売り上げが伸び悩んでいる状態です。
　弊社といたしましても、陳列の工夫や販売価格の見直しなど、さまざまな取り組み
をしてまいりましたが、ご期待に沿えず、申し訳ありません。
　つきましては誠に遺憾ではございますが、現状の同製品の販売契約を年度内までと
させていただき、期日以降の在庫につきましては返却させていただきたく存じます。
　諸事情をご賢察のうえ、何卒ご厚情賜りますよう、お願い申し上げます。

敬具

資金融通の交渉

ご融資のお願い

拝啓　貴社におかれましては、ますますご盛栄のこととお喜び申し上げます。平素は
格別のご厚情を賜り、心より御礼申し上げます。
　さて、突然の用件となり大変恐縮ですが、折り入ってのご相談がございます。
　実は、弊社の取引先一社が倒産し、売上金が回収できない見込みであることが発覚
いたしました。取引先の経営状況に対する認識不足があったことを深く反省している
次第でございます。
　このため、本来ならばその売上金で今月中に諸費用の支払いをする予定でおりまし
たが、資金繰りが立ち行かず、現状では、銀行融資も間に合わない状況でございます。
　そこで、平素のご厚情に甘えるようで大変心苦しく存じますが、来週までに金100万
円をご融資いただけないでしょうか。
　返済につきましては、銀行からの融資が受けられる予定ですので来月10日には全額
お支払いいたします。不躾なお願いで誠に恐縮でございますが、弊社の事情をご賢察
のうえ、何卒お聞き届けくださいますよう伏してお願い申し上げます。
　取り急ぎ書面にて、融資のお願いまで。

敬具

在庫を抱えてしまっている
商品の返品願い。やむにや
まれぬ事情を丁寧に説明し、
理解していただく

こちらに誤発注があ
って返品したい場合

「先日の注文ですが、弊社
の手違いが判明いたしまし
た。今後はこのようなこと
がないよう十分に注意いた
します。この度ばかりはご
容赦いただけますようお願
いいたします」

努力をしたうえでの苦渋の
決断であることを伝える

販売契約を解約する希望の
期日を伝える

事業資金を融通してもらう
ためのお願い。お金のこと
なので、明確に書く

融資の必要が生じた経緯に
ついて述べる

ほかの手段をすべて検討し
たうえで、融資をお願いし
ていることを伝える

いつまでに、いくら融資し
てほしいのか伝える

返済の見通しについて正確
に述べる

「○日までには○○からの
入金が見込まれております
ので、それで返済すること
をお約束いたします」など

交渉する

申し込む

相手にこちらの要望や意思を伝えたいときに送る通知状です。相手の信頼を得ることが大切なので、文頭の印象には特に気を遣いましょう。

送る場面 ➡新規取引の申し込み（P79、P80）　➡イベント参加の申し込み（P80）
➡特約店契約の申し込み（P81）　➡紹介による取引の申し込み（P81）

Point
▶ 自己紹介と申込理由を具体的に述べる
▶ 相手にこちらの熱意・気持ちが伝わるようにする
▶ 信頼を得るため、裏づけとなる情報を開示する

新規取引の申し込み

令和○年2月28日

株式会社バイキング
販売部　部長
竹田亮様

有限会社バイクテック
開発部
花山　龍

　　　　　新規お取引の申し込み

拝啓　春寒の候、貴社におかれましてはますますご清栄のこととお慶び申し上げます。
　貴社との新規お取引をお願いいたしたく、ご連絡いたしました。
　弊社は、令和元年に創業以来、電動スクーターの設計・開発を手掛け、多くの関連企業様より評価をいただいております。
　現在は、装備を簡素化し、車重を極限まで抑えることでフル充電時の走行距離を各段に向上させた業務用タイプに力を入れており、来年度をめどに、民間企業や官公庁向けモデルの完成実現を目指しているところでございます。
　つきましては、貴社とのお取引をお願いいたしたく、お申し込みする次第です。
　弊社の会社概要、完成予定モデルの紹介等の参考資料を同封いたしましたので、何卒ご高覧ください。
　なお、この件につきまして、さらに詳しいご説明をさせていただきたく存じますので、後ほどこちらからお電話差し上げる際に、お返事いただけましたら幸いです。
　略儀ながら、取り急ぎ書面にてお願い申し上げます。

敬具

✖ 実態は申し込みでも、標題は「お願い」としたほうが謙虚な印象になる

✖ はじめて連絡を取る相手であれば、突然の申し込みについての非礼を詫びる言葉が必要

✖ なぜ、その相手に取引を申し込むのか、簡単で良いので理由を述べるべき

件名：新規お取引のお願い／有限会社バイクテック
添付：

突然のメールにて失礼いたします。
有限会社バイクテックの花山と申します。

このたび、貴社との新規お取引をお願いいたしたく、
失礼を顧みずご連絡差し上げました。

弊社は、令和元年に創業以来、電動スクーターの設計・開発を手掛け、
多くの関連企業様より評価をいただいております。
現在は、安全性はそのままに、車重を極限まで抑えることで
フル充電時の走行距離を各段に向上させた
業務用タイプに力を入れており、来年度を目途に、
民間企業や官公庁向けモデルの完成実現を目指しているところでございます。

つきましては、電動スクーターの販売に実績のある
貴社とのお取引をお願いいたしたく、お申し込みする次第です。
弊社の会社概要、完成予定モデルの紹介等の参考資料を
添付いたしましたので、何卒ご高覧ください。

メールでは時候の挨拶は略してかまわないが、はじめて連絡する相手には、突然のメールに対する非礼は詫びたほうが良い

「弊社が以前よりお世話になっている〇〇社の△△様より、電動スクーターの製造に実績のある貴社のことを伺い、ご連絡差し上げた次第です」

新規取引の申し込み

令和〇年2月28日

株式会社バイキング
販売部　部長
竹田亮様

有限会社バイクテック
開発部
花山　龍

新規お取引のお願い

拝啓　春寒の候、貴社におかれましてはますますご清栄のこととお慶び申し上げます。
　突然、ご連絡差し上げるご無礼をお許しください。貴社との新規お取引をお願いいたしたく、本状を差し上げました。
　弊社は、令和元年に創業以来、電動スクーターの設計・開発を手掛け、多くの関連企業様より評価をいただいております。
　現在は、安全性はそのままに、車重を極限まで抑えることでフル充電時の走行距離を各段に向上させた業務用タイプに力を入れており、来年度を目途に、民間企業や官公庁向けモデルの完成実現を目指しているところでございます。
　つきましては、電動スクーターの販売に実績のある貴社とのお取引をお願いいたしたく、お申し込みする次第です。
　弊社の会社概要、完成予定モデルの紹介等の参考資料を同封いたしましたので、何卒ご高覧ください。
　なお、この件につきまして、さらに詳しいご説明をさせていただきたく存じますので、後ほどこちらからお電話差し上げる際に、お返事いただけましたら幸いです。
　略儀ながら、取り急ぎ書面にてお願い申し上げます。

敬具

はじめて連絡する会社に、新規の取引を申し込む際の文例。まずは突然のご連絡の非礼を詫びる

「はじめてお手紙を差し上げます」

自己紹介では必要最低限のことを簡潔に述べて、こちらが何者であるかを相手にわかりやすく伝える

相手に何を求めて取引を申し込んだのか、わかるように書く

「電動スクーターの製造に実績のある貴社とのお取引をお願いいたしたく」「電動スクーター製造に関する御社の評判を聞き及び、お取引をお願いいたしたく」

🔄 相手からの連絡を望む場合

「ご多用のところ誠に恐れ入りますが、お返事いただけましたら幸甚に存じます」

第3章　社外文書（業務文書）　　**79**

新規取引の申し込み

新規お取引のお願い

拝啓 新涼の候、貴社ますますご隆昌のこととお慶び申し上げます。平素は格別のお引立てに預かり厚く御礼申し上げます。

　さて、突然でまことに失礼と存じますが、弊社と新規にお取引願いたく、本状を差し上げます。弊社は、令和2年の創業以来、介護用品の企画・販売を手掛け、関東地方を中心に多くの介護施設、介護用品販売店の皆様よりご晶屓いただいております。このたびは、東北方面にも新規の取引先をお願いしたいと考えていたところ、貴社のご盛名を承り、是非ともお取引願いたいと存じた次第です。

　弊社の事業内容につきましては、会社案内書および営業案内書を同封させていただきましたので、何卒ご高覧のほどお願い申し上げます。

　なお、この件につきましては、近々貴社に参上したうえで改めてご挨拶差し上げたく存じます。後ほどこちらからお電話差し上げたいと存じますので、なにぶんにもよろしくお願い申し上げます。

　まずは、略儀ながら書中をもってお願い申し上げます。

敬具

記

・添付書類　会社案内 1 部
・営業案内書 1 部

以上

新規の取引の申し込み文例。業務拡大につき、販路を広げたいというお願いを受け入れてもらう

「突然お手紙を差し上げるご無礼をお許しください」

自己紹介は簡潔に。長すぎたり自慢話めいたりすると、印象が悪い

相手に何を求めているか率直に述べる場合

「介護用品の販売に実績のある貴社とのお取引が叶えば、弊社といたしましても心強いかぎりでございます」

盛名（せいめい）
盛んな良い評判の意

イベント参加の申し込み

令和○年7月7日

全国B級グルメ博覧会実行委員会
事務局　藤山三郎様

南国フーズ株式会社
営業部　堀川慎太郎

全国B級グルメ博覧会出品の申し込みの件

謹啓　時下ますますご清栄のこととお慶び申し上げます。平素は格別のお引き立てを賜り誠にありがとうございます。

　さて、貴会主催による「全国B級グルメ博覧会」は今夏8月25日から横浜ドームにて開催される由、貴会ホームページにて告知を拝見いたしました。

　つきましては、期間内に催されるコンペに弊社の「南国ヤキソバ」を出品いたしたく、本状を差し上げた次第です。

　弊社は昨年4月、フルーツソースを大胆に用いたまったく新しい食感の「南国ヤキソバ」の販売を開始、以来、多くの方々にご好評をいただいております。

　エントリー希望商品の詳細につきましては、弊社作成の案内を同封いたします。よろしくご高覧、ご検討のほどお願い申し上げます。

　まずは略儀ながら、イベント参加のお申込みまで。

謹白

相手が主催するイベントに出品したい場合の申し込みの文例。どのような商品ををどのくらい出品したいのか、簡潔にまとめる

開催日や開催場所など必要情報を明示する

自社の沿革や実績を簡潔に記す。本文がくどくなりそうな場合は、別紙にまとめて同封すると良い

高覧（こうらん）
相手が「見る」のを敬っていう言葉

特約店契約の申し込み

メーカーに、新規に特約店契約を申し込む際の文例。双方にとってメリットがあることを明記する

令和○年3月19日

株式会社ミドリ商会
坂戸支店エリアマネージャー　瀬尾隆司様

株式会社ニチハ
営業部　磯田直巳

特約店契約のお願い

拝啓 貴社ますますご繁栄のこととお慶び申し上げます。平素は格別のお引立てに預かり誠にありがとうございます。

　さて、このたび貴社におかれましては、関東圏に特約店をお求めと伺い、ぜひとも弊社にお申しつけいただきたく本状を差し上げました。弊社は、平成30年に創業以来、埼玉県を中心に食品と酒類の販売業を営んでおります。おかげさまで多くのお客様に恵まれ、令和○年3月19日現在、埼玉県に10店舗を展開するに至っております。

　何卒、ご承引くださいますようよろしくお願い申し上げます。なお、弊社の信用状況につきましては、弊社のメインバンクである、むさし埼玉銀行川越支店にご照会いただければと存じます。

　まずは、略儀ながらご挨拶かたがたお願いまで。

敬具

記

・添付書類　会社案内 1 部

以上

特約店（とくやくてん）
メーカーと販売店舗が結ぶ契約。ほかの小売店とは違った特定の条件で特約契約を結ぶこと

特約店契約を結びたいという、もっとも重要な用件を最初に述べる

承引（しょういん）
承知して引き受けること

「弊社の事業内容、経歴などにつきましては、資料を同封いたしましたのでご高覧ください」

紹介による取引の申し込み

新規のお取引を申し込む際、紹介者がいる場合の例

令和○年11月18日

株式会社山本ビル
管理部　大澤裕子様

レディメイド株式会社
営業部　本間融

新規お取引のお願い

拝啓 深秋の候、貴社におかれましてはますますご清栄のこととお慶び申し上げます。

　さて、突然にて恐縮ではございますが、グリーンコーポレーションの福留退助様よりご紹介いただき、ぜひ貴社との新規お取引をお願いいたしたく、お手紙差し上げる次第です。弊社は平成10年の創業以来、優秀なビルクリーニング技能士を多数そろえて、ビル屋内外の清掃に幅広くきめ細やかなサービスをご提供させていただいております。

　弊社の経歴、詳しい事業内容などの参考資料を同封いたしましたので、ご高覧のうえ、ご検討いただけましたら幸甚に存じます。

　なお、弊社の信用状況につきましては、弊社のメインバンクである横浜スター銀行の奥谷様にご照会いただきたく存じます。

　まずは書中にて、お願い申し上げます。

敬具

+α
はじめての取引を申し込む場合、詳しい資料は別紙にまとめて同封すると親切

紹介を受けて連絡したことを述べ、用件を切り出す

はじめて連絡する相手には、自社の紹介が必須。本文では簡単な自己紹介に留める

新規取引をお願いする場合、照会先を明記する

申し込む

承諾する

相手の依頼や申し込みに対して、受け入れる意思を伝えるために送る文書です。全面的な承諾だけでなく、部分的な承諾をする場合も含みます。

送る場面 ➡ 納期延長の交渉（P83）　➡ 値上げの交渉（書面／メール）（P84）　➡ 支払期日変更の申し入れ（P85）
➡ 値下げの交渉（P85）　➡ 取引条件変更の交渉（P85）　➡ 新規取引の交渉（P86）
➡ 受注品変更の交渉（P86）　➡ イベント参加の申し入れ（メール）（P87）
➡ 特約店契約の申し入れ（P87）　➡ 取材の依頼（メール）（P87）

Point
▶ 後で撤回して相手とトラブルにならないよう、承諾には慎重を期す
▶ 恩着せがましい印象を与えないよう、経緯は簡潔にまとめる
▶ 承諾できる部分とできない部分との線引きを明確にする

 ## 納期延長の交渉への承諾

「遅延」ではなく、「延期」または「変更」とする

令和○年3月13日

月の輪製薬株式会社
営業部
田淵陽介様

ファミリーストア K.K.
沢辺純一

納期遅延について

拝復　貴社ますますご隆昌の段、大慶に存じます。日頃から格別のご厚情を賜り、誠にありがとうございます。
　さて、弊店より注文いたしました商品について納期が遅れる旨のご連絡をいただき、理由が落雷による工場火災とのことで、致し方ないとはいえ、大変困惑しております。

納期が遅れる商品が何で、どれくらいの遅延があるのかについて言及していないので、話に行き違いが生じる恐れがある。また、やむを得ない理由であると理解しながらも、相手を責める表現は今後の関係にも悪い影響を及ぼしかねない

　しかしながら、弊店と貴社との長期にわたるおつき合いもございますので、今回ばかりはやむを得ない事情ですので了解いたしました。

恩着せがましい印象を与えてしまいかねない

　すでに週末セールに向けたチラシ広告に掲載した商品ではございますが、該当の販売コーナーに張り紙をするなどお客様への対応は弊店で行わせていただきます。今後はこのようなことがないよう、くれぐれもご注意ください。
　まずは、取り急ぎお返事まで。

敬具

抗議文ならこのような表現でも良いが、承諾するからには「これ以上の遅延なきよう、お願い申し上げます」といった感じの丁寧さはほしい

凡例　●OK例（お手本）　✖NG例　✏書き換え例　↻シチュエーション例　□用語

件名：納期変更について

いつもお世話になっております。

さて、3月3日の貴信にて、
「フローラルボディソープ」12ケースの納期が
6日遅れて9日になるとのご連絡をいただきました。
理由が落雷による工場火災とのことで、
弊店といたしましてはやむを得ない事情ですので
了解いたしました。

すでに週末セールに向けたチラシ広告に
掲載した商品ではございますが、
該当の販売コーナーに張り紙をするなど
お客様への対応は弊店で行わせていただきますので、
貴社におかれましても適切なご対応を
お願い申し上げます。

（以下略）

急を要するメールなので、形式的な挨拶は手短なものに留めておく

📖🔍 **貴信（きしん）**
相手の手紙やメールに対して使う尊称

恩着せがましくならない程度に、こちらでできる善後策を伝え、相手にも可能な限りの対応を求める

納期延長の交渉への承諾

相手の納品が遅れることへの承諾の文例。遅延する商品の詳細を確認する

令和○年3月13日

月の輪製薬株式会社
営業部
田淵陽介様

ファミリーストア K.K.
沢辺純一

納期変更について

拝復　貴社ますますご隆昌の段、大慶に存じます。日頃から格別のご厚情を賜り、誠にありがとうございます。
　さて、3月3日の貴信にて、「フローラルボディソープ」12ケースの納期が6日遅れて9日になるとのご連絡をいただきました。理由が落雷による工場火災とのことで、弊店といたしましてはやむを得ない事情ですので了解いたしました。
　すでに週末セールに向けたチラシ広告に掲載した商品ではございますが、該当の販売コーナーに張り紙をするなどお客様への対応は弊店で行わせていただきますので、貴社におかれましても適切なご対応をお願い申し上げます。今後の予定につきまして、また何か新たな変更等ございましたら、速やかにご連絡いただけますと助かります。
　まずは、取り急ぎお返事まで。

敬具

何の商品がどれくらい遅延するのか、事実に行き違いがないよう明記する

遅延がやむを得ない事情であることを了解し、相手を責めない

🔄 **遅延の原因に相手の過失が含まれる場合**
「弊店および貴社の信用問題にもかかわりますので、何卒これ以上の遅延はないようお願いいたします」

値上げの交渉への承諾

相手からの値上げの交渉を承諾する場合の文例。値上げはいったん承諾するものの、今回限りにしてほしいことを明記する

令和○年10月7日

株式会社石鹸堂　営業部
柳瀬守正様

株式会社そよかぜＳＤ　販売部
天野喜久博

お引取価格変更の件

　拝復　貴社ますますご清栄のこととお慶び申し上げます。平素は格別のご愛顧を賜り誠にありがとうございます。
　さて、去る10月3日付貴信にてご要請のありました「ボディシャンプー」卸価格の改定につきまして、ご回答申し上げます。
　貴社よりご提示の案を慎重に協議いたしました結果、弊社といたしましては厳しい内容ではございますが、ご事情も鑑みて原則的にはお受けすることとさせていただきました。
　ただし、「ボディシャンプー」の値上げは今回かぎりということで、ご容赦願います。
　つきましては、一部お取引条件の見直しも含め、今一度両社担当者を交えたお打ち合わせをいたしたく存じます。
　何卒ご理解のほど、よろしくお願いいたします。
　まずはお返事まで申し上げます。

敬具

「価格改定の件（承諾ご通知）」「価格改定承諾の件」

承諾は簡単なことではないと伝え、今後の対応に含みを残しておくことで、こちらの損失を最小限に抑える

今回限りであることを断っておく

✉ 値上げの交渉への承諾

件名：「ボディシャンプー」価格改定の件

平素よりお世話になっております。
株式会社そよかぜＳＤ　販売部の天野でございます。

10月3日付けで、お申し込みのありました
「ボディシャンプー」の
弊社への納入価格改定の件、
検討いたしました。

弊社にとりましては、厳しい内容ではございますが、
ご事情を鑑みて原則的には値上げのご要請の件、
お受けすることにいたしました。

ただし、「ボディシャンプー」の値上げは今回限りということで、
ご容赦願います。

つきましては、一部お取引条件の見直しも含め、
今一度両社担当者を交えたお打ち合わせをいたしたく存じます。
何卒ご理解のほど、よろしくお願いいたします。

まずはお返事まで。

「ただし、さらなる値上げがあった場合、ほかのメーカー様の商品に変更せざるを得ませんので、お含みおき願います」

詳細な交渉は後日話し合うという方向で話をまとめれば、うかつな回答をしてトラブルを引き起こす可能性が低い

支払期日変更の申し入れへの承諾

支払日延期承諾の件

拝復　時下ますますご清栄のこととお慶び申し上げます。平素は格別のご芳情を賜り誠にありがとうございます。

　さて、8月17日付貴信を拝受いたしました。急遽、社内にて協議いたしました結果、今回に限りご事情を拝察して承諾申し上げることにいたしました。来月以降は当初のご契約通りの期日にてお支払いいただきたいと存じます。

　まずは書中にて承諾のご連絡まで。

敬具

値下げの交渉への承諾

仕切値改定承諾の件

拝復　平素は格別のご厚情を賜り、厚く御礼申し上げます。

　さて、9月15日付貴信にてご要請のありました仕切値引き下げにつきましてお返事申し上げます。

　結論といたしましては、貴社との長年のおつき合いもありますゆえ、一部条件つきで承諾させていただくようご相談申し上げます。

　貴社のお申し出は仕切値の10%引き下げとのことですが、弊社も厳しい状況ではございます。何卒8%でご了承いただきたく、懇請申し上げる次第です。

　まずはお返事かたがたご相談申し上げます。

敬具

取引条件変更の交渉への承諾

取引条件変更について

拝復　貴社ますますご隆昌の段、大慶に存じます。

　さて、1月23日付貴信を拝見いたしました。お申し越しの取引条件変更につきまして、社内で協議いたしました結果、貴社のご事情も鑑み、了承させていただきたく存じます。

　しかしながら、来月以降は従来通りの条件でお取引させていただきたくお願い申し上げます。今後とも貴社とのお取引は円滑に進めて参りたいと存じますので、何卒ご賢察のほど、よろしくお願い申し上げます。

　まずは書中にてお返事申し上げます。

敬具

支払期日変更の申し入れを承諾するが、今後の契約は従来どおりに戻してほしい場合の文例

「このたびのことはご報恩の機会と考え」「日頃ご厚情を賜っております貴社のお申し出ゆえ、今回に限り」

承諾できることとできないことを明確に分けて書く

値下げ交渉に対する承諾の文例。すべてを承諾するのは厳しい場合、交渉の必要があることも

仕切値（しきりね）
製造元から卸への価格のこと。卸から小売へは「卸値」

全面的に承諾できない場合は、このような形で部分的に受け入れる意思を伝える

懇請（こんせい）
心よりお願いすること。熱心に頼むこと

取引条件の変更を相手が交渉してきた際、承諾する場合の文例。穏当な表現を心がけながらも、伝えるべきことははっきりと伝える

よほど簡単な要求でないかぎり、安易に全面的な承諾を約束しないのが得策

要請に応じるのは、今後も円滑な関係を結ぶためであることを伝える

新規取引の交渉への承諾

新規お取引ご承諾の件

拝復　深冷の候、貴社ますますご盛栄のこととお慶び申し上げます。このたびは身に余るご厚情を賜り、心より御礼申し上げます。
　さっそくですが、11月14日付の貴信を拝読いたしました。新規お取引のお申し込みを頂戴し、弊社といたしましても深く感謝しております。
　お取引条件につきましては、原則的にお申し越し通りで承諾いたしましたが、さらに細かい諸条件については近々に参上のうえ、お打ち合わせさせていただきたく存じます。何卒よろしくお願い申し上げます。
　まずは書面にて、お礼かたがた承諾のご通知まで。

敬具

新規の取引を申し込まれた際、承諾する場合の文書。詳細の打ち合わせが必要な旨も併せて伝える

「弊社には身に余る光栄と存じ、ありがたくお引き受けいたします」

○

あとで行き違いが出ないよう、まずは原則的な承諾のみを伝え、詳細は後日の話し合いを申し入れる

受注品変更の交渉への承諾

令和○年3月14日

株式会社ティガー
営業部　舛添功男様

株式会社クニサダ電機
販売部　北村政樹

受注品変更について（ご承諾の通知）

拝復　孟春の候、貴社におかれましてはますますご発展のこととお慶び申し上げます。平素は格別のお引き立てを賜り厚く御礼申し上げます。
　さて、3月10日付貴信にて、「6合炊きIH炊飯ジャー」が生産終了で在庫も僅少の由、ならびに代替品として「6・5合炊きスーパーIH炊飯ジャー」への変更のお申し出についてのご連絡をありがとうございます。ご同封いただいた代替品の仕様書をもとに、弊社内で協議した結果、価格が同等のうえに性能が向上しているなどの条件を鑑みて、貴社のお申し出を承諾させていただくことにいたしました。
　つきましては、改めて新規のお取引契約について、近々に参上のうえお打ち合わせいたしたいと存じますので、よろしくお願い申し上げます。
　まずは、承諾のお返事まで。

受注品欠品につき、代替品を提案してきたメーカーに、承諾の意を伝える文書

○

相手が提示した条件をこちらからも確認しながら承諾すれば、話の食い違いを防ぐことができる

🔄 **今回のみ受け入れる場合**

「なお、その他のお取引条件については、従来通りとさせていただけますようお願い申し上げます」

✉イベント参加の申し入れへの承諾

> 件名：イベント参加のご承諾
>
> このたびはお世話になっております。
> 株式会社レッツライト事業部　宮部由美子でございます。
>
> （中略）
>
> ご依頼の件、上司とも相談のうえ日程や企画内容を検討いたしました結果、
> 下記の通りの条件で承知いたしました。
>
> なお、当日までにお打ち合わせ等の準備が必要でしたら、
> 改めてそちらの日程調整もさせていただきたく存じます。
>
> 何卒よろしくお願い申し上げます。
>
> 記
>
> （以下略）

承諾はするが、さらに詳細を知りたい場合

「ご企画内容には賛同いたしました。つきましては、さらに詳しい内容を伺いたく～」

「イベント当日までに、こちらで準備すべきことなどございましたら、ご連絡いただけると助かります」

特約店契約の申し入れへの承諾

> 　　　　　　　　特約店契約ご承諾について
>
> 拝復　春暖の候、貴社におかれましてはますますご発展のこととお慶び申し上げます。
> 平素は格別のお引き立てを賜り心より御礼申し上げます。
>
> 　　　　　　　　（中略）
>
> 　弊社としても御地での販路拡張につながりますゆえ、願ってもないお申し越しに深く感謝いたしております。
> 　つきましては、取引規程、特約店契約書を同封いたしましたので、ご検討くださいますようお願い申し上げます。
> 　取り急ぎ、ご挨拶かたがた承諾のご通知まで。
>
> 　　　　　　　　　　　　　　　　　　　　　　　敬具

特約店の申し込みを承諾する際の文書。受け入れる側であっても、尊大な印象にならないように気を配る

「御地は弊社の販売網もまだ行き届いておりませんので、貴社に販売の機会をいただけますことは、たいへんありがたく存じます」

契約成立がほぼ決定的な状況でも、相手の立場を尊重する表現を心がけたい

✉取材の依頼への承諾

> 件名：「○○」取材依頼について
>
> いつも格別のご厚誼を賜り心より御礼申し上げます
> 株式会社オリエンタルフード　広報部の渡辺と申します。
>
> このたびは弊社出店のカフェ「布目茶房」への
> 取材の依頼をいただき、誠にありがとうございます。
>
> 　　　　　　　　（中略）
>
> 取材日程ですが、ご希望の場所と日程のうち、
> 吉祥寺店にて5月8日（木）午後4時でしたらご対応が可能です。
> 当日は私と店長の長部がご案内させていただきたく存じます。
> 何かご不明な点がございましたら、どうぞお気軽にお問い合わせください。
>
> それでは当日、お待ち申し上げております。

「このたびは弊社の新製品○○○に関する取材のご依頼をいただきまして、誠にありがとうございます」

詳細は決まっていない場合

「まずは取材をご希望される日時の候補をご提示いただけますでしょうか」

「なお、弊社ホームページでも詳しいご案内をいたしておりますので～」としてURLを記す

断る

先方からの依頼・交渉・申し込みなどに対し、応じられない場合に送る書状です。一方的な拒絶と取られないよう、相手が納得できる理由を提示しましょう。

送る場面 ➡支払期日延期の申し入れのお断り（P89）　➡在庫返品の交渉へのお断り（P90）
➡新規取引申し込みへのお断り（P90）　➡保証人依頼へのお断り（P90）
➡信用状況照会へのお断り（P91）　➡資金融通依頼へのお断り（P91）
➡取引条件変更依頼へのお断り（P91）

Point

▶ 相手からの申し入れに対し、最初に、感謝の意を示す

▶ 断る理由を明確に述べ、やむを得ない事情があることを理解してもらう

▶ 返信はできるだけ迅速にすることで、相手も次の対応がしやすくなる

支払期日延期の申し入れのお断り

令和○年4月24日

有限会社　ストレンジカンパニー
石本晃次郎様

合同会社石川電業
石川雅也

支払期日変更へのお断り

拝啓　時下益々ご清栄のこととお慶び申し上げます。平素は格別のご厚誼を賜り誠にありがとうございます。
　さて、4月23日付返信拝受いたしました。弊社に対するお支払い額50万円につき、20日間のご猶予をご希望とのことですが、誠に遺憾ながら、貴意に添いかねるところでございます。
　苦衷にあるのは、必ずしも貴社にかぎりません。昨今は、お取引先の身勝手なお申し入れに困惑することたびたびで、弊社といたしましても、当面の資金繰りには常に苦慮しております。それゆえ、お支払いの猶予につきましては何卒ご容赦賜りたく存じます。
　当初のご契約通りのお支払いのほど、くれぐれもお願い申し上げます。
　取り急ぎ、お願いかたがたご返事まで。

敬具

内容は断り状でも、件名に「断り」の語は使わない。相手の心情を思いやる態度も必要

相手への回答の文書の場合は、「拝復」とするのが正しい

表現がきついうえに、返信の相手以外に対する抗議までここに含めてしまうのは不当

件名：支払期日変更ご依頼の件

お世話になっております。
合同会社石川電業の石川雅也でございます。

4月23日付貴信拝受いたしました。
弊社に対するお支払い額50万円につき、
20日間のご猶予をご希望とのことですが、
誠に遺憾ながら、貴意に添いかねるところでございます。

弊社といたしましても、昨今の不況の折柄、
当面の資金繰りには苦慮しております。
それゆえ、貴社のご苦衷はお察し申し上げますが、
お支払いの猶予につきましては
何卒ご容赦賜りたく存じます。

弊社の諸事情もよろしくご賢察のうえ、
当初のご契約通りのお支払いのほど、
くれぐれもお願い申し上げます。
取り急ぎ、お願いかたがたご返事まで。

メールで送る場合

「近年の原料高騰の折柄、月々の資金繰りには苦慮しております」「弊社といたしましても、この不況下〜」

断りのメールであっても、丁寧な言葉遣いを心がける

● 支払期日延期の申し入れへのお断り

支払い遅延の申し入れを、承諾しない場合の文例。なぜ受け入れられないのか明記する必要があるが、相手を責める表現にならないよう注意する

令和○年4月24日

有限会社　ストレンジカンパニー
石本晃次郎様

合同会社石川電業
石川雅也

支払期日変更ご依頼の件

拝復　時下益々ご清栄のこととお慶び申し上げます。平素は格別のご厚誼を賜り誠にありがとうございます。
　さて、4月23日付貴信拝受いたしました。弊社に対するお支払い額50万円につき、20日間のご猶予をご希望とのことですが、誠に遺憾ながら、貴意に添いかねるところでございます。
　弊社といたしましても、昨今の不況の折柄、当面の資金繰りには苦慮しております。それゆえ、貴社のご苦衷はお察し申し上げますが、お支払いの猶予につきましては何卒ご容赦賜りたく存じます。
　弊社の諸事情もよろしくご賢察のうえ、当初のご契約通りのお支払いのほど、くれぐれもお願い申し上げます。
　取り急ぎ、お願いかたがたご返事まで。

敬具

拝復（はいふく）
相手からの返信に対する回答なので、頭語は「拝復」とし、結語は「敬具」とする

行き違いがないよう、相手から申し入れた用件を繰り返す

こちらが相手の希望に応えられない事情を説明する

苦衷（くちゅう）
苦しい立場の意。「苦境」「窮状」に同じ

断る

在庫返品の交渉へのお断り

返品ご依頼について（ご回答）

拝復　時下ますますご清栄のこととお慶び申し上げます。平素は格別のご愛顧を賜り厚く御礼申し上げます。

さっそくですが、12月26日付貴信にてご依頼いただきました「冷凍うどん」の返品につきまして、ご返答させていただきます。日頃より格別のご尽力をいただいております貴社のご依頼とあって、弊社内でも幾度となく協議を重ねましたが、取引契約のこともあり、貴社だけにというわけにもいかず、今回のお申し込みはお断りする以外にないとの結論に達しました。

事情ご賢察のうえ、何卒ご了承賜りますようお願い申し上げます。

まずはお返事かたがたお願いまで。

敬具

返品の依頼を断るための文例。慎重に議論を重ねた結果であり、心苦しく思っていることを伝える

○ 何度も検討を重ねた結果であると述べ、誠意を示す

🔁 **ほかに譲れる部分がある場合**

「弊社といたしましてもできるかぎりご支援させていただきたいと考えておりますので、何かございましたらお申しつけください」

新規取引の申し込みへのお断り

新規お取引のお申し出について

拝復　時下ますますご清栄のこととお慶び申し上げます。先日は、新規お取引のお申し出を賜り誠にありがとうございます。

せっかくのご厚志に添えず、はなはだ恐縮ではございますが、現状では他社様と同様のお取引をしている事情から、そちらに専念することが弊社にできる精一杯のことと判断した次第です。

つきましては、大変ありがたいお申し出ではございますが、今回はご辞退させていただきたく存じます。

何卒事情ご賢察のうえ、あしからずご了承くださいますようお願い申し上げます。今後とも変わらぬご高配のほどよろしくお願い申し上げます。

まずはお詫びかたがたお返事まで。

敬具

新規取引の申し込みに際し、受け入れられない場合の文例。相手に礼を尽くし、きちんと事情を説明する

○ はじめに取引申し込みへのお礼を述べる

○ 断る理由を相手が納得できるよう述べる。その取引が相手のメリットにならない可能性を示すのも、気遣いが感じられて良い

保証人依頼へのお断り

保証人のご依頼について

拝復　貴社におかれましてはますますご壮健のこととお慶び申し上げます。

さて、8月27日付貴信拝読いたしました。さっそくご依頼の件につきましてご回答申し上げます。

ご賢察の通り弊社はいまだ歴史が浅く、銀行の信用度も低いため、貴社の保証人として重責を引き受けるには、少々荷が重すぎると存じます。せっかくのご依頼に心苦しいばかりでございますが、今回はご辞退申し上げる以外に方法はないと判断いたした次第です。

貴社のご期待に添えず誠に遺憾ではございますが、何卒ご容赦賜りますようお願い申し上げます。

まずは、お詫びかたがたお返事まで。

敬具

保証人依頼へのお断りの文例。こちらの力不足を理由にすると角が立たない

○ 相手の問題ではなく、こちらにその資格がないという理由なら、断りやすい

○ 「今回は」とし、他日に可能性を残すことで相手にも安心してもらう

信用状況照会へのお断り

株式会社東陽信販信用調査の件（ご回答）

拝復　時下ますますご清栄のこととお慶び申し上げます。平素は格別のご厚誼を賜り誠にありがとうございます

　さっそくですが、先般貴社よりご照会のありました株式会社東陽信販の信用調査につきまして、ご回答申し上げます。

　同社とは、平成20年から24年にかけて、断続的なお取引はございましたが、現在は互いの経営陣も総替わりし、現在の状況についてはほぼ何も存じ上げないというのが実情でございます。

　つきましては、はなはだ不本意ではございますが、このたびのご照会はお断りさせていただく以外にないと存じます。日頃のご芳情に報いることができず、誠に心苦しい限りではございますが、何卒あしからずご了承賜りますようお願い申し上げます。

　まずはお詫びかたがたご回答まで。

敬具

信用状況の照会に対して、お断りする際の文例。無責任な回答は厳に慎むべきであり安請け合いしないこと

○ 信用状況照会は、こちらも責任を伴う。安請け合いせず、無理な理由を正直に述べて断れば誠意が伝わる

↻ ほかの件であれば引き受ける意思がある場合

「ほかの件でお役に立てることがございましたら、喜んでお引き受けさせていただきます」

資金融通の依頼へのお断り

ご融資の件について

拝復　平素は格別のご厚誼を賜り誠にありがとうございます。

　さっそくですが、11月7日付貴信のご融資の件につきまして、ご回答申し上げます。

　外ならぬ貴社からのお申し越しゆえ、なんとかお力添えできないかと社内で協議を重ねてまいりましたが、弊社もまた日頃より資金繰りには難渋している状況でございます。お役に立てず心苦しいかぎりではございますが、今回は何卒ご融資を見送らせていただきたく存じます。

　ほかよりご融資の道が開かれますよう、心よりお祈り申し上げます。

　取り急ぎ、お詫びかたがたお返事まで。

敬具

融資のお申し込みに対して、お断りする場合の文例。お断りする場合でも、相手方の発展を祈る言葉を添える

○ 相手からの依頼を十分検討したと伝えることで、納得してもらいやすくなる

○ 相手の成功を祈る気持ちを表すと雰囲気が和らぐ

取引条件変更依頼へのお断り

お取引条件変更の件（ご回答）

拝復　貴社ますますご清栄のこととお慶び申し上げます。平素は格別のご厚誼を賜り誠にありがとうございます。

　さて、7月1日付貴信にて、お取引条件変更の申し入れの件拝読いたしました。取引条件を変更されたいとのこと、日頃格別のご愛顧を賜る貴社のご依頼にお応えすべく、弊社内で何度も検討を重ねました。しかし、誠に恐縮ながら、お申し入れをお受けする結論には至りませんでした。

　長引く不況の折柄、弊社といたしましてもお取引条件をすぐには変更できかねる状況でございます。つきましては、今回のお申し出をご辞退させていただきたく存じます。

　取り急ぎ書中にてお返事かたがたお願い申し上げます。

敬具

これまでの条件からの変更依頼に対して、お断りする場合の文例

○ 断りを述べる個所では、あいまいな表現を使わず、はっきりとした意思を伝える

✎ 「この度の件につきまして、再度ご検討をお願い申し上げます」

断る

お詫びする

こちら側に明らかな非があり、謝罪の必要が生じた際に送る文書です。言い訳めいた言葉は慎み、信頼関係の修復に徹します。

送る場面 ⇒不良品納品（P93）　⇒訪問延期（書面／メール）（P94）　⇒誤送（書面／メール）（P95）
⇒納期遅延（P96）　⇒接客態度ご指摘（P96）　⇒注文取り消し（P97）
⇒支払い遅延（P97）　⇒請求書誤記（P98）　⇒事故発生（P98）　⇒社員の不祥事（P99）
⇒個人情報流出（P99）

 Point
▶ こちらに誤りや問題があれば、何よりもまずそのことを謝罪する
▶ 謝罪のあとに、その問題に至る経緯を丁寧に説明する
▶ 同じ過ちは二度と繰り返さないと約束して締めくくる

✖ 不良品納品のお詫び

令和○年9月5日

ジーンズショップヒロ
店長　笠間健太様

有限会社東海
営業部
毛塚裕子

「メンズパーカー」について

拝啓　時下ますますご清栄のこととお慶び申し上げます。平素は格別のご愛顧を賜り、心よりお礼申し上げます。
　さて、このたびは弊社製品「メンズパーカー」に不具合があるとのこと、誠に申し訳ありません。改めて弊社で検品したところ、ご指摘の通り、サイズタグの「L」と「M」が入れ替わっていることが確認されました。出荷前の検査を、弊社の下請け工場に一任していたことが、今回の不手際の原因であるというのが、弊社の結論です。
　つきましては、貴社に納入いたしました製品を全数回収したいと存じます。代品は全て不具合がないことを検査済みのものを本日発送させていただきました。返品に際して生じた費用に関しましては、弊社にご請求くださるようお願いいたします。
　今後、二度とこのような事態が起きないよう、検査の際にはより細心の注意を払ってまいりますので、これに懲りず、引き続きご愛顧のほどお願い申し上げます。

敬具

 件名の後に（お詫び）とカッコ書きするのが原則

 「下請け業者のミスである」という言い方では、自分たちに非があったわけではないとも読め、言い訳めいた印象を与えてしまう

 どのような対策を講じるのか、具体的な案が示されていないので、今後安心して取引をすることができない

メールで送る場合

✉ 件名：弊社製品「メンズパーカー」について（お詫び）

いつもお世話になっております。
有限会社東海 営業部の毛塚でございます。

このたびは弊社製品「メンズパーカー」に不具合が見つかり、
ご迷惑をおかけいたしております。
今後、二度とこのような事態が起きないよう、
検品の際には全数検査を徹底することにいたしました。

一刻も早く、との思いでメールをお送りいたしましたが、
経緯などを改めたうえで
直接謝罪にお伺いしたいと思いますので、
１時間程度お時間をいただけませんでしょうか。
今週中、ご都合の良い日時がありましたらご教示くださいませ。

+α
メールは誠意が伝わりにくく、本来、詫び状には不向き。原因を究明してからでは遅くなってしまう場合などに、まずメールで謝罪の言葉を伝えてから、後ほど改めて書面や直接の形でお詫びするという方法を取るのが妥当である

○ メールはあくまでも先ぶれ。こちらがお詫びしなければならないことは、対面での時間をもらうご提案が必須

● 不良品納品のお詫び

○ 納めた品物に、間違いがあった場合の謝罪文例。原因を特定し、丁寧に詫びる

令和○年9月5日

ジーンズショップヒロ
店長　笠間健太様

有限会社東海
営業部
毛塚裕子

弊社製品「メンズパーカー」について（お詫び）

拝啓　時下ますますご清栄のこととお慶び申し上げます。平素は格別のご愛顧を賜り、心よりお礼申し上げます。
　さて、このたびは弊社製品「メンズパーカー」に不具合があるとのこと、誠に申し訳ありません。改めて弊社で検品したところ、ご指摘の通り、サイズタグの「L」と「M」が入れ替わっていることが確認されました。これまでは出荷前の検査を全数対象とせず、１ロットにつき一点を抜き出す形式で行っていたことが、今回の不手際の原因だというのが、弊社の結論です。
　つきましては、貴社に納入いたしました製品を全数回収したいと存じます。代品は全て不具合がないことを検査済みのものを本日発送させていただきました。返品に際して生じた費用に関しましては、弊社にご請求くださるようお願いいたします。
　今後、二度とこのような事態が起きないよう、検品の際には全数検査を徹底することにいたしました。これに懲りず、引き続きご愛顧のほどお願い申し上げます。
　取り急ぎ書中にて、お詫びかたがたご報告まで。

敬具

○ 何についてのお詫びのメールなのか、内容がひと目で伝わる

○ 最初に、相手に迷惑をかけたことについて謝罪する

○ 納めた製品に不具合があったことの原因を、詳しく調査した結果にもとづき丁寧に説明する

○ 具体的な善後策を提示し、同じ過ちを二度と繰り返さないと約束する

訪問延期のお詫び

令和○年7月18日

株式会社武副
細田隆一様

小柴産業株式会社
大林里佳子

面会日延期のお詫び

拝啓　平素は格別のご愛顧を賜り誠にありがとうございます。
　このたびは、7月16日水曜日に貴社ご訪問の予定を、急な事情から延期とさせていただいてしまい、誠に申し訳ございません。先にお電話にて申し上げました通り、同日は私事ながら父急逝の報に接し、急遽帰郷を余儀なくされました。弊社代理の者を立てることも一度は検討いたしましたが、このたびの案件にかぎっては責任者である私が欠席するのはかえって失礼かと存じ、はなはだ恐縮ではございますが、お打ち合わせの日程を延期とさせていただいた次第です。あしからずご了承くださいますよう、お願い申し上げます。
　つきましては、改めての日程を7月21日月曜日以降に設定させていただきたいと存じますので、何卒ご検討くださいますよう、よろしくお願い申し上げます。
　まずはお詫びかたがたご連絡申し上げます。

敬具

✉ 訪問延期のお詫び

件名：ご訪問延期のお詫びと日程の変更について

株式会社武副
細田隆一様

いつも格別のお引き立てを賜り厚く御礼申し上げます。
小柴産業株式会社　大林里佳子でございます。

先ほどはお電話にて、7月16日水曜日に貴社ご訪問の予定を、急な事情から延期させていただき、大変失礼いたしました。
お電話にて申し上げました通り、同日は私事ながら父急逝の報に接し、急遽帰郷を余儀なくされました。

弊社代理の者を立てることも一度は検討いたしましたが、責任者を仰せつかっております私が欠席するのはかえって失礼かと存じ、はなはだ恐縮ではございますが、お打ち合わせの日程を延期とさせていただいた次第です。あしからずご了承くださいますよう、お願い申し上げます。

つきましては、改めての日程を7月21日月曜日以降に設定させていただきたいと存じます。
何卒ご検討くださいますよう、よろしくお願い申し上げます。

まずはお詫びかたがたご連絡申し上げます。

やむを得ない事情で、予定を変更する場合の、お詫びの文書。リスケジュールの検討もお願いする

○ 電話やメールなどで取り急ぎ訪問延期の旨を連絡したうえで、お詫びの書状を送付する

🔁 訪問延期の理由が差出人以外にある場合
「貴社に伺う予定日の前夜に弊社営業部田中の父が急逝したため、急遽帰郷を余儀なくされました。責任者である田中が不在とあっては〜」

○ 代案を検討したが、それでも延期せざるを得ない理由がほかにもあった場合、そのことについて説明する

○ 変更後の日程について、相手の判断を伺う

+α 緊急の日程変更の場合には、メール連絡が便利。併せて日程の調整についてのやりとりもできる

○ 急を要する変更の要望は、電話連絡→メールでリマインドの順番で交渉する

🔁 予定がまだ見えない場合
「ご訪問日の再設定につきまして、確実な予定が確認でき次第、ご相談させていただきます」

誤送のお詫び

令和○年5月19日

株式会社ヨコカワビルディング
長谷川雄二様

有限会社長谷川園芸
川添正次

注文品誤送のお詫び

拝復　平素は格別のお引き立てを賜り誠にありがとうございます。
　さて、5月16日付の貴信、拝受いたしました。5月14日付でご納入した生垣用の樹木が貴社ご注文の「椿」ではなく「沈丁花」であったとの由、確認しましたところ、弊社の事務処理に間違いがあったことが判明いたしました。誠に申し訳なく、心よりお詫び申し上げます。
　さっそく、本日付でご注文通りの商品を再手配いたしましたので、ご査収のほど、よろしくお願い申し上げます。誤送品につきましては、弊社スタッフが再配送の椿と交換の際に責任をもって回収いたしますので、それまではご迷惑をおかけいたしますが、何卒ご寛恕のほどよろしくお願い申し上げます。
　今後は二度とこのようなことがないよう厳重に注意いたしますので、なにぶんにも今回のことはご容赦くださいますよう、切にお願い申し上げます。
　まずは書中をもちましてご連絡かたがたお詫び申し上げます。

敬具

✉誤送のお詫び

件名：ご注文品誤送のお詫びと連絡

平素は格別のお引き立てを賜り誠にありがとうございます。
有限会社長谷川園芸　川添でございます。

このたびは、5月14日付でご納入した生垣用の樹木が
貴社ご注文の「椿」ではなく「沈丁花」であったとの由、
誠に申し訳なく、心よりお詫び申し上げます。

確認しましたところ、弊社の事務処理に間違いがあったことが
判明いたしました。
単純なミスであり、弁解の余地もございません。

さっそく、本日付でご注文通りの商品を再手配いたしましたので、
ご査収のほど、よろしくお願い申し上げます。
誤送品につきましては、弊社スタッフが再配送の椿と交換の際に
責任をもって回収いたしますので、
それまではご迷惑をおかけいたしますが、
何卒ご寛恕のほどよろしくお願い申し上げます。
今後は二度とこのようなことがないよう厳重に注意いたしますので、
なにぶんにも今回のことはご容赦くださいますよう、
切にお願い申し上げます。

長谷川様には改めて直接お詫びする機会を持たせていただきたく存じます。
まずはお詫びかたがたご報告申し上げます。

送る商品を間違えてしまった際のお詫び状。正しい商品を送る旨を伝え、相手にご送品の返送をお願いし、料金はこちらで負担する

謝罪のための文書は、相手の指摘が正しく、こちら側にミスがあったことを認めることから書き始める

こちらに非があることを認めたら、素直に謝罪する

対応策を説明し、速やかに実行することを約束する

🖊「今後はこのようなお叱りを受けることのないように努力していく所存でございますので」

+α
本来は、真摯な反省の気持ちが伝わりにくいため謝罪文をメールで送ることはしない。ただし、直接の謝罪の先ぶれを取り急ぎメールで送るのは失礼にはあたらない

🖊「今後はこのようなお叱りを受けることのないように努力していく所存でございますので」

お詫びにメールを用いるのは緊急の場合のみ。後ほど改めて直接謝罪することを約束する

納期遅延のお詫び

令和○年4月25日

株式会社マチノＳＣ
有本幸男様

株式会社共立ふとん
広橋慎

納品遅延のお詫び

拝啓　貴社ますますご隆盛のこととお喜び申し上げます。
平素はひとかたならぬお引き立てにあずかり、深く感謝申し上げます。
　さて、4月10日付で貴社よりご注文いただきました「羽毛掛布団」につきましては、原料の供給不足による影響で、ご指定の納期に間に合わせることができませんでした。
　貴社に多大なるご迷惑をおかけしたこと、謹んでお詫び申し上げます。
　このほどようやく準備が整いまして、4月30日には確実に納品できる見通しでございます。
　今後はこのような不手際のないよう、十分に注意してまいる所存でございます。
　どうか今後とも変わらぬご愛顧のほどを、心よりお願い申し上げます。

敬具

相手の要望の品を予定どおりに納品できなかった場合のお詫び状。率直に詫び、今後の見通しを明記する

 「製造工程において急遽不都合が生じ」「当初予定しておりました注文数を大幅に超えたことで」

🔄 **納品日の見通しが立っていない場合**

「現在、納品の目途が立つよう再調整中ですので、今しばらくお待ちいただけますでしょうか」

🔄 **今後について、具体的な方針を述べる場合**

「原料の調達先を増やしましたので、今後は貴社にご迷惑がかかることのないよう、万全の態勢にて営業を続けてまいる所存です」

接客態度ご指摘へのお詫び

令和○年6月8日

中川清美様

株式会社フィラデルフィアステーション
スタッフ育成部門ディレクター　野口和正

拝啓　平素は弊店をご愛顧いただき、誠にありがとうございます。
　このたびはお客様に対し、従業員の対応においてご無礼のありました段、謹んでお詫び申し上げます。
　従業員教育に関しては弊社も日頃より力を傾けておりましたが、今回のご指摘を受け、統括部署の責任者として、大変責任を痛感しております。
　今後このようなご迷惑をおかけすることのないよう、社員一同、サービスの向上に誠心誠意努力をしてまいる所存でございます。
　どうか今回に限りご寛恕賜りますよう、また今後ともご愛顧のほど、伏してお願い申し上げます。

敬具

お客様に対する従業員の接客態度を謝罪する際の文例。全面的に非を認め、不愉快な気分にさせてしまったことを謝る

⭕ 責任を従業員個人の問題として処理するのではなく、直属の上司や組織全体の責任を明確にする

 「今後も弊社のサービスにお気づきの点がございましたら、なんなりとご指摘くださいますようお願い申し上げます」

📖 **寛恕（かんじょ）**
寛大な気持ちで許すこと

　凡例　⭕OK例（お手本）　❌NG例　✏書き換え例　🔄シチュエーション例　📖用語

注文取り消しのお詫び

令和○年7月9日
株式会社三和建材

営業部　久本邦治様

株式会社藤崎工務店
リフォーム部　山本五郎

　拝啓　平素はひとかたならぬお引き立てを賜り誠にありがとうございます。
　さて、7月1日付メールにて注文いたしましたフローリング材の件ですが、商品に不具合が出たため、急ぎ発注を取り止める旨のご連絡を差し上げた次第です。
　貴社には誠にご迷惑をおかけすることになり、誠に申し訳ございません。衷心よりお詫び申し上げます。
　二度とこのようなことのないよう、あらかじめ十分注意するようにいたしますので、今後とも変わらぬご愛顧を賜りますようお願いいたします。
　取り急ぎ、注文取消のお願いとお詫びまで申し上げます。
敬具

支払遅延のお詫び

令和○年8月13日

セントメリー株式会社
代表取締役　内村鉄平様

アオイ記念クリニック
経理部　香山泰三

お支払い遅延についてのお詫び

　拝復　平素は格別のご厚誼を賜り、誠にありがとうございます。
　さて、8月10日締めご請求、8月11日付貴信にてご照会いただき、誠に恐縮に存じております。さっそく経理に確認しましたところ入力漏れがあったことが判明いたしました。9月20日付にて、ご指定の口座にお振込みの予定でございます。貴社に多大なご迷惑をおかけしましたことを、心よりお詫び申し上げます。
　今後はこのようなことのないよう、厳重に注意いたす所存でございますので、このたびの件につきましては何卒ご寛恕を賜りたくお願い申し上げます。
　なお、誠に勝手を申し上げますが、決済の都合上今月中には間に合わず、来月のお振り込みとなることについて、重ねてご容赦いただきますようお願い申し上げます。
　まずは、お詫びかたがたご報告させていただきます。
敬具

一度受けた注文を取り消す際の文例。直接、あるいは電話にて、先に注文取り消しを伝え、相手の了解を得てから送る

「弊社の手違いであったことが判明し」

注文取り消しの連絡をするためのものだが、相手が承諾したのを確認してから送るのが常識

相手の損害を補償する場合

「今回の注文取り消しにより生じた貴社のご損害につきまして弊社で協議し、できるかぎりの対応をさせていただく所存です」

支払いが遅れたことに対するお詫び状。なぜ遅延が発生したのか簡潔に伝え、謝罪と反省の意、そして今後の対策も述べたい

相手の催促に対し、お詫びを述べる

資金繰りの悪化が原因の場合

「当院の資金繰りが悪化している状況下、業務内容を見直し、ようやくめどが立ったところでございますので、誠に勝手ながら今しばらくのご猶予をお願い申し上げます」

いつまでに支払いが完了するのか報告する

請求書誤記のお詫び

令和○年9月5日

株式会社エムアイ
経理部　江頭牧夫様

株式会社庭木園芸
経理部　黒井均

請求書金額誤りのお詫び

謹啓　平素は格別のお引き立てを賜り、心より御礼申し上げます。
　さて、本日貴メールにてご連絡をいただきました弊社発行の9月3日付請求書（請求書番号12-34）ですが、さっそく調べました結果、ご指摘のとおり弊社の入力ミスがあったことが判明いたしました。
　大変ご迷惑をおかけしたこと、誠に申し訳なく、深くお詫び申し上げます。
　同封にて、訂正した請求書をお送り致しますので、ご査収くださいますようお願い申し上げます。
　なお、前回の請求書はお手数ですが破棄してくださいますよう、お願いいたします。
　今後はこのような不始末がないよう、社員教育とチェック体制の強化を徹底いたしますので、今回ばかりは何卒ご容赦のほどよろしくお願い申し上げます。
　取り急ぎ、お詫びかたがたお願いまで。

謹白

事故発生のお詫び

弊社工場火災のお詫び

急啓　このたびは10月12日に発生した弊社工場の火災事故に際しまして、ご近隣の方々をはじめ、多くの皆様方に大変なご迷惑とご心配をおかけした件、誠に遺憾に存じあげ、ここに深くお詫び申し上げます。
　弊社では、平素より事故につきましては最大限の注意を払ってまいったつもりでございますが、電気系統の不具合がもとでこのような不手際を招きましたことは、ひとえに弊社の安全管理に対する認識の甘さであると認識し、猛省する次第です。
　再びこのような事故を繰り返すことのないよう、安全管理を徹底してまいりますので、今後とも何卒ご愛顧賜りますようお願い申し上げます。
　とりいそぎ、書中をもちましてお詫び申し上げます。

草々

記

・お問い合わせ先
　株式会社ニッタク工業
　営業部第二営業課
　電話番号　03-0000-0000
　メールアドレス　123△△@XXX.ne.jp

以上

作成した請求書の内容に齟齬があった場合の謝罪文。正しい請求書を送りなおす

「つきましては、訂正した9月3日付請求書を同封いたしましたので、よろしくご査収くださいませ」

相手の手元にある不要になった請求書の処分について言及する。相手の手を煩わせることになるので、お願いという形をとる

自社の工場が火災を出してしまった場合の謝罪文。危険な事態を招いてしまったことに対する謝罪・反省及び今後の対策を述べる

📖 急啓 <small>きゅうけい</small>
緊急時に発信する文書の代表的な頭語。「急呈」「急白」

「安全管理には十分気を配ってまいりましたが」

🔄 原因がはっきりしない場合
「現在原因を調査中ですが、解明された際にはいち早く皆様にご報告し、早急に事故再発防止策を講じていく所存です」

「近隣への被害がなかったことは不幸中の幸いでございました。再び〜」

連絡窓口を設ける

社員の不祥事のお詫び

社員の不祥事についてのお詫び状の文例。監督不行届を認め、反省の意を率直に述べる

令和○年11月2日

お客様　各位

株式会社住建プランニング
代表取締役　三島静雄

弊社社員の不始末のお詫び

謹告　先般報道されました弊社社員のインサイダー取引による逮捕につきまして、お客様、株主の皆様お取引様、関係者の皆様方に多大なご迷惑をおかけいたしました。謹んでお詫び申し上げます。
　弊社では日頃より、コンプライアンスに最大限の力を注いでいた矢先のことであり、弊社の取り組みが十分には行き届いていなかったと、猛省する次第です。
　このうえは、信頼の回復のため、社員一丸となって違法取引の徹底防止に取り組んでまいる所存でございます。皆様には、どうかこれからも変わらぬお引き立てのほど、衷心よりお願い申し上げます。
　取り急ぎ、弊社社員の不祥事のお詫びと再発防止のお約束まで申し上げます。

社員の不祥事についてのお詫び状の文例。監督不行届を認め、反省の意を率直に述べる

📖 謹告（きんこく）
「謹んで申し上げる」という意味で公示や広告文の冒頭に用いる語

📖 コンプライアンス
法令順守

○ 信頼回復のための取り組みについて述べる

お詫びする

個人情報流出のお詫び

令和○年12月10日

個人情報漏えいのお詫び

お客様　各位

株式会社ユウコーポレーション
代表取締役　槇原則光

謹告
　このたび、弊社ではお客様の個人情報の一部がインターネット上に流出しているとのご指摘を受け、事実関係を調査いたしましたところ、弊社社員のパソコンがウイルス感染したため情報が流出し、12月3日から4日の間、一般ユーザーがインターネットから閲覧可能になっていたことが判明いたしました。
　一時閲覧可能になっていた情報には個人情報が含まれていたことから、情報流出の対象となった全ての皆様方には、個別のメールにてお詫びとご説明をさせていただきたいと存じます。
　関係者の皆様には、大変なご迷惑とご心配をおかけしておりますこと、誠に心苦しく、深くお詫び申し上げます。
　弊社では、個人情報の管理は厳重に行ってまいりましたが、まだまだ徹底がなされていないことを猛省し、二度とこのような事態を招かぬよう、再発防止に努めてまいる所存です。
　まずは書中をもちましてお詫びかたがたご説明申し上げます。

個人情報の漏えいという失態を詫びる際の文例

+α 個人情報はセンシティブな問題なので、謝罪文も慎重に作成したい

○ 一個人の責任ではなく、会社の不始末として広く一般にお詫びを述べる場合は、組織の代表者の名前で発信する

🔄 時系列で箇条書きにまとめる場合
箇条書きの前に「今回の経緯は以下の通りとなっております」という一文を置く

🔄 原因が社員の不祥事にある場合
「弊社社員が、個人情報を不正にもち出し」

抗議する

相手のミスや悪質な行為に起因して業務上のトラブルが発生し、損害を被ったときに送る文書です。理性に訴えかける正当な抗議理由が必要です。

送る場面 ➡注文違い（誤配）(P101) ➡支払い遅延への抗議 (P102) ➡類似品への抗議 (P102)
➡掲載記事への抗議 (P103) ➡契約不履行への抗議 (P103)

Point
▶ 照会状や督促状などの手段を講じてもラチが明かないときの最終手段
▶ 抗議の根拠を論理的に示して相手に理解を求める
▶ 抗議の結果、相手にどうしてほしいのか具体的に提案する

 ## 注文違い（誤配）への抗議

20XX年 5 月20日

株式会社平成堂
営業部　小笠原和彦様

株式会社堀内巧機
三井武夫

応接セット配送の件

　拝啓　貴社ますますご発展の段、大慶に存じます。平素は格別のご愛顧を賜り、誠にありがとうございます。
　さて、先日貴店に発注いたしました応接セットですが、その後配送された製品が、弊社発注のものとは色違いである由、何度もお伝えしたとおりです。
　しかしながら、以後、二度にわたってメールと電話で確認をしたにもかかわらず、本日の時点においても誤送送品の引き取りおよび代品の受け取りが完了していない状況です。
　弊社といたしましても、このような事態ははじめてのことであり、非常に困惑している次第です。このままでは、長年の信頼が損なわれるおそれがあり、貴店にとっても大変不利な状況を招くことが予想されます。
　つきましては、そのようなことがないよう、よろしくお取り計らいいただきますよう、よろしくお願い申し上げます。

敬具

抗議文に悠長な挨拶は不要。すぐに本題に入るべき

注文や配送の日付、商品のカタログ番号などの詳細が書かれていない。状況がわからないと、抗議内容が伝わらない可能性もある

こちらが具体的にどう困っているかが述べられていない。したがって、これも、相手にこちらの抗議内容が伝わらない原因となり得る

脅しともとれる感情的な言葉を投げかけても、話が有利に運ばない

件名：応接セット誤配送の件

前略　5月6日付で貴店に発注いたしました
応接セット（カタログ番号LC－3B）の件で、
改めてご連絡差し上げました。

5月10日に配送された製品が、
弊社発注のものとは色違いである由は、
同日に差し上げたメールにてお伝えしたとおりです。
しかしながら、メールと電話で確認をしたにもかかわらず、
いまだ誤配送品の引き取りおよび代品の受け取りが
完了していない状況です。

つきましては、5月25日までに
誤配送品の引き取りと代品の配送をしていただきますよう、
お願い申し上げます。

（以下略）

+α

急を要する抗議文はメールで送っても問題ない

抗議文なので、この場合は件名に「誤配送」と入れて相手の注意を喚起して良い

書状同様、いきなり用件を切り出して良い

注文違い（誤配）への抗議

相手の誤配に対する抗議文。こちらから何度か問い合わせをしたにもかかわらず要領を得ない場合、最終通告であることを明記する

抗議する

20XX年5月20日

株式会社平成堂
営業部　小笠原和彦様

株式会社堀内巧機
三井武夫

　　　　応接セット誤配送の件

前略　取り急ぎ要件のみにて失礼いたします。
　5月6日付で貴店に発注いたしました応接セット（カタログ番号LC－3B）ですが、その後5月10日に配送された製品が、弊社発注のものとは色違いである由、同日に差し上げたメールにてお伝えした通りです。
　しかしながら、以後、二度にわたってメールと電話で確認をしたにもかかわらず、5月20日の時点においても誤配送品の引き取りおよび代品の受け取りが完了していない状況です。
　つきましては、5月25日までにぜひとも誤配送品の引き取りと代品の配送をしていただきたく、ここにお願い申し上げます。貴店にも諸事情はおありかと存じますが、弊社といたしましてもこれ以上の遅延には応じられず、注文取消しのうえ、誤配送品の処分費用についても請求させていただきたく存じますので、あしからずご了承ください。
　まずは通達まで。

草々

抗議文なので悠長な挨拶は省く。前略ではじめ、すぐに用件を切り出す。結語は「早々」「草々」などとなる

正確な日付を入れることで、こちらの主張の正当性がより高まる

それまでに確認のメールや電話を入れ、それでも問題が解決しなかったための抗議文であることを伝える

妥協できない点については、毅然とした姿勢をみせることも必要

支払遅延への抗議

令和○年6月19日

株式会社アリタス
経理部　光岡史郎様

株式会社長津田製靴
経理部　古溝久夫

支払い遅延について

前略　令和○年4月2日に納品いたしました「ウォーキングシューズ」に対する
お支払いの件でご連絡差し上げました。同製品につきましては、令和○年4月30
日にお支払いいただくご契約でしたが、6月19日に至っても未だご入金が確認で
きておりません。

　この件につきましては、すでに4回にわたって弊社担当者よりご連絡申し上
げ、入金のお願いをしてまいりましたが、未だ納得のいくお返事をいただけて
いない状態です。

　つきましては、至急お調べのうえ、来る6月25日までに、お支払いください ま
すようお願い申し上げます。

草々

支払いが遅延している場合
の抗議文。これを最後通告
とし、法的手段に訴えるこ
とを明記しても良い

納品日、入金日、現在の日
付を挙げながら、未だ入金
がない事実を記す

何度も入金の催促をしたと
いう事実を再確認する

**入金がないときの
対応を明記する場合**

「当日までにお支払いいた
だけない場合は、誠に遺憾
ながら、何らかの法的措置
を検討することもやむを得
ないと考えております」

類似品への抗議

令和○年1月21日

株式会社ダイヤ製菓
営業本部
青川哲郎様

株式会社カーサン
商品開発部
平岡健蔵

類似製品についてのお伺い

拝啓　時下いよいよご発展の段、大慶に存じます。

　さて、このたび御社が発売されました「チョコレート君」は、商品名ならび
に宣伝コピー、原材料の成分において弊社製品の「チョコレートマン」と酷似
するものと考えられます。

　弊社の「チョコレートマン」は平成10年に発売を開始したものであり、令和
3年10月より発売の「チョコレート君」に先んじていることは隠れなき事実で
ございます。貴社製品の発売以来、弊社のお客様からも、まぎらわしいなどの
苦情や問い合わせをいただいており、弊社といたしましても事態を深刻に受け
止めざるを得ない状況です。

　つきましては、貴社製品の発売中止あるいは製品名の速やかな改善をお願い
したく存じます。至急ご調査のうえ、善処くださいますようお願い申し上げます。

　取り急ぎお願いまで。

敬具

他社商品と自社商品が酷似
していると判断される場合
の抗議文。先に発売を開始
したのはどちらかを必ず明
記する

講義文であってもはじめて
連絡する相手の場合は、簡
単で良いから形式に則った
前文をつける

「酷似することが弊社の調
査および消費者アンケート
にて確認されました」

こちらの実害について、相
手の理解を求める。過剰な
表現は逆効果なので、客観
的な事実だけを述べる

相手にどのような対処を望
むのか明示する

掲載記事への抗議

貴誌月10月20日号記事について

拝啓　時下ますますご隆昌のこととお慶び申し上げます。

　さて、先般貴誌10月20日号に掲載された「日本経済の停滞を招くオーナー系企業」と題する記事において、弊社を取りあげていただきましたが、同記事には事実と異なる記述が下記の通り2点ほどございましたので、ご連絡差し上げました。弊社としましては、これらはいずれも弊社まで直接取材をされれば未然に防ぐことのできた誤認であり、また、弊社の利益を著しく損なうものと考え、貴誌に対して抗議するとともに、適切な措置がとられることを求める次第です。

　つきましては、最新号にて訂正記事を掲載いたく、掲載号、訂正記事の内容および掲載スペースのサイズを、至急文書にて小職までご提出くださいますようお願いいたします。

　取り急ぎご連絡かたがたご依頼申し上げます。

敬具

記

1．36ページ5行目「同族経営の常で、会社の資産を私物化する傾向は創業以来の伝統」―弊社の経営陣のすべてが同一の家系で構成されているという事実はなく、また、弊社は正常な監査のもとで企業活動を行っているので、そのような振る舞いはもとより不可能です。「会社の資産を私物化する傾向」にあるというのもただの憶測にすぎません。

2．37ページ8行目「創業者が一代で財を成した陰に、某新興宗教団体の暗躍があったとは、創業者ときわめて近しかった人物の証言である」―弊社保管の資料をすべてご精査いただければ、これが事実無根であることはすぐに判明いたします。

以上

契約不履行への抗議

契約不履行の件

拝啓　日頃ご用命を賜り、厚く御礼申し上げます。

　さて、弊社はこれまで、御社配信のウェブマガジン『開発ライフ』の制作ならびに定期更新の業務を請け負う契約を継続して参りました。御社と取り交わした契約書によりますと、毎月末日までに前月分の報酬金30万円を弊社の指定口座にお振込みいただくこととなっております。

　しかしながら、本年1月以降の振込金額を一方的に20万円へと引き下げるとの通達がなされ、弊社からの再三の問い合わせにも納得のいくご回答をいただけないまま、今に至っております。

　つきましては、改めて詳しい事情をご説明いただきたく、至急のご連絡をいただきますようお願い申し上げます。

　場合によりましては、契約の見直しもやむを得ないかと存じますので、何卒お含みおきのほど、お願い申し上げます。

敬具

週刊誌などの記事への抗議文。事実無根、名誉毀損であることを訴え、適切な対応を求める

「最新号にて訂正記事を掲載願いたいと存じます。具体的な対応策を弊社まで至急ご連絡いただきますようお願いいたします」

🔍 **小職（しょうしょく）**

官吏（公務員）が自らをへりくだっていう語。民間企業では、管理職に就くものが用いる

誤りがあるとされる箇所を正確に指摘し、箇条書きでわかりやすく示す

相手が契約内容に従わなかった場合の抗議文。契約書の詳細を示す

継続的な契約関係にある相手には、抗議文であっても感謝の言葉から入る

契約書にもとづくこちらの正当な権利を主張する

抗議の対象となる相手の態度や行為について、感情的にならず、客観的な表現で確認を促す

穏当に話し合いを続けたい場合

「貴社にもご事情はおありかと存じますが、迅速なご調査のうえ、しかるべき善処をお願いいたします」

弁解する

相手から申し立てられた抗議や反対意見などに対し、非を認めたうえでこちらの事情にも理解を求める文書です。信頼の回復が一番の目的となります。

送る場面 ➡支払遅延の抗議への弁解 （P105）

 Point

▶ まずは相手の抗議に対し耳を傾ける姿勢をみせる

▶ 相手の主張のなかで、認められる部分と認められない部分を明確に分ける

▶ 相手に思い違いがあっても、こちらからは一方的に責めない

✖ 支払遅延の抗議への弁解

20XX年10月12日

河波重機株式会社
宮城康孝様

山形工務店
中野一郎

　　　　納入品代金のお支払いについて

拝復　紅葉の候、貴社ますますご壮健のこととお慶び申し上げます。平素より格別のご厚誼を賜り、厚く御礼申し上げます。
　さて、本日、10月納入品の代金ご請求書を拝受いたしました。つきましては、誠に恐縮ではございますが、今回の送金についてのお願いがございます。実は、期日の11月1日までにお支払いすることが非常に困難な状況となっております。
　遅延の理由は、弊社の主要な取引先が苦境に陥り、売掛金の回収が滞っていることです。取引先の失態ゆえに弊社には如何ともしがたく、貴社にもご迷惑かとは存じますが、なんとか支払期日を先延ばしにしていただきたく、ここにお願い申し上げる次第です。
　誠に勝手を申しまして恐縮ですが、今回ばかりは送金の遅延をご容赦いただけるよう、貴社のご高配を賜りたく存じます。
　まずはお詫びかたがたお願いまで。

　　　　　　　　　　　　　　　　　　　　　　　　　　敬具

 ✖
第三者にすべての責任があるかのような発言は、弁解の言葉として不適切。売掛金が回収できないという客観的事実だけを伝えるべき

 ✖
確実に送金できる期日を伝えないのは礼儀を欠いていることになる

メールで送る場合

件名：納入品代金のお支払いについて

いつも大変お世話になっております。
山形工務店の中野でございます。

（中略）

遅延の理由は、弊社の主要な取引先が苦境に陥り、
売掛金の回収が滞っていることです。
そこで、なんとか11月末までご猶予いただきたく、
ここにお願い申し上げる次第です。

誠に勝手を申しまして恐縮ですが、
今回ばかりは送金の遅延をご容赦いただけるよう、
貴社のご高配を賜りたく存じます。

まずはお詫びかたがたお願いまで。

+α
内容が弁解なので、メールだけだと誠意が伝わりにくい。後ほど正式な連絡を入れる旨を伝える

「取り急ぎ、お詫びかたがたご連絡まで」「まずは、お詫びに加えお返事まで」

支払遅延の抗議への弁解

支払いが遅れてしまうことへの弁解の文例。何日までに支払うのか、明記する

弁解する

20XX年10月12日

河波重機株式会社
宮城康孝様

山形工務店
中野一郎

納入品代金のお支払いについて

拝復　紅葉の候、貴社ますますご壮健のこととお慶び申し上げます。平素より格別のご厚誼を賜り、厚く御礼申し上げます。
　さて、本日、10月納入品の代金ご請求書を拝受いたしました。
　つきましては、誠に恐縮ではございますが、今回の送金についてのお願いがございます。実は、期日の11月1日までにお支払いすることが非常に困難な状況となっております。
　遅延の理由は、大変申し上げにくいのですが、弊社の主要な取引先が苦境に陥り、売掛金の回収が滞っていることです。そこで、なんとか11月末までご猶予いただきたく、ここにお願い申し上げる次第です。
　誠に勝手を申しまして恐縮ですが、何卒、送金の遅延をご容赦いただけますよう、貴社のご高配を賜りたく存じます。
　まずはお詫びかたがたお願いまで。

敬具

こちらに非があれば、まずそのことを明らかにする

遅延の理由を正確に述べる。他人に責任をなすりつけるような発言は、相手の信頼を損なう恐れがあるので、誠実な表現を心がける

支払いの遅延は、会社にとって、不測の事態であることを強調し、同じ過ちを犯さないと約束する

「二度とこのようなことのないよう、今後は細心の注意を払う所存ですので」

反駁する

相手からの抗議に対して、こちらの正当性を主張しながら反論するための文書です。感情的にならず、互いが納得できる落としどころを提示しましょう。

送る場面 ➡注文違いの抗議への反駁（P107）

Point

▶ たとえ相手に非があっても一方的に責めない
▶ 反駁する根拠を論理的に示して相手に理解を求める
▶ 反駁の結果、相手にどうしてほしいのか具体的に提案する

✖ 注文違いの抗議への反駁

20XX年6月1日

有限会社スポット
営業部　白井翔平様

株式会社日日ホールディングス
販売部　武井元義

ご注文内容の確認に関する反駁

拝復　このたびは、弊社製品「ガスファンヒーターF」をご注文いただきましてありがとうございます。
　7月1日付でご注文いただきました同商品の内容につきまして、注文違いとのご指摘を頂戴いたしましたが、担当部署に確認が取れたためお知らせ申し上げます。
　改めて確認したところ、ご注文を賜りました商品は、たしかに「ガスファンヒーターF」の、お色は黒で間違いございません。お客様の勘違いということもございますので、いま一度発送済みメールをご確認ください。
　何卒、ご了解くださいますよう、お願い申し上げます。
なお、注文品の交換につきましては、商品の到着後1週間以内のご連絡にかぎり、お客様の送料ご負担の条件にて受け付けておりますので、そちらも併せてご検討賜りますよう、お願い申し上げます。

敬具

毅然とした態度は必要だが、件名に「反駁」と入れるのは角が立ちすぎる

🔍 反駁（はんばく）

反論すること。言葉のもつニュアンスはかなり強いので、注意して使うべき

注文違いの事実がなかったことの具体的な根拠を示さず、一方的に相手の勘違いだと決めつけても納得してもらえるはずがない。過去のメールの内容を日付も特定しながら提示するなど、確実な証拠がほしい

件名：ご注文内容の確認について

このたびは、弊社製品「ガスファンヒーターＦ」をご注文いただきましてありがとうございます。

７月１日付でご注文いただきました同商品につきまして、注文違いとのご指摘ですが、担当部署に確認が取れたためお知らせ申し上げます。改めて確認したところ、受注番号1001にてご注文を賜りました商品は、「ガスファンヒーターＦ」でお色は赤ということでした。

しかしながら、ご注文完了後にお客様ご自身で同商品の「黒」に変更されたい旨、７月５日付でご指示をいただいております。したがって、納品させていただいた商品のお色が黒であることは、ご注文通りでございます。

注文変更のお申し出に関するメールにつきましては、弊社に履歴も残っております。何卒、ご了解くださいますよう、お願い申し上げます。（以下略）

+α

内容が弁解なので、メールでは誠意が伝わりにくい。必ず後ほど正式な連絡を入れる旨を伝える

「承服しかねる部分もございますので、書状にて釈明させていただきます」

メールという証拠をきちんと記している

注文違いの抗議への反駁

20XX年６月１日

有限会社スポット
営業部　白井翔平様

株式会社日日ホールディングス
販売部　武井元義

ご注文内容の確認につきまして

拝復　このたびは、弊社製品「ガスファンヒーターＦ」をご注文いただきましてありがとうございます。

　７月１日付でご注文いただきました同商品の内容につきまして、注文違いとのご指摘を頂戴いたしましたが、担当部署に確認が取れたためお知らせ申し上げます。

　改めて確認したところ、受注番号1001にてご注文を賜りました商品は、たしかに「ガスファンヒーターＦ」でお色は赤ということでした。しかしながら、ご注文完了後にお客様ご自身で同商品の「黒」に変更されたい旨、７月５日付メールにてご指示をいただいております。したがって、納品させていただいた商品のお色が黒であることは、ご注文通りということでございます。

　注文変更のお申し出に関するメールにつきましては、弊社に履歴も残っております。何卒、ご了解くださいますよう、お願い申し上げます。

　なお、注文品の交換につきましては、商品の到着後１週間以内のご連絡にかぎり、お客様の送料ご負担の条件にて受けつけておりますので、そちらも併せてご検討賜りますよう、お願い申し上げます。

敬具

注文内容と収めた品が違うと抗議を受けた場合の反駁の文例。先方の注文が間違っていた場合の対応

+α

誤解を解いて、購入していただいた商品に納得してもらう（または顧客の送料負担で商品の交換を受け付ける）のが、このケースの反駁文の目的

注文していただいたことには感謝の気持ちを伝える

相手が納得できる妥協案があれば、最後に提示する

照会する

業務上の不明点を問い合わせ、情報の提供を願い出るときに送る文書です。相手の手を煩わせているという意識をもつことが大切です。

送る場面 ➡信用状況の紹介(P109) ➡取引条件の照会(P110) ➡人物の照会(P110) ➡銀行口座の照会(P111)
➡価格の照会(P111) ➡注文内容の照会(書面／メール)(P112)
➡商況の照会(P113) ➡請求内容の照会(P113)

Point
▶ 照会したい内容が相手に正確に伝わるようにする
▶ 相手の手を煩わせているという気持ちを文書の中に示す
▶ 必要に応じて返信用封筒などを同封する

 ## 信用状況の照会

20XX年6月6日

株式会社アポロン
経理部　朝野純様

株式会社三ツ星
営業部　小池仁

スマイルカンパニー株式会社の信用状況のご照会

拝啓　時下ますますご清栄のこととお慶び申し上げます。平素は格別のご厚誼を賜り心より御礼申し上げます。
　さて、貴社と取引関係にあるスマイルカンパニー株式会社様の信用状況に関しまして、ご教示賜りたくご連絡差し上げました。現在、スマイルカンパニー様から弊社と新規契約を結びたいとのご連絡をいただいているのですが、これまで同社との取引実績がなく、資産内容や営業実績についても不明なため、いまだ信用するには至っておりません。そこで、同社とお取引のある貴社のお力をお借りいたしたいと考えた次第です。
　お差支えない範囲で結構ですので、下記の内容をお知らせいただけましたら幸甚に存じます。
　本来参上のうえでご教示を仰ぐべきところでございますが、略儀ながら取り急ぎ書中を以てご照会のほど、お願い申し上げます。

敬具

記

・経理状況
・営業状況
・貴社との取引履歴および信用状況
・その他参考事項

以上

 いきなり用件を切り出しているため、不躾な印象を相手に与えてしまう。突然の連絡に対する非礼をお詫びする言葉から入るのが妥当

 照会対象の会社に対して失礼な物言いをするのは、その会社とすでに取引のある会社に対しても礼を失することになる。たとえ不安を覚えていたとしても、表立っていうべきではない

 照会情報について秘密を厳守する旨の言葉が書かれていない。照会情報は内容にかかわらず第三者に漏らさないのが常識だが、そのことを約束する言葉は省略せずにきちんと書く

件名：スマイルカンパニー株式会社の信用状況のご照会

拝啓　時下ますますご清栄のこととお慶び申し上げます。平素は格別の
ご厚誼を賜り心より御礼申し上げます。

突然の書状にて誠に恐縮ですが、
貴社と取引関係にあるスマイルカンパニー株式会社様から
弊社と新規契約を結びたいとのご連絡をいただきました。
その際、主要取引先として貴社のお名前がございました。
そこで、大変失礼かとは存じますが、
同社の信用状況に関しまして、ご教示賜りたく
ご連絡差し上げます。

弊社といたしましては、これまで同社とお取引をした実績がないため、
貴社のお力をお借りいたしたいと考えた次第です。

　なお、決してご迷惑をおかけすることのないよう、知り得た情報は
秘密厳守いたします

（以下略）

 **先方より照会先とし
て推挙があった場合**

「その際、先方より信用照
会先として貴社のご指定を
受けました」

「なにぶん新規のことにて、
経営状態などについて事前
に情報を得たいと存じてお
ります」

● 信用状況の照会

20XX年6月6日

株式会社アポロン
経理部　朝野純様

株式会社三ツ星
営業部　小池仁

スマイルカンパニー株式会社の信用状況のご照会

拝啓　時下ますますご清栄のこととお慶び申し上げます。平素は格別のご厚誼
を賜り心より御礼申し上げます。
　突然の書状にて誠に恐縮ですが、貴社と取引関係にあるスマイルカンパニー
株式会社様から弊社と新規契約を結びたいとのご連絡をいただきました。その
際、主要取引先として貴社のお名前がございました。そこで、大変失礼かとは
存じますが、同社の信用状況に関しまして、ご教示賜りたくご連絡差し上げま
す。弊社といたしましては、これまで同社とお取引をした実績がないため、貴
社のお力をお借りいたしたいと考えた次第です。
　なお、決してご迷惑をおかけしないよう知り得た情報は秘密厳守いたします。
お差し支えない範囲で結構ですので、下記の内容をお知らせいただけましたら
幸甚に存じます。
　本来参上のうえでご教示を仰ぐべきところでございますが、略儀ながら取り
急ぎ書中を以てご照会のほど、お願い申し上げます。

敬具

記

・営業状況
・貴社との取引経緯および信用状況
・その他参考事項

以上

新規契約を申し込まれた会
社の信用状況を照会する場
合のお願い状

● いきなり用件に入らず、前
文を述べる

「突然の書状にて誠に恐縮
ですが、このたび弊社では
株式会社〇〇様より取引の
お申し入れを受けました」

**取引銀行に照会を
求める場合**

「〇〇〇〇様のメインバン
クと伺っております貴行に、
下記内容についてご教授い
ただきたく存じます」

● 照会の手を煩わせることに
対するお詫びを述べる

● 客観的な事実だけを淡々と
述べる

● 照会の事実やその内容につ
いては他言しないことを約
束する

取引条件の照会

20XX年3月14日

株式会社銘々デンキ
深草静雄様

株式会社トーザキ
小野垣文雄

「全自動食洗器PS-ILV」取引条件のご照会

拝啓　貴社ますますご清栄のこととお慶び申し上げます。平素は格別の
お引き立てを賜り心よりお礼申し上げます。
　さて、このたびは貴社の製品「全自動食洗器PS-ILV」の仕様説
明書をお送りいただきまして誠にありがとうございます。さっそく拝見
し、こちらの製品を50台購入することを検討するに至りました。
　つきましては、ご多用のところ大変恐縮に存じますが、お取引条件に
ついて3月20日までにご提示いただけますと幸甚に存じます。
　取り急ぎお礼かたがたご照会まで。

敬具

相手の商品を仕入れ、販売
するにあたり、取引条件に
ついて尋ねる文例

+α
条件については、昨今、メ
ールでやりとりすることも
多い。履歴が残り、行き違
いが少なくなる

〇 本題に入る前に、先に仕様
説明書を送っていただいた
ことのお礼を述べる

🔁 複数の製品の中から
一点を選んで紹介する場合
「カタログの〇ページに掲
載されている△△を□台購
入することを検討しており
ます」

〇 いつまでに回答が欲しいの
か、具体的な期限を伝える

人物の照会

20XX年3月13日

株式会社ナカマヤ
大垣昭代様

株式会社TSO
野見山薫子

丹生谷氏のお問い合わせ

拝啓　時下ますますご清栄のこととお慶び申し上げます。平素は格別の
お引き立てを賜り、厚く御礼申し上げます。
　さて、突然のお手紙にて誠に恐れ入ります。実はこのたび昨年12月
まで貴社に在籍いたしておりました丹生谷広助氏を弊社社員として採
用する予定でおります。
つきましては、貴社在職中の同氏の人柄、勤務状況などをご教示願えれ
ば幸甚に存じます。
　なお、この件につきましては秘密を厳守し、貴社には一切ご迷惑をか
けないことをお約束いたします。
　まずは取り急ぎ、ご照会かたがたお願い申し上げます。

敬具

人物について、照会をお願
いする際の文書。中途採用
に際し、対象の人物が以前
在籍した会社に問い合わせ
る場合の文例

〇 どのような事情から照会を
願い出たのか説明する

✏ 「同氏の貴社在職中の業務
内容、勤務成績などにつき、
差し支えのないかぎりにて
お知らせいただけますと幸
いです」

〇 相手に迷惑がかからないよ
う、情報を漏らさないと約
束する

銀行口座の照会

20XX年8月29日

渡久地デザイン事務所
渡久地元治様

株式会社ハタミ
上津睦逢

お取引銀行口座についてのご照会

拝啓　貴社ますますご清栄のこととお慶び申し上げます。平素は格別のご
愛顧をいただきまして、誠にありがとうございます。
　さて、8月27日付でお願いいたしましたポスターのデザイン費につきま
して、お支払いの際に使用する貴社のお取引銀行口座をご教示いただきま
すようお願い申し上げます。
　取り急ぎ書面をもちまして、銀行口座のご照会まで。

敬具

銀行口座番号の照会をお願いする際の文書。口座振込で支払いが発生した場合の文例

○ 用件がひと目でわかる件名にする

○ 取引を交わした日付を記しておけば、どの取引についての話をしているのか相手にも確実に伝わる

照会する

価格の照会

20XX年8月29日

株式会社アニマルグッズ
営業部　夢野義郎様

株式会社ますほ
販売部　庄内和人

「ドーム型ペットハウス」についてのご照会

拝啓　貴社ますますご隆昌のこととお慶び申し上げます。
　さて、貴社夏季カタログの34頁ご掲載の「ドーム型ペットハウス」につ
いて、ご照会させていただきます。数量は20にての購入を検討しております。
　数量による価格や送料の変更など、購入条件に関する情報をできるかぎ
り詳しく知りたいと存じますので、その点をご考慮いただけますと幸いです。
　まずは取り急ぎ、ご照会申し上げます。

敬具

商品紹介をお願いする際の文例。希望している商品の詳細と個数を間違いなく伝える

○ カタログ番号のある商品なら、それも合わせて記すと良い。サイズや色なども、カタログ番号で特定できる場合が多い

○ 価格や送料などの取引条件に影響するため、個数の記載は必須

 「価格につきましては、税や送料、保証金なども含めた詳細をご教示いただくようお願いいたします」

注文内容の照会

20XX年5月11日

株式会社イリヤ
販売部　伴藤亨一様

株式会社合緑
営業部　松前芳正

ご注文品についての照会

拝復　貴社ますますご清栄のこととお慶び申し上げます。
　さて、このたび5月10日付にて弊社製品「フィルターマスク」100ケースをご注文いただき、誠にありがとうございます。発注の詳細について照会させていただきたくご連絡差し上げました。
　ご注文品にはS、M、Lの各サイズと、白、黒の各色がございますが、発注書には、サイズのご指定のみで、色のご指定がございませんでした。したがいまして、同封のカタログにて今一度ご確認のうえ、ご連絡くださいますようお願い申し上げます。
　まずは、ご注文品のご照会まで。

敬具

✉ 注文内容の照会

件名：「フィルターマスク」ご注文内容の照会
添付：マスクカタログ.pdf

株式会社イリヤ
販売部　伴藤亨一様

いつもお世話になっております。
株式会社合緑の松前でございます。

5月10日付にて弊社製品「フィルターマスク」100ケースをご注文いただき、誠にありがとうございます。
発注の詳細について照会させていただきたくご連絡差し上げました。

ご注文品にはS、M、Lの各サイズと、白、黒の各色がございますが、発注書には、サイズのご指定のみで、色のご指定がございませんでした。

添付のカタログにて今一度ご確認のうえ、
お色のご指定をお願いしたいと存じます。

本メールにご返信いただければ、
発注書の再発行は不要です。

まずは、ご注文品のご照会まで。

注文書の内容についての照会文。該当商品（名、あるいは番号）、個数、場合によっては色・形などの必要な情報が、書かれていない場合の文例

〇
相手から送付された注文書に対する返信のときは、頭語に「拝復」を用いるのが一般的

〇
注文日を明記すると、どの商品についての照会なのか確認しやすい

✐
「ご注文書には数量のご指定がございませんでした」
「弊社のフィルターマスクには、通常タイプと強力花粉除去タイプの2種ございますが、どちらのタイプをご希望でしょうか」

〇
件名に照会したい商品の名前を入れる

〇
前に一度カタログを送付している場合でも、照会時に同じものを添付するほうが印象が良いし、間違いも防げる

〇
修正した発注書を再送する必要があるのか、メールへの返信だけで済むことなのかを明記する

商況の照会

自社製品の販売実績について尋ねる文例。何のために照会するのか明らかにする

20XX年7月23日

株式会社スーパーオート本舗
販売部　戸波竜馬様

株式会社ムロタ
営業部　一関吉保

「車載ソーラー充電池ＬＴ2000」販売状況についてのご照会

拝啓　貴社におかれましてはますますご隆盛のこととお慶び申し上げます。日頃は格別のご愛顧を賜り厚く御礼申し上げます。
　さて、弊社の新製品「車載ソーラー充電池ＬＴ2000」の貴社店舗における売れ行き状況についてご照会申し上げます。
　同製品は、環境問題に関心が高まる昨今の情勢を受けて、発売以来、堅調な売れ行きを続けておりますが、弊社ではさらにグレードアップを図るべく、顧客の皆様、販売店様の評価、ご意見を照会させていただいている次第です。
　つきましては、ご多用中誠に恐縮ではございますが、同封の調査用紙にご記入いただき、8月25日までにご返送くださいますようお願い申し上げます。
　まずは取り急ぎ、商況のご照会まで。

敬具

「その後の売れ行きと得意様方のご評価はいかがなものか、ご照会申し上げます」

○ 相手が調査・回答をしやすいように、照会の意図をわかりやすく述べる

○ 回答の期限を伝える

照会する

請求内容の照会

請求書に誤りや疑問点などがある場合に、詳細を問い合わせるための文例

20XX年10月3日

株式会社マネーズ
経理部　芳賀啓雄様

株式会社エトセトラ
青岩康仁

請求書金額について

拝啓　時下ますますご清栄のこととお慶び申し上げます。日頃は格別のご厚誼を賜り厚く御礼申し上げます。
　さて、本日、9月30日付請求書を拝受いたしました。ただ、弊社の帳簿と照合したところ、請求内訳の項目に記載漏れがございました。弊社といたしましては、経理の都合上、お支払いは一度で済ませたいと存じますので、お手数で恐縮ですが、ご確認のうえ、「作業実費」と「諸費用」の合計金額を記載した請求書の再発行をお願い申し上げます。
　弊社の経理上の都合で誠に申し訳ありませんが、何卒ご理解のほど、よろしくお願い申し上げます。
　取り急ぎ書面にて、ご照会まで。

敬具

「いただいた請求書に不明な点がございましたので、ご連絡差上げました」

「至急、お調べのうえ、改めてご請求いただきたいと存じます」「御社の帳簿と照らし合わせ、ご確認いただき、至急ご訂正のうえ、再請求いただけますようお願い申し上げます」

回答する

相手からの照会に答えるための文書です。正しい情報を客観的かつ丁寧に示しましょう。

送る場面 ➡取引条件の回答（P115） ➡信用状況照会の回答（P116） ➡商況の回答（P117）
➡請求内容照会への回答（P117）

 Point

▶ 相手の質問に沿った形式で回答する

▶ 憶測や主観を挟まず、相手が知りたいことだけを客観的に述べる

▶ 答えられないことに対してははっきりと、ただし角が立たないように断る

✖ 取引条件の回答

令和○年7月13日

株式会社ゴシマ
営業部
石綿忠様

株式会社ダイサン
営業推進部
柏野和子

お取引条件について

拝復　盛夏の候、貴社におかれましてはますますご隆昌のこととお慶び申し上げます。

　さて、たいへん遅くなりましたが、5月20日付貴信にてご照会いただいた弊社新製品「スチーム式加湿器」のお取引条件等についてご回答申し上げます。

　ご照会いただきました取引条件等につきまして、さっそく検討いたしました。まず、仕切値は希望小売価格の50％（現金）、60％（手形）。支払方法は、毎月15日締め、20日決済。約束手形の場合三か月後決済。運送費等は、原則として弊社負担。離島については実費請求。保証金、その他付帯条件は別紙をご参照ください。

　以上が、弊社がお願い申し上げる取引条件となっております。

　何卒ご検討のうえ、ご用命いただきたく存じます。

　なお、ご不明の点などございましたら、なんなりとお問い合わせくださいますようお願い申し上げます。

　まずは取り急ぎご回答まで。

敬具

相手の照会から回答までに日数がたちすぎており、礼を欠いているのはもちろん、回答の意味もなさない。相手の照会に対するお礼の言葉も抜けている

取引条件を本文の中に組み込んでしまうと、読みにくいうえに間違いも起きやすい。箇条書きにして記書きにまとめる

件名：「スチーム式加湿器」お取引条件について（ご回答）
添付：別紙.pdf

いつも大変お世話になっております。
株式会社ダイサン営業推進部の柏野です。

このたびは弊社の新製品「スチーム式加湿器」について
お問い合わせをいただき誠にありがとうございます。

さっそくですが、お取引条件について、
下記の通りご連絡いたします。

1．仕切値：各タイプとも希望小売価格の50％（現金）、60％（手形）。
2．支払方法：毎月15日締め、20日決済。約束手形の場合三ヵ月後決済。
3．運送費等：原則として弊社負担。離島については実費請求。
4．保証金、その他付帯条件：別紙参照のこと。

上記をご検討のうえ、改めてご注文くださいますようお願いいたします。
ご用命を心よりお待ち申し上げております。

以上

🔄 **取引条件を別紙にまとめて添付する場合**

「お取引条件につきましては、添付のPDFをご参照ください」

✏️ 「まずは取り急ぎご回答まで」

取引条件の回答

相手からの取引条件の照会に対し、お礼と詳細を伝える場合の文例。これから仕事がスタートする大切な文書となる

令和○年7月13日

株式会社ゴシマ
営業部
石綿忠様

株式会社ダイサン
営業推進部
柏野和子

お取引条件について

拝復　盛夏の候、貴社におかれましてはますますご隆昌のこととお慶び申し上げます。
　さて、このたびは7月10日付貴信にて、弊社新製品「スチーム式加湿器」をご照会いただき、誠にありがとうございます。
　ご照会いただきました取引条件等につきまして、さっそく検討いたしましたので、以下の通りご回答申し上げます。
　何卒ご検討のうえ、ご用命いただきたく存じます。
　なお、ご不明の点などございましたら、なんなりとお問い合わせくださいますようお願い申し上げます。
　まずは取り急ぎご回答まで。

敬具

記

1．仕切値：希望小売価格の50％（現金）、60％（手形）。
2．支払方法：毎月15日締め、20日決済。約束手形の場合三ヵ月後決済。
3．運送費等：原則として弊社負担。離島については実費請求。
4．保証金、その他付帯条件：別紙参照のこと。

以上

○ まずは取引条件の照会に対してお礼を述べる

✏️ 「さっそく社内にて検討いたしましたが、下記の条件でお取引をお願いすることに決定いたしました」

🔍 **用命**（ようめい）
用をいいつけること。この場合は商品を注文すること

○ 取引条件は箇条書きで記書き（別記）にすると見やすい。別紙にまとめても良い

信用状況照会の回答

信用状の照会について

拝復　暑さ厳しい折、貴社ますますご清栄のこととお慶び申し上げます。平素は格別のご高配を賜り、厚く御礼申し上げます。

　さて、先般ご照会のありました「スマイルカンパニー株式会社」の信用状況について、ご回答申し上げます。

　スマイルカンパニー株式会社とは、創業当時の会長が同じビジネス塾出身との縁から意気投合し、取引を開始するに至っています。その後、両社の会長が退いてからもずっと良好な関係は続いており、弊社に不利となるような取引を行った事実もございません。もともと同社は、徹底した職場環境の合理化と優秀な人材確保に力を注いでおり、それが功を奏しているのでしょう。取引銀行との関係も良好と聞いておりますし、弊社といたしましても、そのような会社とは強固なパートナー関係を続けてまいる所存です。

　以上、取り急ぎご回答まで。

敬具

 照会を受けた日が明確になっていない

 回答部分が本文からそのまま続いているうえに、項目分けもなされていないので、ダラダラと読みにくい

 憶測とも取れる表現は、情報の信ぴょう性を疑わせるので使わない

 情報が外部に漏えいしないよう念を押す一文がない

 # 信用状況照会の回答

スマイルカンパニー株式会社の信用状況の照会について（回答）

拝復　暑さ厳しい折、貴社ますますご清栄のこととお慶び申し上げます。平素は格別のご高配を賜り、厚く御礼申し上げます。

　さて、6月6日付にてご照会のありました「スマイルカンパニー株式会社」の信用状況について、下記の通りご回答申し上げます。

　なお、弊社は「スマイルカンパニー株式会社」とは15年以上にわたりお取引きさせていただいておりまして、この報告内容につきましては一切極秘とさせていただきますようお願い申し上げます。

　取り急ぎご回答まで。

敬具

記

1. 営業状況
競合他社が急増するなか、徹底した職場環境の合理化と優秀な人材の確保に力を入れることで、安定した業績を上げています。

2. 弊社との取引経緯および信用状況
創業当時の弊社会長が、スマイルカンパニー株式会社様と同じビジネス塾出身との縁から互いの理念が合致、平成○年4月より取引を開始いたしました。弊社からの発注に関して、これまで弊社の不利になるようなことは一切ありません。取引銀行である太平洋銀行との関係も良好と聞いております。

3. その他参考事項
両社の会長が代替わりした後は、ビジネス面だけのおつき合いとなっていますが、弊社にとって大切なパートナーであることは現在も変わりありません。

以上

信用状況の照会結果についての報告書。

 照会を受けた日付を書く

🔄 **照会の依頼を断る場合**
「○○社とは、現在は取引を中断しております。したがいまして、同社の情報をご提供できる立場にございません。お役に立てず、申し訳なく存じますが、何卒悪しからずご了解賜りますようお願い申し上げます」

 「親しくおつき合いさせていただいておりますので」
「大切なお取引先でございますので」

 情報が外部に漏れないよう念を押す

商況の回答

特定の商品の売れ行きを照会された際の回答例。データは簡潔にまとめて、記書き（別記）にする

令和○年12月3日

株式会社明法工業
販売促進部　沢岸智一様

株式会社グランマ
マーケティング部　名久井遼子

「USB保温式ランチセット」のお問い合わせの件

拝復　貴社ますますご清栄のこととお慶び申し上げます。平素は格別のお引き立てを賜り誠にありがとうございます。
　さて、11月25日の貴信にて、貴社新製品「USB保温式ランチセット」の売れ行きをご照会いただきましたので、ご回答申し上げます。
　結論から申し上げますと、今年4月の発売以来、大手通販サイトのエイトゥゼットにおけるキッチン部門売り上げ上位を長く占めるなど、きわめて堅調でございます。
　USB接続で電源を取る保温機能は以前からオフィス・ユースの観点で注目を集めておりましたが、弊社の「USB保温式ランチセット」はそれに加え耐衝撃構造を備えた点が、昨今のアウトドア・ブームの流れに乗ったというのが弊社の分析でございます。
　詳しいデータにつきましては、同封の調査結果をご参照いただきたく存じます。
　同商品へのさらなるお問い合わせ、ご用命がございましたら、いつでもお気軽にご連絡ください。
　まずは書中にてご回答まで。

敬具

結論を先に述べ、その後に詳しい説明を加える

商況（商品の売れ行き）についての情報は、単なる憶測に終わらぬよう、きちんと数字を示すなど正確なデータが必要

請求内容照会への回答

請求額の問い合わせに対する回答文。確認したところ、こちらに間違いがなかった場合の文例

令和○年3月4日

株式会社大路物産
英田慧様

株式会社シンフォニック
丹羽俊彦

拝復　時下ますますご清栄のこととお慶び申し上げます。平素は格別のお引き立てを賜り誠にありがとうございます。
　さて、3月1日付貴信にてご照会いただきました弊社ご請求内容につきまして、回答申し上げます。
　改めて発注伝票と請求書を照合するなどの確認作業を行いましたところ、2月25日付の弊社請求書内容に誤りはないとの結論に至りました。別紙としてご発注伝票、弊社出庫伝票および出庫台帳のそれぞれコピーを同封いたしましたので、ご参照ください。
　ご照会の点につきましては、1月分よりご注文の製品の価格を変更させていただいております。昨年12月12日付貴信にて、その旨ご了承のお返事をいただいておりますので、そちらの書面も併せて同封いたしました。ご確認いただけますと幸いです。
　まずは取り急ぎ、お返事申し上げます。

敬具

確認した請求書の正確な日付を記すことで行き違いを防ぐ

回答内容の根拠となる書類は過不足なくそろえて同封する

調査の結果判明した行き違いの理由を、角が立たない客観的な記述で伝えたうえで、根拠も示す

回答する

督促する

代金の未払い、納期延長など、相手が約束を違えたときに、契約の履行を促すための書状です。
正式な文書での送付が基本ですが、緊急の際にはメールでもいいでしょう。

送る場面 ➡商品代金の督促（P119） ➡委託販売代金の督促（P120） ➡商品未着の督促（P120）
➡販売契約の督促（P121） ➡見積書発送の督促（P121） ➡資料返却の督促（書面／メール）（P122）
➡契約履行の督促（P123） ➡融資返済の督促（P123）

Point

▶ 互いに感情的にならないよう、冷静な対応に努める

▶ 相手の立場に理解を示したうえで、こちらに対する理解も求める

▶ 丁寧ななかにも毅然とした姿勢を示す

 商品代金の督促

令和○年4月30日

株式会社ライアー
事業部　高井正雄様

株式会社フォルテシモ
営業部　加山五郎

「エコバッグ」代金の督促

拝啓　麗春の候、貴社におかれましてはますますご壮健のこ
ととお慶び申し上げます。平素は格別のご高配を賜り、厚く
御礼申し上げます。
　先日貴社へ納品いたしました「エコバッグ」100枚の代金で
すが、何度確認しても、いまだ代金が振り込まれたという事
実はございません。
　弊社としましても、これ以上の遅延には法的措置を取らざ
るを得ず、そうなれば貴社の信用にも大きく傷がつくものと
思われます。
　本状は最終警告と取っていただいてかまいません。必ずご
送金ください。
　何卒よろしくお願いいたします。

敬具

件名に「督促」という直接
的な言葉を用いると、感情
的になっていると取られか
ねない

「先日」では漠然としすぎ
ている。正確な日付を記す

表現がきつい。必要以上に
相手の感情を逆なでするよ
うな言葉遣いは避けたい

メールで送る場合

 件名：「エコバッグ」代金のお支払いについて

お世話になっております。
株式会社フォルテシモ　加山でございます。

4月1日に貴社へ納品いたしました
「エコバッグ」100枚の代金ですが、
いまだ代金のお振り込みが確認できておりません。
弊社としましても、これ以上の遅延には
法的措置を取らざるを得ません。
つきましては、令和○年5月7日までに必ず
ご送金くださいますようお願い申し上げます。
なお、本状と行き違いに
すでにお振り込みいただきました節は、
あしからずご容赦くださいますようお願い申し上げます。

まずは取り急ぎお願いまで。

+α
督促状は正式な文書で送るほうが効果的だが、緊急の場合はメールで送ることもある

挨拶はできるだけ簡略にし、すぐに用件を切り出してかまわない。最初の挨拶を「取り急ぎ用件のみ申し上げます」とすれば、より緊急性が増す

「法的措置を取る」などの最終手段の提示をする場合、どうしても角が立ちやすくなるので、言葉遣いについては丁寧さを心がけてバランスを取る

督促する

⬤ 商品代金の督促

代金の支払いが期日までになされていない場合の督促状。加えて新たな支払期限を設定する場合の文例

令和○年4月30日

株式会社ライアー
事業部　高井正雄様

株式会社フォルテシモ
営業部　加山五郎

「エコバッグ」代金のお支払いについて

拝啓　時下ますますご発展の段、大慶に存じます。
　さて、4月1日に貴社へ納品いたしました「エコバッグ」100枚の代金ですが、お支払期日の4月24日現在、代金のお振り込みが確認できておりません。
　弊社としましても、これ以上の遅延は決算期を越えることにもなり、事情が許しません。つきましては、令和○年5月7日までに必ずご送金くださいますようお願い申し上げます。
　なお、本状と行き違いにすでにお振り込みいただきました節は、あしからずご容赦くださいますようお願い申し上げます。
　まずは取り急ぎお願いまで。

敬具

何の商品の代金がいつの時点で支払われていないか具体的に書く

新たな支払期限を具体的に書く

本状が相手に届く前に入金が確認される可能性を見越し、この一文を入れる

委託販売代金の督促

20XX年 5 月25日

株式会社シューレ
中北拡様

株式会社西戸
坂川育司

委託販売代金お支払いについて

拝啓　貴社ますますご清栄のこととお慶び申し上げます。
　さて、4月20日付にてご請求いたしました弊社製品「充電式補聴器」
の3月分委託販売上代金について、お支払期日を1か月近く過ぎても、
いまだ入金の確認がとれておりません。弊社といたしましても、これ
以上の遅延は経理業務に支障を来すことになってしまいます。
　つきましては、弊社の請求書をご確認のうえ、5月末日までにご送金
くださいますようお願いいたします。
　なお、本状と入れ違いでご送金いただきました節は、ご容赦のほどお
願い申し上げます。
　まずは書中をもちましてご確認申し上げます。

敬具

商品未着の督促

20XX年3月16日

株式会社フクス
有馬大志様

株式会社魁輝
喜納孝之

「ノートパソコン」納品の遅れについて

拝啓　時下ますますご清栄のこととお慶び申し上げます。平素は格別の
お引き立てを賜り誠にありがとうございます。
　さっそくですが、3月1日必着にてご注文させていただきましたノー
トパソコンがいまだ納品されておりません。また、遅延に関するご連
絡や説明もいただいておりません。
　つきましては、至急ご確認のうえ、商品を発送していただきたくお願
い申し上げます。
　まずは取り急ぎ、ご連絡かたがたお願いまで。

敬具

別の会社に自社商品の販売
を委託した場合の、代金の
督促状。1度目の督促の場
合、淡々と事実のみを記載
する

○
支払いの督促に至るまでの
経緯を冷静に伝える

○
こちらの事情を説明し、相
手に理解を求める形にする
と、催促であっても言葉が
柔らかくなる

○
本状が届く前に入金がある
可能性も考え、断りの一文
を入れる

注文した商品が届かない場
合の督促状。いつの注文で、
納品予定から何日くらい遅
れているのかも記載する

✎
「さて、弊社注文書にて発
注いたしましたノートパソ
コンは、3月1日にお届け
いただく約束でしたが、3
月16日現在、納品されて
おりません」

 すでに問い合わせを
している場合
「〇月〇日に確認させてい
ただいた際に再手配の旨、
伺いましたが、本日の段階
でまだ納品の確認ができて
いない状況です」

○
感情をぶつけるような表現
は避け、丁寧にお願いする

販売契約の督促

20XX年4月5日

株式会社ケーニヒ
栗原慎太郎様

株式会社恒栄
稲森裕

販売契約の件

拝啓　時下ますますご隆盛のこととお慶び申し上げます。

　さて、去る2月28日付貴信にてご照会いただきました弊社製品の販売委託契約についてご確認申し上げます。

　3月5日付弊信にて契約書をご送付差し上げて以来、1か月ばかり経ちましたが、その後いかがでしょうか。

　催促がましく失礼かとは存じましたが、近々にお返事をいただけますようお願い申し上げます。

　もし、4月15日までにお返事がいただけない場合、契約のご意思がないものと判断させていただくこと、何卒ご了承ください。その際は、大変残念ではございますが、この話は一度白紙とさせていただくよう、重ねてお願い申し上げます。

　ご多用とは存じますが、何卒早々のご連絡をお待ち申し上げております。

　まずはご確認まで。

敬具

相手から照会があったにもかかわらず、契約書送付のあと、何も返答がない場合の文例

○ 販売契約の打診から、どれくらいの日数がたってからの督促なのか、具体的に述べる

○ 回答がなかった場合のこちらの対応を明示する

○ 最後まで相手を気遣う姿勢をみせる。決して喧嘩腰にならないよう、注意を払う

督促する

見積書発送の督促

20XX年2月15日

株式会社カッツェ
田坂豊志様

株式会社飛品
大笹海斗

見積書について

拝啓　貴社ますますご隆昌のこととお慶び申し上げます。平素は格別のお引き立てを厚く御礼申し上げます。

　さて、昨年10月20日付弊信にてご依頼申し上げた「作業着」のお見積書の件ですが、依頼から本日まで1か月が経過致しましたが、未だ届いていません。4月1日までには新規の作業着20着をそろえ、新入社員を迎える予定のため、これ以上の遅延は事情が許しません。

　つきましては、弊社の事情もご了解いただき、早急にご手配くださいますよう重ねてお願い申し上げます。

　なお、このメールと行き違いにて拝受した場合は、何卒ご容赦くださいますようお願い申し上げます。

　まずは取り急ぎ、お願いまで。

敬具

見積書送付の督促。それなりに時間が立っている場合の文例

↻ **緊急性をアピールしたい場合**
「前略」としてすぐ用件を書き出す

↻ **他社にも見積もりを依頼している場合**
「弊社では、ほかのお取引先にも見積りをお願いしており、すでに2社からお見積書は受け取っております」

「○月○日までに見積書をご送付いただけない場合、貴社への発注を断念せざるを得ませんので、ご理解のうえ早急のご対応をお願いいたします」

資料返却の督促

20XX年9月15日

株式会社奏出版
編集部　登坂和幸様

株式会社ショーワ電器
広報　辻村實

貸出資料返却のお願い

拝啓　貴社ますますご盛栄のこととお慶び申し上げます。
　さっそくですが、8月1日に弊社より貸し出しました以下の資料が、お約束の返却期限を1か月ほど過ぎております。
　当資料は、弊社にとりましても創業時の歴史を今に伝えるたいへん貴重なものでございます。また、現在、他社様からも急ぎの貸し出しの依頼がきており、対応に苦慮しております。
　早急にご連絡いただいたうえで、ご返却くださるようお願い申し上げます。
　取り急ぎ、ご連絡とお願いまで。

敬具

記

貸出資料
　① 初期型真空管ラジオ　1点
　② 昭和5年発行の弊社製品カタログ　1点
返却期限：9月1日

以上

返却を急ぐ理由を具体的に述べる

「当資料は国内に一点のみとなっており、取り扱いには十分気をつけてまいりました」

「つきましては、〇月〇日までに必ず弊社へご返却くださいますようお願いいたします」

貸し出した際の条件や詳細を再掲すると、相手にも思い出してもらいやすい

貸し出した資料が期限を過ぎても戻ってこない場合の督促状。資料の重要さを訴え、それがないと大変困っていることを説明する

✉資料返却の督促

件名：貸出資料返却の件

株式会社奏出版
編集部　登坂和幸様

このたびはお世話になっております。
株式会社ショーワ電器　辻村です。

8月1日に弊社より貸出しました以下の資料が、
お約束の返却期限を10日ほど過ぎております。

当資料は、弊社にとりましてもたいへん貴重な品でございます。
また、現在、他社様からも急ぎの貸し出しの依頼がきております。

早急にご連絡いただいたうえで、ご返却くださるよう
お願い申し上げます。
取り急ぎ、ご連絡とお願いまで。

🔄 **これまでも問い合わせた場合**

「お約束の期日を1か月ほど過ぎ、その間、2度にわたってメールを差し上げております」

「貸し出しいたしました際に、くれぐれも返却期限厳守でお願いしておりました」

「弊社でも〇月〇日に必要となりましたので、〇月△日までには必ずご返却くださいますようお願いいたします」

契約履行の督促

20XX年 7 月 5 日

株式会社ターク
友岡尚也様

株式会社健建工
増野昭

庭木剪定契約履行のお願い

拝啓　時下ますますご清栄のこととお慶び申し上げます。
　さて、貴社との20XX年3月30日付にて取り交わした契約書によれば、毎月25日に弊社敷地内の庭木を剪定することになっております。
　しかしながら、5月以降、現在まで、契約にもとづく庭木剪定は一度も行われず、弊社といたしましても困惑している状況です。
　つきましては、契約にもとづき、早々に庭木の剪定をお願い申し上げる次第です。
　以上、弊社の事情をご理解いただき、誠意あるご対応をよろしくお願い申し上げます。

敬具

契約内容を再確認する

いつから契約が履行されず、その結果、こちらがいかなる不利益を被っているかを冷静な言葉で伝える

「本契約の内容を今一度ご確認のうえ、改めて契約の順守と履行をお願いいたします」

督促する

融資金を、期限が切れても返済してもらえない場合の督促状。数度の問い合わせを行ったにもかかわらず責任ある回答が得られていない場合の文例

融資返済の督促

20XX年 7 月26日

株式会社キンダー
坂田晋作様

株式会社桜美創
大川茂美

ご融資金の返済について

拝啓　貴社ますますご清栄のこととお慶び申し上げます。
　さて先般、4月3日付の借用証書をもってご用立てしました100万円のご融資の件につき申し上げます。
　返済の期日である7月3日を過ぎても、いまだお振り込みが確認できておりません。当方よりお電話を差し上げましても、なんら責任ある回答のないまま、本日7月26日に至っております。
　弊社といたしましてもご返済の遅れが影響し、資金繰りに支障を来しております。
　つきましては、本書状到着より5日間だけお待ちいたしますので、その間に全額のご返済をぜひともお願いいたします。もし、この期間を過ぎてもご返済いただけない場合は、遺憾ながら法的手段に訴えることも検討せざるを得ません。これまで長らくお取引願ってきた貴社に対し、そのような手段を取ることは、弊社としても避けたいと願っております。
　ご多用中誠に恐れながら、誠意あるご回答を賜りたくお願い申し上げます。

敬具

「貴職からは何のご連絡もありません」

「〇月〇日までに全額返済いただくようお願いいたします」

法的に争うことは、互いにダメージを避けられないため、できれば穏当に解決したいという考えを伝える。ただし、今後、取引を継続する心づもりがない場合は、断固、法的手段に訴えるという決意を強調しても良い

注文する

製品やサービスを購入すると判断した際に送る書状です。金額、数量など、条件の確認は特に大切です。

送る場面 ➡見積書による注文 (P125) ➡見計らい注文 (P126) ➡追加の注文 (P126) ➡初取引の注文 (P126)
➡指値による注文 (P127) ➡注文の取り消し (P127)

Point
▶ 注文品（またはサービス）の名称、数量、希望納期を正確に伝える
▶ できるだけ簡潔な文面を心がけて受発注のミスを防ぐ
▶ 購入や受け取りに関してこちらからの希望があれば、忘れずに伝える

 ## 見積書による注文

令和○年4月9日

株式会社昭和デンキ
営業部　高宮充夫様

株式会社ファクトリー
総務部　三笠譲治

注文の件

> ✖ 何の商品についての注文なのかがわかるようになっていない

拝啓　時下ますますご清栄のこととお慶び申し上げます。
　さて、このたびはさっそくのお見積書ご送付、誠にありがとうございます。
　つきましては、貴社7月4日付見積書（No.12）に従いまして、下記の通り注文申し上げます。
　よろしくお取り計らいのほど、お願い申し上げます。

敬具

記
1．品名　複合プリンターP－5060
2．数量　5台
3．単価　50,000円
4．総額　250,000円
5．納品場所　株式会社ファクトリー　東京本社5階

以上

> ✖ 納期や決済方法など、記載必須の事項にいくつか書き漏れがある

件名：複合プリンターP−5060注文の件

いつもお世話になっております。
株式会社ファクトリーの三笠でございます。

さて、このたびはさっそくのお見積書ご送付、誠にありがとうございます。
つきましては、貴社7月4日付見積書（No.12）にしたがいまして、
下記の通り注文申し上げます。
よろしくお取り計らいのほど、お願い申し上げます。

記
・品名　複合プリンターP−5060
・数量　5台
・単価　50,000円
・総額　250,000円
・納期　令和○年8月1日
・納品場所　株式会社ファクトリー　東京本社5階
・決済方法　着荷後30日約束手形払

以上

「早速ですが、社内で検討した結果、貴社にぜひ注文申し上げたいとの結論に至りました」

「下記内容をご確認のうえ、納期までに指定場所へご納入くださるようお願い申し上げます」

別紙にまとめて添付する場合

「添付しました注文書をご確認ください」

見積書による注文

見積書の作成を依頼し、その見積書にしたがって商品を購入する場合の文例

令和○年4月9日

株式会社昭和デンキ
営業部　高宮充夫様

株式会社ファクトリー
総務部　三笠譲治

複合プリンターP−5060注文の件

拝啓　時下ますますご清栄のこととお慶び申し上げます。
　さて、このたびはさっそくのお見積書ご送付、誠にありがとうございます。
　つきましては、貴社7月4日付見積書（No.12）にしたがいまして、下記の通り注文申し上げます。
　よろしくお取り計らいのほど、お願い申し上げます。

敬具

記
1．品名　複合プリンターP−5060
2．数量　5台
3．単価　50,000円
4．総額　250,000円
5．納期　令和○年8月1日
6．納品場所　株式会社ファクトリー　東京本社5階
7．決済方法　着荷後30日約束手形払

以上

具体的な品名を件名に入れておくと相手方の事務処理がスムーズになる

見積書番号や作成した日付を記載する

すべての項目を、見積書と照らし合わせながら正確に、不足なく記載する

見計らい注文

「裏起毛レギンス」見計らい注文について

拝啓　時下ますますご清栄のこととお慶び申し上げます。平素は格別のお引き立てを賜り誠にありがとうございます。

　さて、先般ご送品いただきました「裏起毛レギンス」は、売れ行きも良く、たいへん好評をいただいております。

　つきましては、先般同様に、色、サイズなどはお見計らいの上、1000枚を至急ご発送いただきたく存じます。なお、商品の在庫が不足する場合は、至急ご連絡賜りますようお願い申し上げます。

　まずは取り急ぎご注文申し上げます。

敬具

追加の注文

「セラミック包丁セット」追加ご注文の件

拝啓　貴社ますますご繁栄のこととお慶び申し上げます。平素は格別のお引き立てを賜り誠にありがとうございます。

　さて、先般ご納入いただきました「セラミック包丁セット」ですが、おかげさまで大変好評をいただいております。

　つきましては、先般と同様の条件にて追加注文をお願い申し上げます。ご手配が可能な日にちがわかり次第、ご連絡いただけますと助かります。なお、商品の在庫が不足する場合は、直ちにご連絡賜りますようお願い申し上げます。

　ご検討のほど、よろしくお願い申し上げます。

敬具

初取引の注文

「充電式クリーナー」初回のご注文について

拝復　貴社ますますご清栄のこととお慶び申し上げます。

　このたびは弊社との新規取引にご承諾を賜り、厚くお礼申し上げます。

　さっそくですが、初回の注文を別紙の通りお願いしたく存じます。よろしくご査収のほどお願い申し上げます。

　なお、お手数ではございますが、注文請書のご返送を併せてお願いいたします。

　弊社では、今後全店をあげて生活家電売り場の充実を図ってまいる所存です。好評のあかつきにはさらに注文数を増やしたいと存じますので、何卒ご協力のほどお願い申し上げます。

　まずは書中をもちまして初回のご注文まで。

敬具

相手に詳細条件を委ねる場合の注文書の書き方。何について見計らってもらうのか、明記する

🔖 **見計（みはか）らい注文（ちゅうもん）**
商品の数量だけ指定し、サイズや細かい種類などは注文先の選定に任せる注文方法のこと

🔄 **希望する商品数に満たなくても注文したい場合**
「全数量がそろわない場合でも、可能数量をご手配いただけると助かります」

✏️ 「まずは取り急ぎ追加注文まで」

⭕ 販売商品の売れ行きが良いことを、製造元に感謝の言葉を交えながら伝える

✏️ 「お客様からもご要望が非常に多く、できるかぎり至急のご手配をお願い申し上げる次第でございます」

🔄 **商品不足に際して代替品を希望する場合**
「商品の在庫が不足の際は、代案を検討させていただく場合もございますので〜」

🔖 **注文請書（ちゅうもんうけしょ）**
受注者が注文を受理したことを示す契約書の一種

⭕ はじめての取引は互いに手探りなので、今後の展望などにふれると良い

凡例　⭕OK例（お手本）　✖NG例　✏️書き換え例　🔄シチュエーション例　🔖用語

指値による注文

「電波目覚まし時計」の注文について

拝啓　貴社ますますご隆昌のこととお慶び申し上げます。平素は格別のお引き立てをいただき、心より御礼申し上げます。

　さて、先日はご多用中にもかかわらず、お見積もりをご送付いただき誠にありがとうございます。さっそく、社内で検討いたしましたところ、「電波目覚まし時計」を注文させていただきたくご連絡申し上げます。

　ただし、価格の面に難がございますので、注文数を50個から80個に変更する代わりに、単価3000円のところ2800円に値下げしていただきたくお願い申し上げます。

　つきましては、弊社の指値注文どおりにご承認いただければ、下記のとおりの要領にてご注文申し上げたく存じます。

　何卒ご賢察のうえ、ご承引賜りますようお願い申し上げます。

　なお、どうしても折り合いがつかない場合は、お手数ではございますが、早めのご回答をいただけますようお願い申し上げます。

敬具

記

1. 品名：電波目覚まし時計
2. 数量：80個（見積もりは50個）
3. 単価：2800円（見積もりは3000円）
4. 納期：令和○年4月27日
5. 受渡し場所：弊社本店倉庫
6. 運送方法：貴社一任
7. 運送費：貴社負担
8. 支払条件：翌月末日払い

以上

注文の取り消し

注文取り消しのお願いとお詫び

拝啓　平素は格別のお引き立てを賜り誠にありがとうございます。

　さて、5月6日付の弊社発注書No.17にてご注文申し上げましたラジエーターの件につきまして、修理を希望されていた車体の所有者様よりキャンセルの旨ご連絡いただいたため、まことにご迷惑をおかけいたしますが、先のご注文を取り消させていただきたくお願い申し上げます。

　何卒事情をご賢察のうえご寛容のほど、お願い申し上げます。

　まずはお詫びかたがたお願いまで。

敬具

いただいた見積りから単価を変更してもらいたい場合のお願い状。交渉の手段として、数量を増やしている場合の文例

「予算と希望数量の都合上、お見積もりの価格ではいささか厳しいのが現状でございます。数量を変更する代わりに、単価3000円のところ2800円に値下げしていただきたく存じます」

📖🔍 指値（さしね）
注文するときに買い手が指定した価格。言い値でお願いします、という意味

⚫ 金額が折り合わなかった場合に早めの連絡をお願いするなど、次の対応についても明示する

発注していた商品が必要なくなってしまった場合の文例。キャンセルとなってしまったことを詫びる

⚫ 注文の取り消しはこちらの都合なので、件名に「お願いとお詫び」と入れる

⚫ 理由を簡潔に記す

⚫ 一方的な通達と取られないよう、お願いする

確認する

契約内容や口頭での約束事などを改めて文書確認したいときに作成する書状です。確認漏れのないように丁寧かつ簡潔な文章を心がけましょう。

送る場面 ⇒ 電話発注の確認（P129） ⇒ 支払い条件の確認（書面／メール）（P130）
⇒ 納期の確認（P131） ⇒ 売掛金残高の確認（P131）

Point

▶ 確認したい事項を過不足のないように書く
▶ 特に数字や日付についての間違いには注意する
▶ 確認事項が複数あるときは、箇条書きにして相手が回答しやすいようにす

✖ 電話発注の確認

令和○年8月18日

株式会社エコル
営業部　芦屋耿之介様

株式会社ウェアファミリー
総務部　堂島剛志

注文のご確認

拝啓　時下ますますご清栄のこととお慶び申し上げます。
　さて、電話にて注文いたしましたＩＰ無線機の件につきましては、改めて書面にてご送付いたします。
　ご手配のほど、何卒よろしくお願いいたします。
　なお、相違がございましたら、誠に恐れ入りますが当社総務部の野村までご連絡いただきますよう、お願いいたします。

敬具

✖ できれば具体的な商品名を記したほうが確実

✖ 日付がないので、いつ注文した件なのかがわからない

✖ 商品の型番や色、数量、納品日などの情報が入っていないと、確認の意味をなさない。箇条書きにして本文の下に記書き（別記）にすると良い

件名：ＩＰ無線機「ＤＴＢ70」注文のご確認

いつもお世話になっております。
本日8月17日（水）、商品注文の件で、お電話を差し上げました
株式会社ウェアファミリーの堂島と申します。

電話にて注文いたしましたＩＰ無線機「ＤＴＢ70」につきまして、
メールにて改めてご送付いたします。
ご手配のほど、何卒よろしくお願いいたします。

なお、相違がございましたら、誠におそれ入りますが当社総務部の野村まで
ご連絡いただきますよう、お願いいたします。

記
・品名　　　ＩＰ無線機「ＤＴＢ70」
・色　　　　黄色
・数量　　　20
・納品日　　8月31日（水）

+α
直接電話で注文したあと、メールで同内容を送る。証拠となり、確認しやすく、間違いが起こりにくい

「念のためメールにてお送りいたします」

「本メールに、その旨ご返信くださいますよう、お願い申し上げます」

電話発注の確認

発注を電話で行った場合の、確認の文例。メールで入れても良い

確認する

　　　　　　　　　　　　　　令和○年8月18日

株式会社エコル
営業部　芦屋耿之介様

　　　　　　　　　株式会社ウェアハウス
　　　　　　　　　総務部　堂島剛志

　　　　ＩＰ無線機「DTB70」注文のご確認

拝啓　時下ますますご清栄のこととお慶び申し上げます。
　さて、本日8月17日（水）、電話にて注文いたしましたＩＰ
無線機「ＤＴＢ70」の件につきましては、改めて書面にて
ご送付いたします。ご手配のほど、何卒よろしくお願いいた
します。
　なお、相違がございましたら、誠におそれ入りますが当社
総務部の野村までご連絡いただきますようお願いいたします。

　　　　　　　　　　　　　　　　　　敬具
　　　　　　　　記
・品名　　　ＩＰ無線機「ＤＴＢ70」
・色　　　　黄色
・数量　　　20
・納品日　　8月31日（水）
　　　　　　　　　　　　　　　　　　以上

件名に正式な商品名を型番まで記載すると親切

電話注文した日付を入れる

発注内容に相違があった場合の連絡先を明記する

注文内容を記書き（別記）で箇条書きにするとわかりやすい。品名、数量などの注文情報を正確に書く

支払条件の確認

新規の取引に至るまでに交わした支払い条件を確認するための文例

令和○年7月8日

株式会社リラックスハート
総務部　丸子直人様

ワンダーランドテン株式会社
営業部　直木三郎

支払い条件のご確認

拝啓　時下ますますご清栄のこととお慶び申し上げます。平素は格別のお引き立てを賜り誠にありがとうございます。

　さて、このたびは弊社とのお取引をご快諾の由、衷心よりお礼申し上げます。

　つきましては、去る7月5日のお打ち合わせの際にご約定賜りましたお支払い条件について、下記のとおり確認させていただきたく、ご連絡申し上げます。ご多用中のところ、恐縮ではございますが、何卒ご確認のほどよろしくお願いします。

　まずはお礼かたがたご確認まで。

敬具

記

1. 商品　コーヒー豆（1kg）
2. 数量　2
3. 単価　3,000円（税込）
4. 納期　毎月1日
5. 納品場所　貴社総務部
6. 運送方法　弊社配達車による
7. 諸費　弊社負担
8. 支払い条件　現金振込

以上

> はじめに、取引承諾や注文に対するお礼を述べる

> 「下記のとおり、お支払い条件の確認をさせていただきたく存じます」「お支払い条件は下記のとおりで相違ないか、今一度ご確認いただけますでしょうか」

> 支払い条件を箇条書きにしてまとめる

✉ 支払条件の確認

急を要する確認にはメールが便利。ただし、その場合も相手に対する最低限の礼儀は必要

件名：お支払い条件のご確認
添付：お支払い条件.pdf

株式会社リラックスハート
経理部　丸子直人様

このたびは弊社とのお取引をご快諾いただきまして、誠にありがとうございます。
ワンダーランドテン株式会社営業部の直木三郎でございます。

さっそくですが、7月5日のお打ち合わせでお約束いただきました支払い条件について、確認させていただきたく存じます。
添付のPDFをご参照ください。

ご多用中のところ、恐縮ではございますが、何卒ご確認のほどよろしくお願いします。

> 取引を承諾してくれたことに対するお礼を伝える

> PDFやワード、エクセルなどを使ってまとめた支払い条件を添付する

納期の確認

令和○年1月19日

有限会社日向設備
恩田研二様

有限会社アズマ工務店

納期のご確認

拝啓　時下ますますご清栄のこととお慶び申し上げます。日頃は格別のお引き立てを賜り誠にありがとうございます。

　さっそくですが、1月6日付にて発注いたしましたタイルにつきまして確認申し上げます。

　すでにお手配中とは存じますが、1月28日の納期で問題はなさそうでしょうか。

　工期の関係上、それ以上の先送りがどうしても厳しいため、貴社にもご無理を申し上げてたいへん恐縮ではございますが、何卒事情をお汲み取りいただき、至急ご回答賜りますよう、重ねてお願い申し上げます。

　なお、誠に勝手ながらご回答は1月24日までにお願いいたしたく存じます。

　まずは納期のご確認まで。

敬具

注文した品の納期の確認。確認なので、あまりくどくならないように注意する

クッション言葉（「すでにお手配中とは存じますが」）を加えることで、角を立てずに念を押すことができる

納期を守ってほしいこちらの事情と、相手に無理をいうことに対するお詫びの気持ちを伝える

「納期に間に合わせるのが難しいようでしたら、○月○日までにご連絡いただけると助かります」「難しい点がございましたら、調整お申しつけくださいませ」

売掛金残高の確認

売掛金残高のご確認

拝啓　貴社ますますご繁栄の段、大慶に存じます。平素は格別のご厚誼を賜り厚く御礼申し上げます。

　さて、お忙しいところ恐れ入りますが、弊社の決算にあたり、下記のとおり残高確認のほどよろしくお願い申し上げます。

　お手数ではございますが、別紙「残高確認書」に貴社の残高をご記入、社印を押印の上、同封の返信用封筒にてお送りいただきますようお願いいたします。なお、残高に相違がある場合は相違内容のわかる資料を添付いただけると幸いです。ご不明の点等ございましたら上記連絡先までお問い合わせください。

　誠に勝手ながら、決算処理上令和○年9月20日までにご回答いただけますようお願いいたします。

敬具

記

・当社売掛金残高
　　1,000,000円

以上

決算に際し、売掛金残高の確認が必要になった場合の依頼状

　売掛金残高
売上代金の帳簿上の未収残高のこと。取引相手側の未払い残高は「買掛金残高」といい、同じ取引の中では同額となるのが原則。残高確認状は、決算期末現在の自社の残高を取引先に証明してもらうために作成する

相手の手を煩わせることに対するお詫びと労いの気持ちを示して、お願いする

いつまでに回答がほしいか、具体的な日付を提示する

請求書・見積書

請求書は、商品やサービスの代金を納入先に請求する際に送る書状です。見積書は、請求予定額や価格面での条件を提示するための書状です。

送る場面 ➡商品代金の請求書（P132） ➡請求書の記入例（P133） ➡請求書の頭紙（P133）
➡見積書（一般／メール）（P134） ➡見積書（表組形式）（P135） ➡見積書（エクセル）（P135）

Point
▶ 何に対する請求または見積もりであるかを正確に書く
▶ 数量、価格、期日などの数字に間違いがないようにする
▶ 請求書や見積書には必ず丁寧な送り状を添える

商品代金の請求書

令和○年8月25日

株式会社グッド・クック
営業部　日夏歩様

　　　　　　　　　　　　　有限会社ファインキッチン
　　　　　　　　　　　　　　経理部　横島華生

　　　　　フライパンセット代金ご請求の件

拝啓　時下ますますご清栄の段、大慶に存じます。平素は格別のご厚誼
を賜り、厚く御礼申し上げます。
　さっそくですが、8月30日に納入いたしましたフライパンセット1ダ
ース代金の請求書を作成いたしましたので、ご送付申し上げます。
　商品代金は、別紙の通り合計132,000円です。
　つきましては、ご確認のうえ9月9日（金）までに下記銀行口座へお
振り込みくださいますようお願い申し上げます。
　なお、本状に関しましてご不明の点などございましたら、弊社経理部
（03-0000-0000/担当：横島）までお問い合わせください。

　　　　　　　　　　　　　　　　　　　　　　　　　　敬具

　　　　　　　　　　　　記
同封書類　　　請求書　納品明細書　1式
ご請求金額　　132,000円（税込）
振込先　　　　さいたま五つ星銀行　当座預金○○○○
名義　　　　　有限会社ファインキッチン
※振込手数料は弊社にて負担いたします

　　　　　　　　　　　　　　　　　　　　　　　　　　以上

● 何の代金か明記されている

● 正確な日付が記載されている

● 振込手数料を自社が負担することが明記されている

請求書の記入例

請求書番号　12-XXXX

令和○年8月30日

ご請求書

株式会社グッドクック御中

有限会社ファインキッチン　印

〒123-4567

東京都武蔵野市吉祥寺XX

電話　042-000-0000

FAX　042-000-0000

下記のとおりご請求申し上げます。

合計金額　￥132,000.-（消費税等込）

振込先　さいたま五つ星銀行　当座預金○○○○

名義：有限会社ファインキッチン

日付	項目	単価	数量	単位	合計
8/30	フライパンセット	10,000	12	個	￥120,000
			小計		￥120,000
			消費税		￥12,000
			合計		￥132,000

＊お振込手数料のご負担をお願いいたします。

請求書の頭紙

フライパンセット代金ご請求の件

拝啓　時下ますますご清栄の段、大慶に存じます。平素は格別のご厚誼を賜り、厚く御礼申し上げます。

　さっそくですが、8月30日（火）に納入いたしましたフライパンセット1ダース代金の請求書を作成いたしましたので、ご送付申し上げます。

　商品代金は、別紙のとおり合計132,000円です。

　つきましては、ご確認のうえ9月9日（金）までに下記銀行口座へお振り込みくださいますようお願い申し上げます。

　なお、本状に関しましてご不明の点などございましたら、弊社経理部（03-0000-0000/担当：横島）までお問い合わせください。

敬具

記

（以下略）

請求番号があると経理上、データ管理しやすい

発信者の名前、住所、電話番号を記載する。社印も忘れずに押印する

合計金額には税込額を記入する

+α

請求書を送る旨を伝えたい場合はメール連絡でもかまわない。ただし、請求書をメールで送るのは、相手の了承を得てから

請求する商品の名前を件名に入れておけば、何に対する請求かがひと目でわかる

🔁 **メールで送る場合**

「いつもお世話になっております。株式会社○○の△△でございます」「メールにて失礼いたします」

✏️ 「今月納入分の集計作業が整いましたので請求書を送付させていただきます」

代表番号ではなく、直接アクセスできる問い合わせ先を明記しておく

見積書

別途見積書を作成し、同封する場合の文例。書状で送るパターン

令和○年5月7日

株式会社ヤマダヤ
玉野博様

株式会社ヒサシ精機
柏木伸介

「コリトロール」のお見積り書

拝復　時下ますますご清栄のこととお慶び申し上げます。平素は格別のお引き立てを賜り心より御礼申し上げます。
　さて、このたびは5月6日付貴信にて弊社製品「コリトロール」についてご照会いただき、誠にありがとうございます。
さっそく、下記の通りお見積書を作成いたしましたので、何卒ご用命賜りたくお願い申し上げます。
　まずは、お礼かたがたお見積りまで。

敬具

記

1．取引価格　単価　1,100円（税込）　数量　100台
2．支払い条件　現品到着後60日以内口座振込
3．運賃諸掛　弊社負担
4．受渡場所　貴社通販部門倉庫

以上

相手の見積照会を受けての見積書発送の場合、「拝復」が一般的（「拝啓」でも可）

照会の日付と商品名を明記する

相手の照会に対してお礼を述べる

✉見積書

件名：「コリトロール」お見積りの件
添付：○○△△.pdf

株式会社ヤマダヤ
玉野博様

いつもお世話になっております。
このたびは5月6日付貴信にて弊社製品「コリトロール」についてご照会いただき、誠にありがとうございます。
お見積書を添付PDFにてご送付申し上げますので、
ご確認のほどよろしくお願いいたします。
ご不明な点、ご質問等ございましたら、ご遠慮なくお申し付けください。

まずはお礼かたがたご連絡まで。

株式会社ヒサシ精機
営業部　柏木伸介
03－000-0000

相手が早期の見積確認を希望する場合、メールでの送付が有効。その場合、挨拶は簡単に済ませ、すぐに用件に入るべきである

「お見積書をお送りいたしますので、添付資料をご確認ください」

見積書（表組形式）

見積番号256-10○△

令和○年5月7日

お見積書

標記はほかの文字よりもサイズをやや大きく。センターに合わせる

株式会社ヤマダヤ御中

株式会社ヒサシ精機

〒100-0000

東京都大田区蒲田○丁目○番地

電話 03－0000－0000

FAX 03－1111-0000

下記の通りお見積もり申し上げます。

合計金額は消費税込で計算したものを記載する

合計金額 ￥110,000（消費税等込）

品名	数量	単位	単価	金額
コリトロール	100	個	1,100	￥110,000
備考	小計			￥110,000
	消費税			￥11,000
	合計			￥121,000

納期 令和○年6月14日

なお、本見積有効期限は、令和○年7月5日となります。

「見積有効期限 令和○年7月5日」「見積有効期限 本見積書提出後3週間」

見積書（エクセル）

エクセルでつくった見積書の例。メールあるいは書面で、別紙に請求書をまとめた旨、記載しておくと良い

株式会社ヒサシ精機

〒100-0000 東京都大田区蒲田○丁目○番地

電話 03－0000－0000 FAX 03－1111-0000

見積番号：256-10○△

請求日：令和○年6月1日

株式会社ヤマダヤ 御中　　　　　　「コリトロール」のお見積もり

発注日	品番	品名	単価	数量	単位	金額
20XX年5月6日	1111-XX	コリトロール	1,100	100	個	￥110,000

小計	￥110,000
消費税率	10.00%
その他費用	
合計	￥121,000

現品到着後 60日以内 口座振込

納期 令和○年6月14日

見積有効期限 平成○年7月5日

よろしくお願いいたします。

請求書・見積書

契約書

両当事者の権利義務を定める重要な文書です。契約の類型によって必要不可欠な事項がありますので、間違いのないように書き、両者が1通ずつ保管します。

送る場面 ➡物品売買契約書（P137）　➡業務委託契約書（書面／メール）(P138)
➡販売委託契約書（書面／メール）(P139)

Point

▶ 契約の目的や期間、支払い方法などの契約内容を箇条書きでまとめる

▶ 不明点があれば法律の専門家に相談する

▶ 当事者の数だけ同じものを作成し、それぞれ1通ずつ保管する

✖ 物品売買契約書

物品売買契約書

1．契約物品は次の通りとする
品名　テーブルセット
数量　10
2．契約代金
2,345,000円（消費税等含む）

買主　株式会社紅葉社と、売り主　株式会社花岡物産は、上記の物品（以下「本件物品」という）の売買について、次のとおり契約を締結する。

（納入場所）
第1条　本件物品は、甲に納入する。
（納入期限）
第2条　本件物品の納入期限は、令和○年3月2日とする。
（物品検査）
第3条　小津は、本件物品納入の再、候の立会検査を受けるものとする。
（代金の請求）
第4条　乙は、本件物品が前条の検査に合格したときは、令和○年3月12日までに、甲の定める請求書により、代金の請求手続きを行うものとする。
（中略）
以上、本契約成立の証として、本契約書2通を作成し、甲乙は、署名押印のうえ、各1通を保管するものとする。

令和○年2月25日
東京都調布市飛田給○－○－○
株式会社紅葉社
代表取締役　秋野将司　印
神奈川県横浜市中区○－○－○
株式会社花岡物産
代表取締役　花岡誠二　印

✖ 字下げをしていないので、せっかくのナンバリングが埋もれてしまっている

✖ 契約者の名前の後に、それぞれの略称が必要。甲・乙が一般的。略称の断りを入れないのであれば、そのあとの項目でもすべて正式名称を入れなくてはならない

✖ どのビジネス文書も誤字脱字はしてはならないが、特に契約書では厳禁。契約内容の無効にもつながりかねないので特に注意が必要

✖ どちらが「甲」でどちらが「乙」かわからない

契約書を送る場合の送付状

契約書と送付状を同封する場合の送付状の文例。メール送信でもかまわない

株式会社花岡物産
販売部　広瀬容志様

書類送付のご案内

拝啓　時下ますますご盛栄のこととお慶び申し上げます。
平素は格別のご厚誼を賜り厚く御礼申し上げます。
下記の通り、書類を送付させていただきますので、よろしくお願い申し上げます。

敬具

記

物品売買契約書　1通

以上

契約に関する書類作成の件で直接やりとりしている担当者に宛てる

送付物の内容を本文で明記する場合

「物品売買契約書1通を送付させていただきますので、よろしくお願いいたします」

送付書類の内容と数を記書き（別記）にまとめる

物品売買契約書

物品を売買する際に必要な契約書の例

物品売買契約書

1．契約物品は次の通りとする
　　品名　テーブルセット
　　数量　10
2．契約代金
　　2,345,000円（消費税等含む）

　買主　株式会社紅葉社（以下「甲」という）と、売り主　株式会社花岡物産（以下「乙」という）は、上記の物品（以下「本件物品」という）の売買について、次のとおり契約を締結する。

（納入場所）
第1条　本件物品は、甲に納入する。
（納入期限）
第2条　本件物品の納入期限は、令和○年3月2日とする。納入費用は甲の負担とする。
（物品検査）
第3条　乙は、本件物品納入の際、甲の立会検査を受けるものとする。
（代金の請求）
第4条　乙は、本件物品が前条の検査に合格したときは、令和○年3月12日までに、甲の定める請求書により、代金の請求手続きを行うものとする。
（中略）
　　以上、本契約成立の証として、本契約書2通を作成し、甲乙は、署名押印のうえ、各1通を保管するものとする。

令和○年2月25日
　（甲）　東京都調布市飛田給○－○－○
　　　　　株式会社紅葉社
　　　　　代表取締役　秋野将司　印
　（乙）　神奈川県横浜市中区○－○－○
　　　　　株式会社花岡物産
　　　　　代表取締役　花岡誠二　印

契約書の類型や内容によって（不動産売買契約や請負契約）印紙税がかかる場合がある。判断が難しい場合、専門家に確認すると良い

契約当事者の名前と、それぞれの略称を明らかにする

締結
条約や契約を取り結ぶこと。正式な契約書では「契約を締結する」とするのが普通

契約内容は箇条書きにしてまとめる

付帯する費用があれば、それも必ず明記する

+α
契約を締結した日付、甲乙それぞれの住所や代表者、署名押印を下にまとめる

業務委託契約書

業務委託契約書

　株式会社丸徳産業（以下甲という）と株式会社エポックリード（以下乙という）は、以下の通り業務委託契約を締結する。

第1条　甲は乙に対し、次条に定める業務（以下「委託業務」という）を委託し、乙はこれを受託する。

第2条　本契約にもとづく委託業務の範囲は次のとおりとし内容の詳細は別紙記載のとおりとする。
　　　　1．甲の運営するホームページの管理業務
　　　　2．ホームページの運営に係る機器のメンテナンス

第3条　甲は乙に対し第1条の委託業務の委託料として月額300,000円を前月の末日までに支払う。

第4条　乙が業務の遂行のため、その他の費用を要した場合には、甲がこれを負担するものとする。

（中略）

　本契約締結の証として本契約書2通を作成し、甲乙各自署名捺印のうえ、各1通を保有する。

令和○年3月10日

甲）
東京都渋谷区千駄ヶ谷○－○○－○
株式会社丸徳産業
代表取締役　三浦真由生　印
乙）
埼玉県所沢市○－○○－○
株式会社エポックリード
代表取締役　藤平修一　印

✉ 業務委託契約書（メール添付）

件名：【重要】契約書の件
添付：△△△.pdf

いつもお世話になっております。
株式会社丸徳産業の大岡でございます。

先日お打ち合わせいたしました業務委託契約書につきまして、ご連絡申し上げます。

添付のファイルにて契約書をお送りさせていただきます。
内容のご確認のうえ、必要事項のご記入と承認欄に
ご署名ご押印をお願いしたく存じます。

ご不明な点等ございましたら、下記担当までご連絡いただけますと幸いでございます。

ご多忙のところ大変お手数ではございますが、
ご対応の程、何卒よろしくお願いいたします。

（連絡先省略）

業務を委託する際に取り交わす業務委託契約書の例。法律文の表記方法にもとづいて作成する

会社名は登記上と同じ名称を正確に記す

+α

一度交わした契約書は、一方的に破棄することができないので、誤記のないよう注意する。なお、第1条は、誰が誰に対してどのような委託契約をするのかがわかる内容にする

定期的な委託料のほかに、その都度かかる経費についても条件を明らかにする

委託者、受託者、それぞれの登記上の住所、商号、代表者名（自署名）、捺印を契約書の一番下に記載する

契約書をメールにて取り合わす場合の文例。契約書は別紙にまとめて添付し、メールは先ぶれの役割を担う

契約書の送付など、重要な要件でメールするときは、件名に【重要】と入れる

「必要事項のご記入と承認欄にご署名ご押印のうえ、弊社までご返送いただくようお願い申し上げます」

販売委託契約書

商品委託販売契約書

　株式会社サウスランド（以下「甲」という）と株式会社サロンドコーヒー（以下「乙」という）とは、以下のとおり販売委託契約を締結する。

（条文1～5および7省略）

第6条（解除）
乙において、次のいずれかに該当したときは、甲は何ら催告することなく本契約を解除することができる。
1. 商品代金の支払遅延及び受託業務の懈怠を来たしたとき
2. 公租公課 の滞納処分を受けたとき
3. その他本契約に違反したとき

　本契約の証として本契約書2通を作成し、甲乙は署名捺印のうえ、各1通を保有する。

「株式会社〇〇（以下「甲」という）を委託者とし、株式会社△△（以下「乙」という）を受託者とし、以下のとおり販売委託契約を締結する」

催告（さいこく）
相手に対して一定の行為を請求すること

懈怠（けたい）
義務を怠ること

公租公課（こうそこうか）
公租は租税、公課は租税以外に徴収される費目を指す。国や地方公共団体が公の目的のために負荷する金銭負担全般を指す言葉

契約書

✉販売委託契約書（メール添付）

件名：【重要】契約書について
添付：〇〇△△.pdf

いつもお世話になっております。
株式会社サウスランドの西村でございます。

本日お打ち合わせにてお話しさせていただきました契約について
連絡申し上げます。
添付ファイルにて契約書を添付でご送付申し上げますので、
内容をご確認ください。

契約書の内容をご確認いただき、問題がなければ、
ご署名ご捺印のうえ、6月4日までにご投函いただけますでしょうか。
契約書の内容に不明点等ございましたら、
別紙連絡先の担当・廣崎までご連絡ください。

お忙しいところ恐れ入りますが、
ご対応のほど、何卒よろしくお願い申し上げます。

「『オアフコーヒー』についての契約書を作成いたしましたので」

「ご署名ご捺印のうえ、6月4日弊社必着でご郵送いただけますと助かります」

内容証明

内容証明とは、郵便物の文書の内容や、差出人・宛先人などを日本郵便が証明する郵便物特殊取扱のことです。相手にこちらの要求内容を間違いなく伝えたいときに用います。

送る場面 ➡商品代金請求の内容証明（P140）　➡売買契約解除の内容証明（P141）
　　　　　　➡欠陥商品交換の内容証明（P141）　➡類似商号使用差止の内容証明（P141）

Point
▶ 法的な争いに発展するなど、トラブルを前提とした厳格な通信手段
▶ 3通用意し、差出人、郵便局が1通ずつ保管し、宛先人に1通を送付する
▶ 郵便局の窓口へは封をしないで提出する

商品代金請求の内容証明

> 通知書
>
> 　当社は、貴社と、令和○年9月11日付で当社商品「富士山麓赤ワイン（150本）」について、売買契約を締結し、同日、売買代金100万円で売り渡し、その際、金5万円を内金として受領しました。
>
> 　そして、残金95万円は、令和○年10月1日までにお支払いいただく約束となっておりました。
>
> 　ところが、令和○年12月20日を過ぎた本日に至るまで、残金95万円をお支払いいただいておりません。
>
> 　つきましては、本書面到達後7日以内に、必ず上記金95万円をお支払いくださるよう催告申し上げます。
>
> 　　令和○年12月20日
>
> 　　　　　　　　　　　　山梨県甲州市勝沼町○丁目○番
> 　　　　　　　　　　　　　有限会社赤白園
> 　　　　　　　　　　　代表取締役　沢田民生　印
>
> 　　　　　　　　　　　東京都中央区銀座XX―XX
> 　　　　　　　　　　　　株式会社コンマックス
> 　　　　　　　　　　　　　代表　鷺田樹郎様

相手の未払い金を督促する際の文例。法律が絡むので第三者（日本郵便）と当事者間で取り交わす

+α
横書きの内容証明郵便は、1枚26字×20行または13字×40行以内で作成する。2枚以上にわたる場合は、綴じ目に割印をする

日付や金額を正確に記す

「売買代金100万円の内金5万円についてはお支払いいただき、残金95万円については、令和○年10月1日までにお支払いいただく約束でした」

内容証明書の場合、上に差出人、下に受取人の順番で書く。差出人は押印し、受取人には様をつける。内容証明郵便の受取人の住所、代表者（または担当者）の氏名を記載する

売買契約解除の内容証明

売買契約解除の通知書

当社は、令和○年6月24日付で貴社商品「サプリメントαスーパー」を100セット購入する旨の売買契約を締結し、すでに代金50万円を貴社に支払済みです。

しかしながら、その後、契約上の商品引渡期日である令和○年7月14日を過ぎても商品引き渡しがありません。再三にわたり納入のお願いを申し上げてきましたが、その都度、はっきりしたご回答をいただけませんでした。

つきましては、上記商品を本書面到達後7日以内に引き渡していただきたく請求いたします。なお、期間内に引き渡していただけない場合は、改めて解除の通知をすることなく、契約の解除をいたしますことをあらかじめ通知いたします。

(以下略)

以前締結した売買契約を先方の債務不履行が理由で解除する際の内容証明。先方の責任なので、毅然とした態度で臨む

○ この内容証明に対しても商品の引き渡しに応じない場合、引き渡しの請求と併せて契約解除も請求することができる

欠陥商品交換の内容証明

通知書

当社は、令和○年6月3日、貴社との間にインクジェットプリンター10台に関する売買契約を締結し、貴社より令和○年6月17日、その引き渡しを受けました。

しかしながら、当社が上記商品を検品してみたところ、同商品には下記のような重大な欠陥があることが判明いたしました。メールと電話にて数回問い合わせをさせていただきましたが、本日までそのご回答をいただけておりません。

つきましては、本書面到達後2週間以内に完全な新品とお取り替え願いたく請求いたします。

記

欠陥の内容：インクジェットプリンターの紙詰まりが修理しても解消しない

(以下略)

欠陥商品の交換を請求する際に送る内容証明

 支払い済み代金の返還を請求する場合

「つきましては、本売買契約を解除いたしますので、すでに支払い済みの代金50万円をご返金願います」

+α 商品が届いたら速やかに検品し、品質や数量に問題があれば売り主に直ちに通知する。通知が遅れると契約の解除や損害賠償ができなくなるリスクがある

類似商号使用差止の内容証明

類似商号使用中止の請求

当社は、令和○年4月1日付で商号を「株式会社タイガーファーム」と登記し、東京都渋谷区において洋服の製造販売を営んでおります。

しかるに貴社は、同じく東京都品川区において、「ファームタイガー株式会社」なる商号を用いて洋服の製造販売を営み、しかもブランドロゴのデザインが、テンガロンハットをかぶった虎となっているなど、当社と酷似した形態での営業を行っています。

貴社の行為は、不正の目的による類似商号の使用といえるものであり、会社法第8条の規定にもとづき、ただちに上記商号の使用を中止するよう請求いたします。

(以下略)

自社のものと類似した商号使用を知った際、使用差止を要求する際に送る

商号（しょうごう）
会社や個人事業者が、営業する際に用いる名称のこと

○ 自社の商号と営業の種類を明記する

○ 相手の商号と営業の種類、不正競争の意図が認められる根拠を明記する

委任状

各種の証書を作成する権限を、代理人に委任するための書類です。書式は決まっていませんが、専門家への委任状には厳格な基準があります。

送る場面 ➡ 株主総会の委任状（P142） ➡ 業界団体の推薦の委任状（P143）
➡ 業界団体の委任状（P143） ➡ 不動産登記申請の委任状（P144）

Point ▶ 委任事項は曖昧な記述を避け、なるべく具体的に書く
▶ 専門家に委任するときは指定の書式に則る
▶ 委任者は、必ず署名・捺印する

株主総会の委任状

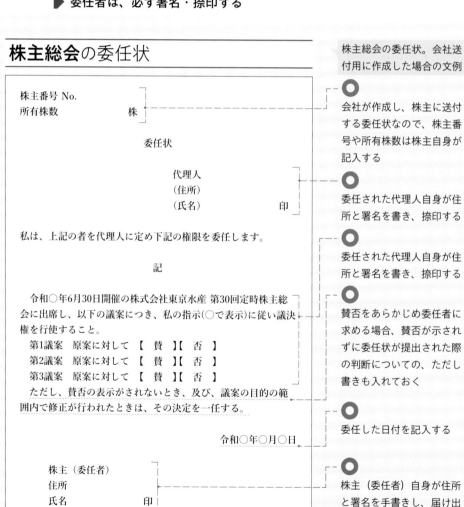

株主総会の委任状。会社送付用に作成した場合の文例

○ 会社が作成し、株主に送付する委任状なので、株主番号や所有株数は株主自身が記入する

○ 委任された代理人自身が住所と署名を書き、捺印する

○ 委任された代理人自身が住所と署名を書き、捺印する

○ 賛否をあらかじめ委任者に求める場合、賛否が示されずに委任状が提出された際の判断についての、ただし書きも入れておく

○ 委任した日付を記入する

○ 株主（委任者）自身が住所と署名を手書きし、届け出印を捺印する

株主番号 No.
所有株数　　　　株

　　　　　　委任状

　　　　　　　代理人
　　　　　　　（住所）

　　　　　　　（氏名）　　　　印

私は、上記の者を代理人に定め下記の権限を委任します。

　　　　　　　　記

　令和○年6月30日開催の株式会社東京水産 第30回定時株主総会に出席し、以下の議案につき、私の指示（○で表示）に従い議決権を行使すること。
　　第1議案　原案に対して　【　賛　】【　否　】
　　第2議案　原案に対して　【　賛　】【　否　】
　　第3議案　原案に対して　【　賛　】【　否　】
　ただし、賛否の表示がされないとき、及び、議案の目的の範囲内で修正が行われたときは、その決定を一任する。

　　　　　　　　　　　　　令和○年○月○日

　　　株主（委任者）
　　　住所
　　　氏名　　　　印

業界団体の推薦の委任状

業界団体の役員決めを欠席する場合の委任状の文例

一般社団法人○○
理事長○○様

委任状

令和○年○月○日

（代理人）
　　住所
　　氏名

　私は、上記の者を代理人として定め、令和○年○月○日開催予定の一般社団法人○○の理事会における、理事及び監事選任にかかる議決権行使権限を委任します。

本人（委任者）
　　住所
　　氏名　　　　　　　　　印

以上

委任

法的役割は、一方が法律行為を相手方に委託し、相手が承認して効力が生じる

+α
シャチハタ不可。内容的には認印で良いケースもあるが、実印を求められることも

⬤ 委任した日を記載する

+α
企業によっては代理の資格を株主などに限定していることも。事前の確認が必要

委任状

業界団体の委任状

業界団体の役員改選に際し、一切の権限を委任する場合の文例

委任状

委任者
会社
氏名　　　　印
生年月日
連絡先

（中略）
記

1. 氏名
2. 会社
3. 住所
4. 連絡先

（押印のうえ、6月20日（必着）までに下記住所へ郵送またはFAXで送付してください）

郵送先住所
　　郵便110-0006　東京都台東区秋葉原○―○
　　日本木工協会　平陽介宛
　　電話　03-0000-0000
　　FAX　03-1000-0000

以上

⬤ 委任者が署名と押印を行う欄

⬤ 委任者の責任において代理人の情報を書き込む欄

⬤ 郵送期限を明記する

不動産登記申請の委任状

委任状

代理人
東京都杉並区永福○−○
司法書士　石黒勝男

私は、上記の者を代理人と定め、下記の事項を委任します。

記

1. 登記の目的　所有権移転
2. 登記の対象建物
   所在　　　　杉並区大宮○−○
   家屋番号　　1番○−○
   種類　　　　居宅
   構造　　　　鉄骨造陸屋根2階建
   床面積　　　1階　○○平方メートル
   　　　　　　1階　○○平方メートル

令和○年10月2日

委任者
住所　東京都杉並区阿佐ヶ谷○−○
氏名　株式会社トラフィック
　　　代表取締役　朝比奈史郎　印

以上

不動産登記申請に際し、代理人に一切の権限を委任する場合の文例

代理人の住所・氏名を正確に記載する

📖 **登記**（とうき）
権利や義務を社会に向けて公示するため、登記簿に記載すること。不動産登記のほかに、法人登記、商業登記、債権譲渡登記など、さまざまな種類がある

○
物理的現況を記す。「物理的現況」とは、委託する不動産がどこに、どのような状態で存在しているかを示す情報のこと

不動産登記申請の委任状

委任状

代理人　　氏名　　　　　　　印
　　　　　住所　東京都世田谷区赤堤○丁目○番地○号

私は、上記の者を代理人と定め、下記の権限を委任する。

記

1. 当社の移転に伴う、登記申請の一切の件
1. 原本還付の請求及び受領の件

以上

令和○年11月10日

住所　東京都港区六本木○○丁目○番地○○号
商号　株式会社テック
氏名　代表取締役社長　西澤清彦　印

不動産登記申請に際し、代理人に一切権限を委任する際の委任状。原本還付の請求及び受領について明記する場合の例

○
本人に代わって手続きを行う代理人の氏名を明記する

↻ **「です・ます調」で記載する場合**
「私に係る下記事項について、上記の者を代理人と定め、権限を委任することをお届けします」

印象アップ間違いなし!

社外文書

[社交文書] の

書き方

・・・

挨拶や社交を目的として、社外宛に発信する文書です。
年賀状などの、季節の挨拶も含みます。
相手との関係を円滑にする意味で、マナーがとても
重要になりますので、形式をしっかりと押さえましょう。

社交文書の要点

社交文書は、日頃おつき合いのある取引先や顧客に向けて送る文書です。
儀礼的な意味合いに重きを置くため、形式を守ることがとりわけ大切です。

社交文書とは

　　時候の挨拶やお礼状など、業務を通じて日頃お世話になっている関係者にそのとき
どきの気持ちを伝えるのが社交文書です。相手に対する礼節を示し、コミュニケーシ
ョンを円滑にすることで、互いの関係を良好に保つことが一番の目的となります。

どのように書くべきか

1 礼儀正しく書く

　　社交文書は礼儀を尽くすことがすべて。相手を不快にさせる表現は厳に慎み、丁寧
に書くようにしましょう。忌み言葉にも十分注意するべきです。

2 相手の気持ちを思いやる

　　書状内容に合わせて型を選ぶことが第一歩ですが、それだけでは冷たい印象を与え
る可能性もあります。一定の形式を踏まえつつ、相手の気持ちに合わせた温もりのあ
る言葉を添えると好印象です。

3 適切なタイミングで書く

　　お祝い状や見舞い状は、時期を外すと効果が薄れるだけでなく、不誠実な印象を与
える場合さえあります。情報が入ったら、すぐに発信するのが基本です。

業務文書の主な目的

目的	概要
挨拶する	季節の節目や互いの状況が変化したときなどに送る文書 仕事上の季節の挨拶をする／お祝いする　など
気持ちを伝える	感謝やお見舞いの気持ちを表すための文書 お見舞いする　など
弔事の際に送る	こちらや関係先に不幸があったときに送る文書 お悔やみを述べる／社葬の案内をする　など
招待する	社交を目的とする式典やイベントに関係先を招待するときの文書 招待する　など

お祝いをする	相手に喜ばしいことがあった場合に送るお祝い状 支店開設・栄転・創立記念日・社長就任などのお祝いをする
紹介する	人物や新規取引先などを紹介する文書。推薦状も含まれる 取引先を紹介する／人物を推薦するなど
お礼をする	相手からお祝い状やお見舞いをいただいた際に送るお礼の 文書。仕事で依頼し、対応してもらった場合などにも お祝い事・人物紹介・資料送付・お中元やお歳暮・お見舞いなど へお礼をする

伝わる社交文書の手本

① 謹啓　薫風の候、貴社におかれましてはますますご隆昌のこととお慶び申し上げます。平素は格別のご厚情を賜り、厚く御礼申し上げます。

② 　さて、このたび三月十日開催の弊社定時株主総会および取締役会におきまして、下記の通り役員が選任され、それぞれ役職に就任いたしました。

　　つきましては、各々一層社業の発展に鋭意努力して参る所存ですので、何卒倍旧のご支援ご鞭撻を賜りますようお願い申し上げます。

③ 　まずは略儀ながら書中をもってご挨拶申し上げます。

⑦ 記

会長　田中 賢（前代表取締役社長）

代表取締役社長　田中 潤（前専務）

執行役員　古山ひろし（前エリアマネージャー）

謹白

④ 令和○年四月吉日

株式会社ユアホン
⑤ 代表取締役社長　田中潤

株式会社翠応社

代表取締役社長　鳥島幸太様

⑥ 取締役　専務　武井健

　取締役　常務　杉里代治

以上

---

① **前文**

頭語は「拝啓」のほか、特に挨拶状では「謹啓」も多く使われます。一字空けて時候の挨拶や挨拶文を続けます。

② **主文**

「さて」「このたび」などの起こし言葉で始め、すぐに用件に入るのが一般的です。

③ **末文**

「まずは略儀ながら〜」ほか、いくつか定型がありますので、そのまま流用しましょう（➡P.22参照）。

④ **日付**

日付は文書を発信する日を記載します。縦書きでは漢字を用います。

⑤ **発信者**

会社名、部署名（役職名）、発信者名の順に書きます。

⑥ **宛名**

受信先を会社名、部署名（役職名）、氏名の順に書きます。

⑦ **記書き**

詳細な情報は、用紙の中央に「記」と書いて、箇条書きにまとめると親切です。

社交文書の要点

ビジネス上の挨拶をする

会社や職場の状況に新たな変化が生じたとき、その状況を正式に通知するための書状です。
直接の訪問に代わる略式の挨拶であるという点に留意しましょう。

Point

▶ 礼節を重んじ、格調の高さを心がける

▶ 日頃の厚誼に対する感謝の気持ちを述べる

▶ 今後の抱負を述べて、意気込みを伝える

 ## 担当者変更の挨拶

各位

　　　　　　　担当者変更のご挨拶

拝啓　いつもお世話になっております。平素は格別の
ご厚誼を賜り、誠にありがとうございます。
　さて、私こと、社内の人事異動により桐生営業所勤
務となり、後任として東出重広が４月１日より貴社を
担当させていただくことになりました。
　新体制となり、弊社といたしましても皆様のニーズ
により良くお応えし、ますます社を発展させんとの意
気込みで前進する所存です。
　引き継ぎは責任をもって行いますので、今後とも変
わらぬお引き立てのほど、何卒よろしくお願い申し上
げます。

　　　　　　　　　　　　　　　　　　　敬具

　　　　　　　令和○年４月１日

　　　　　　　株式会社ヘルスケア
　　　　　　　　営業部　倉田花

略式の挨拶という印象を与えてしまう。頭語や慶賀の挨拶など、正式な前文の形をとったほうが良い

自社の宣伝や展望についての記述は、人事上の挨拶とは別の要素。意図が薄まるだけでなく、あまり品も良くない

取引先に対する挨拶は、本来なら訪問して直接口上を述べるべき。「本来は直接ご挨拶に伺うべきところ」「略儀ながら、書面にて」などの一文をどこかに入れるべき

件名：担当者変更のご挨拶

拝啓 時下ますますご清栄のこととお慶び申し上げます。
平素は格別のご厚誼を賜り、誠にありがとうございます。

さて、私こと、社内の人事異動により桐生営業所勤務となり、
後任として東出重広が4月1日より
貴社を担当させていただくことになりました。

本来は直接ご挨拶にお伺いすべきところ、
書面でのご連絡となり申し訳ございません。
後日改めまして、後任の東出からご連絡いたします。
責任をもって引き継ぎを行いますので、今後とも
変わらぬお引き立てのほど、よろしくお願いいたします。

まずは略儀ながら、担当者変更のご挨拶まで。

敬具

挨拶状の場合、メールであっても正式な文書と同様、慶賀や感謝の言葉はあったほうが良い

退職に伴う担当者変更の場合

「私事で恐縮ですが、〇月△日をもちまして退職することになりました。在任中は大変お世話になりました。心より感謝申し上げます。後任は、〇〇となりますので、〇月△日以降は、〇〇にご連絡ください」

● 担当者変更の挨拶

各位

担当者変更のご挨拶

拝啓　時下ますますご清栄のこととお慶び申し上げます。平素は格別のご厚誼を賜り、誠にありがとうございます。
　さて、私こと、社内の人事異動により桐生営業所勤務となり、後任として東出重広が4月1日より貴社を担当させていただくことになりました。
　本来は直接ご挨拶にお伺いすべきところ、書面でのご連絡となり申し訳ございません。
　後日改めまして、後任の東出からご連絡いたします。
　責任をもって引き継ぎを行いますので、今後とも変わらぬお引き立てのほど、よろしくお願いいたします。
　まずは略儀ながら、担当者変更のご挨拶まで。

敬具
令和〇年4月1日

株式会社ヘルスケア
営業部　倉田花

人事異動に伴う担当者変更の挨拶。新任の紹介と、これまでのご厚情への感謝を述べる

「時下」「皆様におかれましては」ではじまる挨拶は、各取引先へ一斉に送付する場合に便利

担当者が交代する理由を明確に述べる

昨今は書面（メール含む）で担当者交代をお知らせする場合もあるが、本来は直接ご挨拶に出向くべき。「そのことは重々承知のうえ、大変申し訳ありませんが」という一文を添える

担当者が変わることで相手に迷惑がかからないことを約束し、後任者への支援をお願いする

✉転勤の挨拶

転勤辞令を受けた際の挨拶状。取引先の担当者宛に送る場合の文例

件名：転勤のご挨拶

各位

平素は弊社格別のご厚誼を賜り、
誠にありがとうございます。
株式会社野間田運輸営業部 本田でございます。

さて、私こと、

11月1日付をもちまして
東海支部担当を命ぜられ、このほど着任いたしました。
関東支部在任中は公私にわたってご厚情を賜り、
心より御礼申し上げます。

今後は新任地におきまして微力ながら
気持ちを新たに業務に邁進する所存ですので、
いっそうのご指導、ご鞭撻を賜りますようお願い申し上げ
ます。

まずは略儀ながらメールにてご挨拶申し上げます。

📖 私 こと

「私儀」に同じ。自分自身のことについて述べる際に、へりくだって用いる。「私自身のことで大変恐縮ではございますが」という意味

○ 転勤先と着任の日付を明記する

○ これからの抱負を述べ、支援を願う

✉転勤の挨拶への返信

+α
上記のような挨拶状をいただいたことに対する返信の例。メールのやり取りでかまわない

件名：Re；転動のご挨拶

株式会社野間田運輸 東海支部 営業担当
本田哲夫様

平素は格別のご高配を賜り、厚く御礼申し上げます。
株式会社長谷川工業の川野辺でございます。

ご多忙のところ、異動のご連絡をいただきまして、
誠にありがとうございます。

本田様に弊社をご担当いただいたことで、
円滑な業務を遂行できたこと
改めて感謝申し上げます。

新しい部署におかれましても、
本田様のいっそうのご活躍をお祈りいたしております。

今後ともどうぞよろしくお願い申し上げます。

○ 転勤は引っ越しや引継ぎ作業を伴い、多忙を極めるもの。忙しいなかでの連絡に対する感謝の気遣いを忘れずに

✏ 「お仕事をご一緒させていただいた約○年間、大変お世話になりました」

○ 新しい職場での活躍を祈る一文で締める

社長就任・交代の挨拶

謹啓　薫風の候、貴社におかれましてはますますご隆昌のこととお慶び申し上げます。平素は格別のご厚情を賜り、厚く御礼申し上げます。

さて、私儀このたび株主総会および取締役会の決議により株式会社徳富開発代表取締役社長に選任され、五月一日付をもちまして就任いたしました。

つきましては、甚だ浅学菲才の身ではございますが、この重責をまっとうすべく誠心誠意、社業の発展に渾身の努力をいたす所存でございます。今後とも一層のご指導、ご鞭撻を賜りますよう衷心よりお願い申し上げます。

謹白

令和○年五月吉日

株式会社徳富開発
代表取締役社長　小林翔太

各位

役員就任の挨拶

謹啓　薫風の候、貴社におかれましてはますますご隆昌のこととお慶び申し上げます。平素は格別のご厚情を賜り、厚く御礼申し上げます。

さて、このたび四月二十日開催の弊社定時株主総会及び取締役会におきまして、下記のとおり役員が選任され、それぞれ役職に就任いたしました。

つきましては、各々一層社業の発展に鋭意努力して参る所存ですので、何卒倍旧のご支援ご鞭撻を賜りますようお願い申し上げます。

まずは略儀ながら書中をもってご挨拶申し上げます。

謹白

令和○年五月吉日

株式会社愛和資材

記

取締役　専務　堀口秀郎
取締役　常務　長田渉

以上

各位

社長が交代し、新たに就任する際の挨拶状。はがきでの連絡も多い

🔄 **前社長の退任にも触れる場合**

「弊社代表取締役○○の退任に伴い、先般開催の取締役会において〜」「弊社代表取締役○○○の逝去に伴いまして〜」

✏️ 「前社長の方針を受け継ぎつつ」

📖 **鞭撻**（べんたつ）
強く励ますこと

📖 **吉日**（きちじつ）
慶事の通知や挨拶状で、特定の日付にこだわらないときに用いる

役員就任の際の挨拶状。個人ではなく会社として、取引先の会社に対して送る場合の文例

✏️ 「社員一同、一層の業務向上に〜」「役員、社員、一丸となって〜」

⚪ 新たに就任した役員が複数いる場合は、箇条書きで別記すると読みやすい

+α

社長就任などのおめでたい案件の挨拶状は、形式を重んじたほうが良いため、縦書きも多く見受けられる。ただし、転勤や創立記念など、比較的フランクな連絡は、横書きやメール送信でもかまわない

ビジネス上の挨拶

支店長着任の挨拶

拝啓　時下ますますご繁栄の段、大慶に存じます。平素は格別のお引き立てを賜り、厚くお礼申し上げます。

さて、私こと、このたび森田久雄の後任として茨城支店長に着任いたしました。謹んでここにご報告申し上げます。

まだまだ不慣れな点もございますが、今後とも前任者同様格別のご厚誼を賜りますよう心よりお願い申し上げます。

まずは略儀ながら書中をもって新任のご挨拶申し上げます。

敬具

令和○年四月一日

株式会社博光興産

茨城支店長　水上奨

各位

支店長に就任したことを報告する挨拶状。これまでの感謝とこれからの抱負を伝える

「謹んで」の一語で謙虚な姿勢をみせる

「なにぶんにも身に余る重責ではございますが」「若輩者ではございますが」

今後の支援を願う言葉を添える

「あらためてご挨拶にお伺いいたしたく存じますが、まずは着任のご挨拶まで申し上げます」

創立記念の挨拶

拝啓　残暑の候、貴社におかれましてはますますご健勝のこととお慶び申し上げます。

平素は格別のお引き立てにあずかり厚く御礼申し上げます。

さて、弊社は、来る令和○年九月十日をもちまして、創立十周年を迎える運びとなりました。

これもひとえに皆様方のご支援とご指導の賜と、心より深謝いたしております。

これを機に、今一度創業の精神に立ちかえり、より一層深まるサービス向上に努めて参る所存です。

今後とも倍旧のお引き立てを賜りますようよろしくお願い申し上げます。

略儀ながら、まずは書中をもちましてご挨拶申し上げます。

敬具

令和○年八月吉日

株式会社ニュートラル

代表取締役　中村康夫

各位

自社の創立記念の挨拶状。創立十周年など、節目にあたる場合の文例

「おかげさまで弊社は令和○年九月十日、無事に創業十周年を迎えることとなりました」

「社員一同、気持ちを新たにし～」

「皆様の期待に添うべく努力をいたす～」

+α

記念品を同封する場合は、主文の最後に「十周年の感謝のしるしといたしまして、ささやかながら記念品を同封しましたのでご笑納ください」などと記す

新規開店の挨拶

拝啓　新涼の候、皆様いよいよご壮健の段、大慶に存じます。平素は格別のお引き立てを賜り、誠にありがとうございます。

　さて、このたび海の見えるボディケア＆カフェ「シーウインド」を神奈川県三浦市に□□□□する運びとなりました。これもひとえに皆様のご指導ご支援の賜物と感謝いたしております。ささやかな店ではございますが、都会に近いシーサイドに立地した癒しと寛ぎの空間を、一人でも多くの方々に心ゆくまで味わっていただきたく、誠心誠意励んで参る所存です。ぜひ皆さま、お誘い合わせのうえご来店賜りましたら幸いです。

　まずは略儀ながら、書中をもちまして開店のご挨拶を申し上げます。

敬具

記

・ボディケア＆カフェ「シーウインド」
・開店日時　令和○年7月18日（海の日）　11：00〜23：00
・住所　〒000-0000　神奈川県三浦市○○─○○
・電話　000─000─0000
・地図（別紙参照）

以上

支店開設の挨拶

拝啓　時下ますますご盛栄のこととお慶び申し上げます。日頃は格別のお引き立てをいただきまして、誠にありがとうございます。

　さて、このたび弊社では習志野市に新店舗の建設を進めておりましたが、このほど下記のとおり営業を開始することとなりました。これもひとえに皆様のご支援の賜物と社員一同深謝しております。

　今回の新店舗開設により、習志野市の皆様にはこれまで以上にご満足いただけるサービスができるものと確信しております。

　何卒、今後とも一層のご支援とご愛顧を賜りますよう心よりお願い申し上げます。

　まずは略儀ながら、書中をもちましてご挨拶とさせていただきます。

敬具

記

・店舗名称　スーパーキヨシ　習志野支店
・開店日時　令和○年3月4日　9：00〜21：00
・店長　馬場太一
・住所　〒000-0000　千葉県習志野市○○─○○
・TEL　00(0000)0000 / FAX　00(0000)0000
・地図（別紙参照）

以上

新規開店する場合の挨拶状。仕事関係だけでなく、近隣に配るものでもあるので、来店を望むひと言を

○ お店を開くことができたのも、多くの方々のおかげという謙虚な姿勢をみせることが大切

✎「従業員一同、皆様のご来店を心よりお待ち申し上げております」

○ 開店日時や住所などの必要事項を記書き（別記）にわかりやすくまとめる

支店開設のご挨拶状。これまでその地区に支社がなかったことを「ご不便をおかけしましたが」という表現で詫びる

○ 感謝の気持ちもしっかりと表すと、宣伝だけではないことが伝わる

○ 支店開設が、相手にもたらすメリットについて述べる

✎「これまで〇〇地区の皆様にはご不便をおかけしておりましたが、これにより少しでも解消させていただけましたら幸甚です」

○ 新規店舗についての詳細を記書き（別記）にまとめる

ビジネス上の挨拶

業務提携の挨拶

業務提携したことについての挨拶状。仕事関係者に伝えるための文書。提携でどんなメリットが生まれるかについて明記する

お客様　各位

拝啓　時下ますますご隆盛のこととお慶び申し上げます。
　平素はひとかたならぬご厚情を賜り誠にありがとうございます。
　さて、このたび弊社ではオランダの名門レコード会社フリップランド社と販売に関する業務提携をいたすこととなりました。これによって、弊社は、欧州ジャズ界の重鎮マリオ・ネフェルティティや気鋭のサックス奏者ミハル・レアーリなど、錚々たるカタログをそろえる同社の主力レーベル、FPRの国内独占販売が可能となり、日本における新たなマーケットが開拓できるものと確信する次第です。
　何卒弊社の今後の展開にご期待くださいますとともにさらなるご支援のほど、お願い申し上げます。
　まずは略儀ながら、業務提携のご挨拶を申し上げます。

敬具

令和○年4月吉日
合同会社アニバーサルレコード
最高経営責任者　上間典之

「今般の業務提携により」

提携会社の特色や、そことと業務提携することでどのような可能性が期待できるのか、簡潔に説明する

「皆様には改めて経過説明に伺いたいと存じますが、取り急ぎ業務提携のご挨拶まで申し上げます」

営業所閉鎖の挨拶

自社の営業所を閉鎖する際の挨拶状。これまでの厚誼に感謝し、不便をかけることへのお詫びを述べる

各位

拝啓　時下ますますご清栄のこととお慶び申し上げます。平素は格別のご厚誼を賜り厚く御礼申し上げます。
　さて、このたび弊社におきましては、社内体制見直しの一環として、奥多摩営業所を令和○年3月をもちまして閉鎖させていただくことになりました。これまで同営業所をご愛顧くださいました皆様には、深く感謝申し上げます。
　なお、閉鎖後の同支店の業務は立川西支店が万全のフォロー態勢で引き継ぐこととさせていただきます。皆様には、ご迷惑をおかけすることを深くお詫び申し上げるとともに、今後ともいっそうのご指導ご支援を賜りますよう、お願い申し上げます。
　略儀ではございますが、まずは書中をもちまして営業所閉鎖のお詫びとご挨拶を申し上げます。

敬具

令和○年2月29日
株式会社ワークサービス
代表取締役社長　布田耕司

閉鎖理由は詳しく述べなくて良い。ほかに「経営合理化のため」など

閉鎖後の業務はどこが引き継ぐのか、具体的な説明を述べる

閉鎖後しばらくはお客様が不便な思いをすることに対してお詫びする

新会社設立の挨拶

取引先候補に送る、新会社設立の挨拶状。何を業務とするのか、明記する

拝啓　時下ますますご清栄のことお慶び申し上げます。　平素は格別のお引き立てを賜り、厚く御礼申し上げます。

さて、この丸び私はスポーツ用品の通信販売を業とする合同会社WSMを下記のとおり設立いたしました。これも皆様のお引き立ての賜物と感謝いたしております。

未熟者ではありますが、皆様のご期待と励ましに応えるべく、日々精進する所存でございますので、今後とも一層のご指導、ご鞭撻を賜りますようお願い申し上げます。

略儀ながら書中をもちましてご挨拶申し上げます。

敬具

令和○年十一月一日　吉日

合同会社WSM
代表社員　渡辺雄太郎

記

一、合同会社WSM
二、所在地　〒000-0000　石川県金沢市○○○
二、電話　000-000-0000
三、メールアドレス　△△△123@××.jp

各位

以上

複数のメンバーて会社を立ち上げた場合

「私どもは」「私たち有志は」

独立して新会社を立ち上げた場合

「成長著しい○○部門を独立させて、下記のとおり新会社を設立いたしました」

「会社設立のご挨拶を申し上げます」

社名変更の挨拶

社名を変更する場合の挨拶状。理由については細かく述べなくても良い。一般論で十分

社名変更のご挨拶

拝啓　時下ますますご隆昌のこととお慶び申し上げます。　平素より格別のお引き立てを賜り、誠にありがとうございます。

さて、弊社は企業イメージの一新を図るべく、社名を変更することにいたしました。来る令和○年五月一日より「株式会社日本堂書店」を「株式会社ブックスジャパン」と改称させていただきます。

これを機に、社員一同新たな決意をもって鋭意努力して参る所存ですので、今後も倍旧のご愛顧を賜りますようよろしくお願いいたします。

甚だ略儀ながら書中をもちまして社名変更のご挨拶を申し上げます。

敬具

令和○年五月吉日

記

一、変更日　令和○年五月一日
二、新社名　株式会社ブックスジャパン（旧社名：株式会社日本堂書店）
三、本社住所
　〒000-0000　東京都町田市○○-○○○
　電話番号　000-000-0000
＊住所、電話番号等は変更ございません

以上

「創業○年を迎えるにあたり」「株式会社○○との業務提携を機に」「経営陣の刷新を機に」

年号を忘れずに、正式な日付を明記する

新たな気持ちで社業に励む決意を述べる

変更日と新社名を記書き（別記）でわかりやすく示す

社屋移転の挨拶

各位

本社移転のご挨拶

拝啓　時下ますますご清栄のこととお慶び申し上げます。平素は格別のお引き立てを賜り、厚く御礼申し上げます。
　さて、弊社では、かねてより準備をすすめて参りました本社の移転を完了し、5月1日より下記の新本社で営業を開始する運びとなりました。これもひとえに皆様のご支援の賜物と社員一同感謝申し上げる次第です。
　旧社屋は、手狭で駐車スペースのご用意も不十分など、皆様に多くのご不便をおかけしておりましたが、新社屋はオフィスも駐車場も広く、アクセスも便利になりました。これを機に多くの皆様に弊社とのご交誼を深めていただければ幸いです。
　まずは書中をもちましてご挨拶まで申し上げます。

敬具

令和○年4月14日

株式会社ウグイスエール
代表取締役社長　安西聡

記

・新住所：東京都府中市○○－○○
・電話番号：000-000-0000
　（地図は別紙）

以上

社屋が移転する際の挨拶状。相手にとってこれまでよりも便利になる点を伝える

⭕ 営業開始の日付は必ず明記する

✏️ 「交通の便も悪く皆様に多大なご不便をおかけしましたが、今般の移転で○○駅より徒歩○分の場所となり、いささかでも皆様にご迷惑をおかけせずに済むかと存じます」

⭕ 移転先の詳細は記書きにまとめる。別紙にして挨拶状に同封しても良い

店舗閉鎖の挨拶

拝啓　時下ますますご清栄のこととお慶び申し上げます。平素は格別のご芳情を賜り、厚く御礼申し上げます。
　さて、弊店は昭和30年の創業来、皆様のお引き立てにより営業を続けて参りましたが、諸般の事情を鑑みた結果十二月二十六日をもちまして廃業いたすこととなりました。これまでに賜りました数々のご厚情に、謹んで御礼申し上げます。
　まずは略儀ながら書中をもちましてご挨拶申し上げます。

敬具

令和○年十一月三十日

大江戸本舗
店主　川口悠馬

会社を廃業することになった際のご挨拶状。詳細にはふれず、これまでのご厚情に感謝の意を表する

🔁 **個人的な理由で廃業する場合**

「一身上の都合により」

🔁 **不景気による廃業の場合**

「不景気の折柄」「社会の情勢を鑑みた結果」

凡例 ⭕OK例（お手本） ❌NG例 ✏️書き換え例 🔁シチュエーション例 📖用語

転職の挨拶

転職に伴う退職に際しての挨拶状。新天地についても可能であればふれておく

拝啓　風薫る良い季節となりました。皆様におかれましてはますますご壮健のこととお慶び申し上げます。

　さて、私こと、5月1日をもちまして20年間勤めました株式会社ゼネラルカンパニーを円満退職いたし、5月15日付で株式会社スペシャルファームに入社いたしました。

　株式会社ゼネラルカンパニー在勤中は、公私ともに格別のご厚情を賜り、心より御礼申し上げます。

　新たに勤務します株式会社スペシャルファームは、これまでの経験を生かして営業の統括マネージメントを任せていただくこととなっており、責任の大きい仕事にこれまで以上に励む所存でございます。

　何卒、今後も変わらぬご指導ご鞭撻を賜りますようお願い申し上げます。

　略儀ながら書中をもちましてお礼かたがたご挨拶申し上げます。

敬具

令和○年5月吉日

山田誠

新勤務先
株式会社スペシャルファーム
〒000-0000　群馬県前橋市○○－○○
電話番号　000-000-0000

○ 「円満退職」とすれば前向きな退職という印象を与える。前の職場でトラブルがあった場合でも、そのことにはふれないほうが良い

○ お世話になった方々へ感謝の気持ちを表す

🔁 **前の勤務先とは職種が変わる場合**
「今後は、○○に従事する予定です。前職とは畑違いではございますが、新たな気持ちで取り組んで参る所存です」

退職の挨拶

退職の挨拶状。定年退職時の文例

拝啓　長雨の候、皆様におかれましてはますますご清祥のこととお慶び申し上げます。

　さて、私こと、このほど六月七日をもちまして青葉信用金庫を定年退職いたしました。

　昭和六〇年に入庫してから四〇年余りの長きにわたり無事務めを果たすことができましたのも、ひとえに皆様方の温情の賜物と、感謝申し上げる次第です。

　今後は、しばらく休養をとり、第二の人生に向けて充電したうえで、再就職をしたいと考えております。

　ゆっくり焦らず取り組んで参る所存ですので、今後とも末永くご交誼にあずかりますようお願いいたします。

　末筆ではございますが、皆様の今後のご健康とご多幸をお祈りいたしまして、略儀ながら書中をもってお礼かたがたご挨拶申し上げます。

敬具

令和○年六月十日

松田芳夫

📖 **長雨の候**（ながさめのこう）
6月の時候の挨拶

✏️ 「大過なく職責を果たせましたのも」

✏️ 「これからは、お世話になった方々へのご恩返しの気持ちも込めて、社会奉仕活動に携わって参りたいなどと考えております」

○ 今後の変わらぬおつき合いを願う

季節の挨拶をする

年賀や暑中見舞い、寒中見舞い、お中元、お歳暮など、季節の挨拶を通じて、ビジネスにおける人間関係を円滑にするための書状です。

送る場面 ➡年賀状（P159） ➡暑中見舞い（P160） ➡寒中見舞い（P160） ➡お中元（添え状）（P161）
➡お中元（先ぶれ）（P161） ➡お歳暮（添え状）（P162） ➡お歳暮（先ぶれ）（P162） ➡喪中欠礼（P163）

Point
▶ 礼儀正しさを重視し、自己宣伝や立ち入った用件は避ける
▶ 送るタイミングを外すと礼を欠くことになるので注意する
▶ 相手を気遣う言葉を添えると丁寧な印象を与える

✖ 年賀状

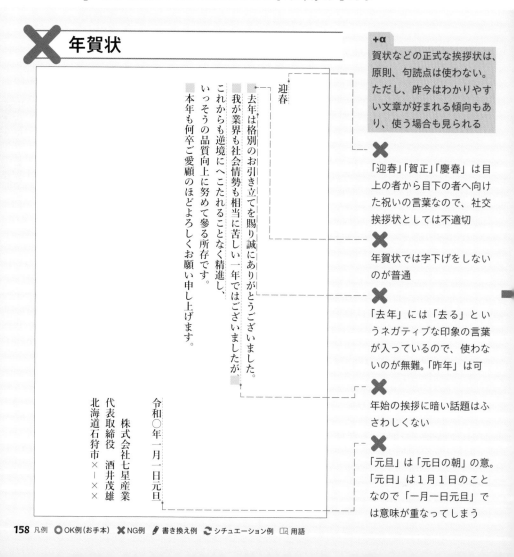

迎春

　去年は格別のお引き立てを賜り誠にありがとうございました。

　我が業界も社会情勢も相当に苦しい一年ではございましたが、これからも逆境にへこたれることなく精進し、いっそうの品質向上に努めて参る所存です。

　本年も何卒ご愛顧のほどよろしくお願い申し上げます。

令和○年一月一日元旦

株式会社七星産業
代表取締役　酒井茂雄
北海道石狩市×－×××

+α
賀状などの正式な挨拶状は、原則、句読点は使わない。ただし、昨今はわかりやすい文章が好まれる傾向もあり、使う場合も見られる

✖ 「迎春」「賀正」「慶春」は目上の者から目下の者へ向けた祝いの言葉なので、社交挨拶状としては不適切

✖ 年賀状では字下げをしないのが普通

✖ 「去年」には「去る」というネガティブな印象の言葉が入っているので、使わないのが無難。「昨年」は可

✖ 年始の挨拶に暗い話題はふさわしくない

✖ 「元旦」は「元日の朝」の意。「元日」は１月１日のことなので「一月一日元旦」では意味が重なってしまう

メールで送る場合

件名：新年のご挨拶

中島会計事務所
中島由介様

謹んで新年のお慶びを申し上げます

旧年中は格別のお引き立てを賜り
誠にありがとうございました。
これからも皆様のご期待に添うべく、今まで以上に精進し、
いっそうの品質向上に努めて参る所存です。
本年も何卒ご愛顧のほど
よろしくお願い申し上げます。

令和〇年正月

（以下略）

+α
昨今、仕事関係などはメールでの挨拶も少なくない。メールで送る場合、件名で年賀の挨拶だとわかるようにする

○
メールであっても年賀状同様、礼儀正しい文面にする

+α
横書きの場合、算用数字を使用する。文章をワープロソフトで作成した文章を横書きに流用する場合は、数字の書式に注意する

○ 年賀状

謹賀新年

旧年中は格別のお引き立てを賜り誠にありがとうございました　これからも皆様のご期待に添うべく　今まで以上に精進しいっそうの品質向上に努めて参る所存です

本年も何卒ご愛顧のほどよろしくお願い申し上げます

令和〇年元旦

株式会社七星産業
代表取締役　酒井茂雄
〒〇六一－〇〇〇〇
北海道石狩市×－×－××

取引先に新年の挨拶をする際の文書。代表取締役社長の名前で出す場合の文例

✎
「謹んで新年のお慶びを申し上げます」
「謹んで年頭のご祝詞を申し上げます」

○
日頃の感謝や、昨年の厚誼に対するお礼などを述べる

○
近況や抱負を述べる

✎
「本年も何卒倍旧のご支援を賜りますよう」

🔄 **年賀状が元旦に届かない場合**
「令和〇年正月」「令和〇年一月」

暑中見舞い

暑中お見舞い申し上げます
いつも格別のお引き立てにあずかり　誠にあり
がとうございます
連日の酷暑ですが　皆様にはご健勝のこととお
慶び申し上げます
今後共なお一層ご愛顧のほど　よろしくお願い
申し上げます

令和○年盛夏

〒四四四─○○○○愛知県岡崎市××─××
株式会社光工芸
代表取締役　志村正一郎

取引先に、暑中お見舞を送る際の文例。賀状よりシンプルな形でかまわない

🖊️ 「炎暑の折、皆様方には何卒ご自愛くださいませ」

🔄 **夏季休業の通知を兼ねる場合**
「さて、弊社では下記の予定で夏期休暇を実施させていただきますので、ご了承のほどよろしくお願い申し上げます。休業期間　【休業開始日付】～【休業終了日付】」

📖 **盛夏（せいか）**
夏の一番暑い盛りの意。「真夏」と同義だが、挨拶状では「盛夏」を用いる

寒中見舞い

寒中お見舞い申し上げます
平素は格別のご高配を賜り　厚く御礼申し上げます
寒い日が続きますが　貴社御一同様にはお変わりな
くお過ごしでしょうか
今後とも一層のご愛顧のほど　よろしくお願い申し
上げます
厳寒の折から　ご自愛のほどお祈り申し上げます

令和○年一月吉日

〒四四四─○○○○愛知県岡崎市××─××
株式会社光工芸
代表取締役　志村正一郎

取引先に、寒中お見舞を送る際の文例。賀状よりシンプルな形でかまわない

🖊️ 「つきましては、日頃のご芳情に謝意をしるしたく、心ばかりのお年賀の品をお届け申し上げます」

🖊️ 「寒さ厳しき折」「どうかくれぐれも」

+α
季節の挨拶状には、基本的に句読点は使わない。お中元お歳暮などの添え状や先ぶれには使って良い

お中元のご挨拶（添え状）

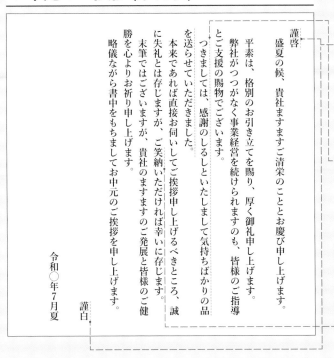

謹啓

盛夏の候、貴社ますますご清栄のこととお慶び申し上げます。

平素は、格別のお引き立てを賜り、厚く御礼申し上げます。弊社がつつがなく事業経営を続けられますのも、皆様のご指導とご支援の賜物でございます。

つきましては、感謝のしるしといたしまして気持ちばかりの品を送らせていただきました。

本来であれば直接お伺いしてご挨拶申し上げるべきところ、誠に失礼とは存じますが、ご笑納いただければ幸いに存じます。末筆ではございますが、貴社のますますのご発展と皆様のご健勝を心よりお祈り申し上げます。略儀ながら書中をもちましてお中元のご挨拶を申し上げます。

謹白

令和○年7月夏

取引先に、お中元を送る際の、添え状の文例。贈り物に同封する

🔍 **謹啓／謹白**（きんけい／きんぱく）

かしこまった言い方の頭語と結語。ビジネス文書では、正式な挨拶状（年賀状や取締役就任）のほか、お詫び状などによく使われる

✒ 「つきましては、日頃のご芳情に謝意をしるしたく、心ばかりのお中元の品をお届け申し上げます」

🔍 **笑納**（しょうのう）

贈り物をするときに、「つまらないものですが笑ってお納めください」という気持ちを込めた言葉

お中元のご挨拶（先ぶれ）

謹啓

　日ごとに暑さが厳しくなって参りましたが、貴社ますますご清栄のこととお慶び申し上げます。

　平素は、格別のお引き立てを賜り、心より御礼申し上げます。

　早速ではございますが、日頃のお礼までに心ばかりの品を、本日、別便にて お送りいたしました。

　本来であれば直接お伺いしてご挨拶申し上げるべきところ、誠に失礼とは存じますが、何卒ご受納いただければ幸いに存じます。

　末筆ではございますが、貴社のますますのご発展と皆さまのご健勝を心よりお祈り申し上げます。

　略儀ながら書中をもちましてお中元のご挨拶を申し上げます。

謹白

令和○年7月盛夏

取引先にお中元を送る際の挨拶状。特になまものなどの場合、先ぶれとして品物より先に届ける

 お中元の品を別便で手配した旨を、書面で先に知らせることを明記する

✒ 「○○百貨店より」「○○便（配送会社）にて」

✒ 「まずは、ご挨拶かたがたご通知まで」

✒ 「令和○年7月夏」「盛夏」なども、吉日（P.151）と同様、日付をぼかしたいときに使う

季節の挨拶をする

お歳暮のご挨拶（添え状）

歳末の候、貴社におかれましては益々ご隆盛のこととお慶び申し上げます。
平素は格別のご愛顧を賜りまして、厚く御礼申し上げます。
つきましては、日頃の感謝の気持ちを込めまして心ばかりのものを贈らせていただきます。
ぜひご笑納いただければ幸甚でございます。
皆様のますますのご発展をお祈りし、年末のご挨拶を申し上げます。

令和○年十二月

敬具

取引先にお歳暮をお送りする際のご挨拶状。贈り物に同封する

「歳末多忙の折」「今年も残るところ、あとわずかとなりましたが」

お中元の品にこの書状を添えて送る場合の表現

「今後とも変わらずお引き立てのほど、よろしくお願いいたします」

お歳暮のご挨拶（先ぶれ）

　歳晩の候、皆様におかれましては、ますますご発展のこととお慶び申し上げます。

　平素はひとかたならぬご厚情を賜り、厚くお礼申し上げます。おかげさまで本年もつつがなく業務を進展させることができました。これもひとえに皆様の格別のご支援ご鞭撻の賜ものと、心より感謝申し上げます。

　本日、こころばかりではございますが、ご挨拶の品を別便にてお送りいたしましたので、ご受納いただければ幸甚に存じます。

　末筆ながら、ご家族の皆さまが良き新年を迎えられますよう、お祈り申し上げます。
　略儀ながら書中にてご挨拶申し上げます。

敬具

取引先にお歳暮をお送りする際の挨拶状。品物に先んじた先ぶれの場合

「この一年、貴社には格別のお引き立てを賜り心より御礼申し上げます」

お歳暮の品を別便で手配した旨を、書状で先に知らせる場合の表現

「明年も変わらぬご愛顧を賜りますよう、何卒よろしくお願い申し上げます」「甚だ略儀ではございますが、書面にて一年のお礼を申し上げます」

喪中欠礼

喪中につき年末年始のご挨拶は失礼させていただきます

本年九月九日　父和弘儀　享年九十歳にて永眠いたしました

ここに　本年中に賜りましたご厚情に心から感謝申し上げます

明年も変わらぬご交誼のほど　よろしくお願い申し上げます

令和〇年十二月

喪中にあたり、年賀のご挨拶状を失礼させていただく際の文例

喪中はがきでは、行頭の1字は下げず、句読点も入れないのが一般的なマナー

誰がいつ亡くなったかを伝える

はがきを出す月を入れる

喪中欠礼(父母が亡くなった場合)

喪中につき新年のご挨拶をご遠慮申し上げます

二月に母　成子が享年八十九歳

十月に父　末吉が八十八歳にて永眠いたしました

これまで賜りましたご厚情に　故人になり代わりまして厚く御礼申し上げます

明年も変わらぬご厚誼を賜りますよう謹んでお願い申し上げます

令和〇年十二月

喪中で新年の挨拶状を失礼する際の文例。自分の父母が相次いで亡くなった場合

亡くなった順に名前と享年を述べる

「寒さ厳しき折柄皆様のご健勝をお祈り申し上げます」
「皆様には健やかな新年を迎えられますようお祈り申し上げます」

季節の挨拶をする

招待する

会社のイベントや式典などに来賓者を招待するときに送る文書です。わかりやすく、かつ、礼儀正しく書くことが大切です。

Point
▶ 日時や場所などの情報は箇条書きでわかりやすく
▶ 日程に余裕をもって発信する
▶ 出欠の連絡方法を明示する

 ゴルフコンペ(親睦会)への招待

令和○年4月15日

取引先各位

株式会社エコフレッシュ
代表取締役　隼田進

春のゴルフコンペのご案内

拝啓　春暖の候、皆様におかれましてはますますご健勝のこととお慶び申し上げます。平素は格別のご支援を賜り厚く御礼申し上げます。
　さて、このたび弊社では、下記のとおりゴルフ大会を開催することにいたしました。ご多忙とは存じますが、どうか皆様奮ってのご参加お願い申し上げます。
　なお、競技終了後、心ばかりではございますが成績発表を兼ねた懇親会を予定しております。賞品も多数ご用意させていただいておりますので、そちらへのご出席もよろしくお願い申し上げます。
　まずはゴルフ大会のご案内まで。

敬具

記

日時　　　令和○年5月10日（土）　午前8時集合／9時スタート
場所　　　横浜カントリーサイドクラブ
　　　　　神奈川県横浜市緑山区○―○
懇親会　　同日　同クラブ内レストランにて16時30分開始予定

以上

 唐突に「ゴルフ大会を開催します」などというと、有無を言わさず参加を要請している印象を与えてしまう

 時間の表記は12時間法（午前／午後）か24時間法か、どちらかに統一する

 開催場所の名称と住所だけでは不親切。別紙を同封して地図や電話番号などを知らせるか、参加者に追って詳細な案内を送るようにするべき

 出欠の確認方法についての記述がない。返信用はがきを同封していた場合は、そちらの利用を促すひと言を添える

件名：春のゴルフコンペのご案内

平素より大変お世話になっております。
さて、このたび弊社では、ささやかながら多年のご愛顧に報いるため、
下記のとおりゴルフ大会を開催することにいたしました。

（中略）

なお、競技終了後、心ばかりではございますが
成績発表を兼ねた懇親会を予定しております。
賞品も多数ご用意させていただいておりますので、
そちらへのご出席もよろしくお願い申し上げます。

まずはゴルフ大会のご案内まで。

敬具

記（中略）

誠におそれ入りますが、ご出欠につきましては、5月6日までに本メールへ
ご返信いただきたくお願い申し上げます。

以上

「ご多用中恐れ入りますが、
ぜひともご参加のほどよろ
しくお願い申し上げます」

出欠の連絡もメールでいた
だいたほうが簡潔

● ゴルフコンペ（親睦会）への招待

令和○年4月15日

取引先各位

株式会社エコフレッシュ
代表取締役　隼田進

ゴルフコンペのご案内

拝啓　春暖の候、皆様におかれましてはますますご健勝のこととお慶び
申し上げます。平素は格別のご支援を賜り厚く御礼申し上げます。
　さて、このたび弊社では、ささやかながら多年のご愛顧に報いるため、
下記のとおりゴルフ大会を開催することにいたしました。ご多忙とは存
じますが、ひとときお仕事を離れ、心ゆくまでリフレッシュしていただ
ければ幸いに存じます。どうか皆様奮ってのご参加お願い申し上げます。
　なお、競技終了後、心ばかりではございますが成績発表を兼ねた懇親
会を予定しております。賞品も多数ご用意させていただいておりますの
で、そちらへのご出席もよろしくお願い申し上げます。
　まずはゴルフ大会のご案内まで。

敬具

記

日時　　　　令和○年5月10日（土）　午前8時集合／9時スタート
場所　　　　横浜カントリーサイドクラブ
　　　　　　神奈川県横浜市緑山区○－○（別紙参照）
懇親会　　　同日　同クラブ内レストランにて午後4時30分開始予定

誠におそれ入りますが、5月6日までに同封の返信用はがきにてご出欠
をお知らせいただきたくお願い申し上げます。

以上

社内ゴルフコンペに取引先
を招く案内状。レクリエー
ションなので、楽しんでも
らえるように配慮する

イベント主旨を述べたうえ
で招待する

🔁 **定期的な行事として
開催する場合**

「恒例となりました弊社主
催の春のゴルフ大会を、今
年もまた下記のとおり開催
いたします」

参加予定者の関心を誘うよ
うな文章にする

イベントの詳細を箇条書き
で記書き（別記）にすると
わかりやすく、丁寧な印象
を与える。また、時間の表
記法も統一されている

最後に、出欠の申し出方に
ついて、書く

祝賀会への招待

各位
謹啓　立春のみぎり、貴社におかれましてはますますご隆昌の段、大慶に存じます。
平素は格別のお引き立てを賜り、心より御礼申し上げます。

　さて、かねてより会社設立の準備を進めておりましたが、おかげさまで株式会社スキャットを設立する運びとなりました。これも皆様のご支援の賜物と深く感謝いたしております。このうえは、皆様のご期待に添えますよう日々精進する所存でございますので、倍旧のご指導、ご鞭撻を賜りますようお願い申し上げます。

　つきましては、これまでご支援いただきました皆様をお招きしまして、以下のとおり小宴を催したく存じます。皆様方には、ご多忙中とは存じますが、何卒ご光臨の栄えを賜りますよう、謹んでお願い申し上げます。

　甚だ略儀ながら書中をもちまして、会社設立のご挨拶と祝宴のご案内を申し上げます。

敬白

令和○年2月吉日

株式会社スキャット
代表取締役社長　猫田豊平

記

・日時　　：令和○年2月29日（金）午後5時～7時
・場所　　：山ノ下ホテル　成龍の間
・電話番号：03(0000)0000
・担当　　：営業部　大塚絵美

なお、お手数ながら同封のはがきにて、2月15日までに出欠のご都合を担当までお知らせくださいますようお願い申し上げます。

以上

祝賀会への招待

件名:会社設立記念パーティーのご案内
添付：会場詳細

（省略）

貴社ますますご隆昌の段、大慶に存じます。

さて、かねてより会社設立の準備を鋭意進めておりましたが、
お陰様で下記のとおり株式会社スキャットを設立する運びとなりました。
これも皆様のご支援の賜物と心より感謝申し上げます。

（中略）

つきましては、ご支援いただきました皆様への感謝の意を表したく、
皆様をお招きして設立記念パーティーを開催したく存じます。
皆様にはご多忙中と存じますが、
何卒ご臨席いただけますようお願い申し上げます。

メールにておそれ入りますが、謹んでご案内申し上げます。

（以下略）

新会社設立記念パーティーへのご案内をする招待状の文例

「かねて皆様のご援助をいただき新会社設立の準備を進めてまいりましたが、おかげさまをもちまして、2月○日に創業発足の運びとなりました」

小宴（しょうえん）
自分たちが開く宴会を、へりくだっていう言葉

光臨（こうりん）
ご出席を敬った言い方

+α
文章を簡潔にまとめ、適度に行を空けるなど、パソコンやスマートフォンの画面でも読みやすいように工夫する

日時や会場までの地図などパーティー当日の詳細についてまとめた別紙を添付すると親切

略式であることを詫びる

新社屋への招待

謹啓　錦秋の候、貴社におかれましてはますますご隆昌の段、大慶に存じます。
平素は格別のお引き立てを賜り、厚くお礼申し上げます。
　さて、弊社ではかねてより新社屋を建設中でありましたが、おかげさまにてこのほど落成の運びとなりました。これもひとえに皆様のご愛顧のご支援と社員一同感謝しております。
　つきましては、新社屋のご披露とこれまでの感謝の意を申し上げたく、ささやかではありますが小社にて小宴を催したく存じます。ご多用中恐縮ではございますが、ご高来賜りますようお願い申し上げます。
　ますは略儀ながら、書中をもって新社屋落成のご挨拶かたがたご案内を申し上げます。

敬白
令和○年10月吉日

株式会社柴崎工業
代表取締役社長　柴崎ひろし

記

日時　：令和○年10月20日(金)午後16時～18時
場所　：株式会社柴崎工業新社屋
　　　　静岡県清水市○○○
新社屋　大ホール
※準備の関係がございますので、ご出欠を以下担当に10月10日までにお電話またはFAX
にてご連絡いただけますようお願いいたします。

担当　総務部　戸田雅子

電話　054-000-0000　/　FAX　054-000-0000

以上

✉ 新社屋への招待

件名:新社屋落成式のご案内

明豊工業株式会社
営業部長　日下直道様

貴社ますますご清栄のこととお慶び申し上げます。

さて、弊社では手狭となっておりました本社社屋の新築を進めておりましたが、
晴れて10月18日より新社屋での営業を開始いたしました。

つきましては、新社屋のご披露とこれまでの感謝の意を申し上げたく、
ささやかでありますが下記のとおり小宴を催したく存じます。
ご多用中恐縮ではございますが、
ご高来賜りますようお願い申し上げます。

誠におそれ入りますが、ご出欠を10月12日までに
メールにてご返信いただきますようお願いいたします。
（以下略）

新社屋落成披露のため、新社屋へ招待する際の文例。宴を設けておもてなしする

🔍 **錦秋**（きんしゅう）
10月の時候の挨拶に用いる頭語

🔄 **新社屋建設中、仮社屋で営業していた場合**
「仮社屋における執務中は何かとご不便をおかけしましたが、おかげさまにてこのほど新社屋が落成いたしました」

🔍 **高来**（こうらい）
他人を敬って、その来訪をいう言葉。通常、頭に「ご」をつけて使う

+α
落成式の詳細は別紙に箇条書きで簡潔にまとめ、添付するかアップロードする。「落成式の詳細は添付の別紙（下記URL）をご覧ください」

✏ 「つきましては、日頃よりご支援を賜っております貴社への感謝と今後のさらなるご厚誼をお願いして～」

⭕ 出欠のご連絡には、メールが簡便。集計もしやすく、相手に手間を強いることが少ない

祝賀パーティーへの招待

新規開店のお知らせ

拝啓　初秋の候、皆様におかれましてはますますご繁盛のこととお慶び申し上げます。

　さて、このたび兼ねてより準備いたしておりました「ＵＳＡスポーツクラブ　八王子」を10月15日にオープンする運びとなりました。これもひとえに皆様方のお力添えの賜と厚く御礼申し上げます。

　つきましては、正式オープン前に、平素からお世話になっております皆様に感謝の意を表し、オープニング祝賀パーティーを開催いたします。

　ご多用中おそれ入りますが、ぜひご出席くださいますようお願い申し上げます。

敬具

令和○年９月吉日

株式会社USA

代表取締役　宇佐美修二

記

（中略）

なお、お手数ではございますが、同封のはがきにご出席の有無をご記入のうえ、7月5日までにご返信賜りますようお願い申し上げます。

以上

支店の開店披露パーティーへ、取引先を招待する場合の招待状。新規開店を広め、足を運んでもらう機会を増やす目的

関係者へ日頃の支援に対し感謝の気持ちを述べる

「平素のご芳情を謝し、ささやかながら新店舗開店披露を兼ねて祝宴を張りたく存じます」

出欠の確認方法について明記する。郵送での返信を求める場合は、返信用はがきを忘れずに同封する

✉️ 送別会への招待

件名：株式会社富士電装 光岡氏の送別会のご案内

拝啓　時下ますますご壮健のこととお慶び申し上げます。

さて、すでにご承知とは存じますが、株式会社富山電装の光岡幸喜氏には、このたび富山本社の営業部長にご栄転になり、近く富山に戻られることになりました。

つきましては、氏の東京在勤５年間のご懇情に報いる一端として、下記のとおり送別会を開催したいと存じます。

ぜひ、お繰り合わせのうえ、ご出席くださいますよう、お願い申し上げます。

敬具

記

1．日時　７月12日午後６時から午後８時
2．会場　ニューラウンジホテル　青天楼

なお、お手数ではございますが、同封のはがきにご出席の有無をご記入のうえ、7月5日までにご返信賜りますようお願い申し上げます。

以上

取引先担当者の栄転に伴う送別会への招待状。社内外かかわらず、広く招待する場合の例

「氏の東京在勤5年間のご厚情に感謝し、今後のご活躍を期待して」

「ご多用中誠に恐縮ではございますが、ご出席くださいますようご案内申し上げます」

🔍 繰り合わせ

予定をやりくりするという意味。「万障お繰り合わせのうえ」「ご多忙の折とは存じておりますが」などのひと言を加える場合も

✉ 送別会招待への返信

件名：Re：送別会のご案内

拝復　光岡幸喜氏送別会につきまして、
ご案内状をいただき、
誠にありがとうございます。

せっかくお招きいただいたのに申し訳ございませんが、
当日は海外出張の予定が入っており、
出席が困難な状況でございます。
光岡氏の、さらなるご発展を心よりお祈り申し上げます。

敬具

出欠の返信はがきの書き方。
栄転祝いの招待を受け、欠
席する場合の例

 **欠席の理由を
ぼかしたい場合**

「やむを得ない事情がござ
いまして」

🖊
「欠席とさせていただきま
す」

招待状の返信はがき

出欠の返信はがきの書き方。
新規店舗の開店祝いの招待
を受け、出席する場合の例

招待する

+α
返信はがきにあらかじめ印
刷されている「御」の字は
すべて二重線で消す

⭕
「出席」のあとに自筆で「さ
せていただきます」と書き
記す

⭕
接頭語「御」は二重線で消
す。「ご芳名」の「芳」の
字も敬意を含んでいるので
消し、住所、氏名を書く

「お名前」の場合

「お名前」。接頭語「お」だ
けを消す

+α
空いているところに自筆の
メッセージを入れると好感
度が増す

御出席 させていただきます

御欠席
（どちらかを○でお囲みください）

御住所　千葉県木更津市○○―○○

御芳名　吉竹千代乃

このたびは、新規店舗の開店、誠におめでとうございます。
当日、お顔を拝見できるのを楽しみにしております。

お祝いする

相手に祝い事があったタイミングで、相手との関係をさらに良好なものにしたいときに送る社公文書です。

送る場面 ➡ 支店開設（P171） ➡ 栄転（書面／メール）（P176） ➡ 開業（P173）
➡ 創立記念日（書面／メール）（P174） ➡ 社長就任（P175） ➡ 取締役就任（P176）
➡ 新社屋落成（P176） ➡ 株式上場（P177） ➡ 受賞（P177）

Point
▶ 祝い事についての正式な知らせを受けたら、すぐに祝い状を送る
▶ 忌み言葉は使わないよう特に注意する
▶ 素直な喜びの言葉を伝え、今後への期待について述べる

 支店開設のお祝い

令和○年3月5日

株式会社グリーンライトＳＤ
代表取締役　種田辰徳様

株式会社塩沢製薬
代表取締役　金子英一

謹啓　時下　ますますご清栄のこととお慶び申し上げます。平素は格別のご高配を賜り厚く御礼申し上げます。
　さて、昨年暮れに、関東地区で新たな支店を5店舗開設された由、その節は丁重なご挨拶状をいただき、誠にありがとうございます。衷心からお祝い申し上げます。
　貴社の目を見張るご発展ぶりに感服するばかりにございます。これも貴社皆様が日頃よりご精励されている結果とお見受けしております。これからも業界のトップランナーの座から滑り落ちることなく、ますますご発展されるようお祈り申し上げます。

発信日が3月5日となっているので、昨年暮れの件に対してお祝い状を送るタイミングとしては遅すぎる。遅くとも通知を受けてから数日内にはお祝いの言葉を送るようにしたい

 衷心（ちゅうしん）
心から。真心の奥底。普通の会話ではあまり使われないが、ビジネス文書ではよく使われる

✖
励ますことを意図した文であっても、ビジネス関連の忌み言葉である「滑る」「落ちる」「崩れる」「倒れる」「終わる」「閉める」を使うのはNG。この場合なら「これからも業界のトップランナーの座に君臨されますよう」のように前向きな表現を用いる

メールで送る場合

件名：支店開設のお祝い／株式会社塩沢製薬

謹啓　時下　ますますご清栄のこととお慶び申し上げます。
このたびは関東地区で新たな支店を5店舗開設された由、丁重
なご挨拶状をいただき、誠にありがとうございます。衷心から
お祝い申し上げます。

貴社の目を見張るご発展ぶりに
感服するばかりでございます。
これも貴社皆様が日頃よりご精励されている結果と
お見受けしております。

弊社も貴社を良いお手本として、
日々努力して参る所存ですので、
今後ともご指導ご鞭撻のほどお願い申し上げます。

謹白

 支店開設のお祝い

令和○年4月5日

株式会社グリーンライトＳＤ
代表取締役　種田辰徳様

株式会社塩沢製薬
代表取締役　金子英一

　謹啓　時下ますますご清栄のこととお慶び申し上げま
す。平素は格別のご高配を賜り厚く御礼申し上げます。
　このたびは関東地区で新たな支店を5店舗開設された
由、丁重なご挨拶状をいただき、誠にありがとうござい
ます。衷心からお祝い申し上げます。
　貴社の目を見張るご発展ぶりに感服するばかりにござ
います。これも貴社皆様が日頃よりご精励されている結
果とお見受けしております。弊社も貴社を良いお手本と
して、日々努力して参る所存ですので、今後ともご指導
ご鞭撻のほどお願い申し上げます。

謹白

+α

お祝い品を別便で送る旨を
伝える場合は、先ぶれを兼
ねて、メールでお祝いの言
葉を送るのも良い。文末は
「なお、粗品ではございま
すが、お祝い品を別便にて
お送りいたしましたので、
ご笑納ください。まずは略
儀ながら、お祝いまで」と
結ぶ

「時宜を得た支店開設とお
見受けしており、今後のご
発展を大いにご期待申し上
げる次第です」

取引先の支店開設に対する
お祝い状。相手から報告を
受けて返信する場合の例

お祝いする

○
お祝い状は、相手からの挨
拶や報告を受けて発信する
場合がほとんどなので、そ
れに対するお礼の言葉も述
べる

○
相手を賞賛する言葉を加え
ると、お祝いにいっそう気
持ちがこもる

「弊社も刺激を受け、改め
て業務に精励して参る覚悟
をもったところです。今後
もますますご躍進を遂げら
れますよう心よりお祈り申
し上げます」「微力ながら
弊社もお役に立ちたいと考
えておりますので、今後と
もご指導ご鞭撻のほどお願
い申し上げます」

第4章　社外文書（社交文書）　**171**

栄転のお祝い

株式会社ウォッチマート
西野聡様

拝啓　春たけなわの季節となりましたが、貴台におかれましては、ますますご清祥のこととお慶び申し上げます。日頃は、格別のご芳情を賜りまして誠にありがとうございます。

　さて、このたび渋谷営業所長にご栄転されたとの由、心よりお祝い申し上げます。

　これもひとえに、貴台の平素のご努力と人望とが実を結び、このたびのご栄転につながったものと拝察いたしております。今後はいっそう、貴台のご手腕に期待するところ大でございます。

　まずは略儀ながら、書面をもちましてご栄転のお祝いを申し上げます。

敬具

令和○年4月5日

株式会社榊時計
営業部　藤岡浩紀

栄転のお祝い

件名：ご栄転のお祝い

株式会社ウォッチマート
西野聡様

拝啓　春たけなわの季節となりましたが、貴台におかれましては、ますますご清祥のこととお慶び申し上げます。
日頃は、格別のご芳情を賜りまして誠にありがとうございます。

このたび渋谷支店長にご栄転されたとの由、
心よりお祝い申し上げます。
これもひとえに、貴台の平素のご努力と人望とが実を結び、
このたびのご栄転につながったものと拝察いたしております。

今後は、さらに責任あるお立場に就かれ、
今まで以上にご多忙になられることと拝察いたします。
何卒ご健康にご留意の上、ご活躍くださいますよう、
お祈り申し上げます。

まずは略儀ながら、ご栄転のお祝いを申し上げます。

敬具

株式会社榊時計
営業部　藤岡浩紀

先方から栄転の連絡を受けた際のお祝い状。書状を送る場合の文例

丁寧な挨拶で相手を敬い、心から祝う気持ちを表す

貴台（きだい）
相手に対する尊称。「高台」「尊台」に同じ。相手が所有する家屋敷を指すことも。主に書面で使われる

「今後は弊社の御地担当の者がお世話になることと存じますが、何卒ご芳志のほどお願い申し上げます」

本来なら直接伺ってお祝いの向上を述べるべきところを、書面で申し上げることに対してお詫びの気持ちを込める

日付と署名を最後に記す場合の例。「後づけ」という

栄転の連絡を受けた際のお祝いメール。少しでも早くお祝いの言葉を伝えたいときの文例

お祝いの書状なので、たとえメールでも丁寧な挨拶を心がける

栄転や昇進は責任が増すことも意味するので、相手の健康を気遣う言葉をかけるのも良い

　凡例　●OK例（お手本）　✖NG例　✎書き換え例　↻シチュエーション例　📖用語

✖ 開業のお祝い

株式会社猪口
代表取締役社長　猿渡惟也様

　いつもお世話になっております。
　さて、新会社を設立されました由、心よりお祝い申し上げます。
　不況の逆風吹きすさぶ中でのご英断、余人には到底真似のできぬことと
感服いたした次第です。謹んで、新会社のご発展ならびに貴社のさらなる
ご躍進を祈念申し上げます。
　また、弊社といたしましては、貴社のご開業はまさに千載一遇のチャン
スと捉えております。ぜひ、貴社の勢いに乗じて弊社も飛躍を遂げたい所
存ですので、何卒ご配慮のうえ、よろしくお願い申し上げます。
　なお、別便にて、心ばかりのお祝いの品を送らせていただきましたので、
ご笑納賜れば幸いに存じます。
　まずは略儀ながら、書中をもってお祝い申し上げます。

令和○年3月吉日

株式会社ＴＫハウジング
代表取締役社長　居辺八朗

日頃のつき合いがあっても、開業のお祝いに用いる挨拶としてはやや軽い。頭語や季節の挨拶などの形式を踏まえたい

先行きの不安をあおるような表現は、お祝いにはＮＧ

✖

協力を願い出る域を超えて、自社の売り込みになってしまっている。あくまでも、相手を立てる気遣いが必要

● 開業のお祝い

株式会社猪口
代表取締役社長　猿渡惟也様

謹啓　いよいよ春爛漫の季節となり、ますますご清勝のこととお慶び申し
上げます。平素は格別のご愛顧を賜り深く感謝申し上げます。
　さて、新会社を設立されました由、心よりお祝い申し上げます。
　このたびのご開業はまさに時宜を得たご英断と、貴殿の商機への積極的
な姿勢に敬服いたす次第です。謹んで、新会社のご発展ならびに貴社のさ
らなるご躍進を祈念申し上げます。
　また、弊社でなにかお役に立つことがございましたら、ご遠慮なくお申
しつけください。
　なお、別便にて、心ばかりのお祝いの品を送らせていただきましたので、
ご笑納賜れば幸いに存じます。
　まずは略儀ながら、書中をもってお祝い申し上げます。

謹白

令和○年3月吉日

株式会社ＴＫハウジング
代表取締役社長　居辺八朗

開業に対するお祝い状（新会社設立）

●
お祝いなので、ひととおりの礼儀は必要。時候の挨拶や日頃の感謝について書く

🖊
「貴殿の積年の夢をかなえるご決断に、心より感服いたしております」

+α
贈り物より先に届くよう手配するため、メールを活用するのも良い

創立記念日のお祝い

令和○年 5 月10日

株式会社栄光堂
代表取締役　紺野啓二様

株式会社フジクラキヨシ
営業部　立木真奈美

拝啓 初夏の候、貴社ますますご隆昌のこととお慶び申し上げます。
平素は格別のお引き立てを賜り、厚く御礼申し上げます。
　さて、このたび貴社におかれましては、創立20周年を迎えられ、
誠におめでとうございます。
　御創立以来、着実に努力を積み重ねられ、今日のご発展、ご繁栄
をみられたことは、ひとえに紺野社長はじめ社員御一同の御努力の
賜物と拝察いたします。
　皆様のご努力に敬意を表すと共に、貴社の一層のご繁栄を心より
祈念申し上げます。
　まずは略儀ながら書中をもって、ご祝辞申し上げます。

敬具

創立記念日を迎えたことへ
のお祝い状。20年、50年
などの節目に、こちらから
先んじて送る場合の文例

**🔁 相手から記念祝賀会
の招待を受けた場合**

「また、記念のご祝宴にお
招きにあずかり、大変光栄
に存じます」

**🔁 祝賀会の招待を受け
ている場合**

「ご招待のお礼かたがたご
祝詞を申し上げます」「祝
賀会出席のお返事かたがた、
ご祝詞を申し上げます」

✉ 創立記念日のお祝い

件名：創立10周年おめでとうございます

株式会社栄光堂
代表取締役　紺野啓二様

平素よりお世話になっております。
株式会社フジクラキヨシ　営業部の立木でございます。

このたびは、貴社創立20周年、
誠におめでとうございます。

御創立以来、着実に努力を積み重ねられ、
今日のご発展、ご繁栄をみられたことは、
ひとえに紺野社長はじめ社員御一同の御努力の賜物と拝察いたします。
皆様のご努力に敬意を表すと共に、貴社の一層のご繁栄を
心より祈念申し上げます。

後日貴社に伺った際には改めてご挨拶をさせていただきますが、
まずは略儀ながらメールにてご祝辞申し上げます。

先方の創立10周年を祝う
メール。このあと、直接訪
問の予定がある場合の例

「○○様が独立を果たされ
て以来、貴社は止まること
なく発展を続けてこられま
した」

先方へ出向く予定が近々に
ある場合、また、訪問の頻
度が高い場合は、改めて挨
拶することを約束する

取り急ぎのお祝いメッセー
ジである旨を述べる

社長就任のお祝い

株式会社ライトミール
代表取締役社長　笹井茂子様

　謹啓　秋たけなわの候、ますますご繁栄のこととお慶び申し上げます。平素は
格別のご愛顧を賜り、心よりお礼申し上げます。
　さて、このたびは、代表取締役社長にご就任されました由、心よりお祝い申
し上げます。
　さかのぼれば10年前、笹井様が貴社の派閥争いに巻き込まれ、ご苦労なさっ
ている姿を他所ながら拝見していた者としても、このたびの社長ご就任の報に
は格別の思いをいたしました。
　現在、貴社と弊社で進めております事業計画につきましても、これでますま
す拍車がかかるものと期待しております。
　今後は、経営の最高責任者として重責を担われると存じますが、くれぐれも
ご自愛の上、一層のご活躍を心よりお祈り申し上げます。
　取り急ぎ、代表取締役社長ご就任のお祝いまで申し上げます。

謹白

令和○年10月12日
株式会社師岡物産
営業部　品田康樹

事実だとしても、他社の人
事に外部の者が立ち入って
発言することは許されない。
ましてや、お祝い状でネガ
ティブな話題にふれるのは
絶対にNG

✖
相手との共通の話題であっ
たとしても、お祝いと直接
の関係がない用件にはふれ
ないほうが良い

社長就任のお祝い

株式会社ライトミール
代表取締役社長　笹井茂子様

　謹啓　秋たけなわの候、ますますご繁栄のこととお慶び申し上げます。平素は
格別のご愛顧を賜り、心よりお礼申し上げます。
　さて、このたびは、代表取締役社長にご就任されました由、心よりお祝い申
し上げます。
　以前より専務取締役として、十分なご実績をおもちであり、そのご活躍には
日頃より感服いたしているところでございました。笹井様の社長ご就任により、
今後の貴社のさらなるご発展、ご躍進は、間違いないものと確信する次第です。
　貴社には、今後とも変わらぬご支援を賜りますよう、何卒お願い申し上げます。
　取り急ぎ、代表取締役社長ご就任のお祝いまで申し上げます。

謹白

令和○年10月12日
株式会社師岡物産
営業部　品田康樹

取引先の社長交代に際し、
新たに就任した人へ送るお
祝い状。ますますの発展を
祈る内容にする

〇
日頃の仕事ぶり、業界での
評判などを挙げて相手を称
える

〇
社長就任後の活躍を願う一
文を添えて祝賀ムードをさ
らに盛り上げる

「今後は、一層の重責を担
われると存じますが、くれ
ぐれもご自愛のうえ、ます
ますのご活躍を心よりお祈
り申し上げます」

取締役就任のお祝い

謹啓　陽春の候、貴殿におかれましてはますますご発展のこととお慶び申し上げます。

　平素は格別のご高配を賜り、厚く御礼申し上げます。

　さて、貴殿には、このたび専務取締役にご就任との由、謹んでお祝い申し上げます。

　これもひとえに貴殿の比類なきご精励ぶりと卓越した統率力あってのことと拝察いたします。

　貴殿が専務取締役という代表取締役社長をサポートする立場になられることは、弊社としても大変心強く思う次第です

　略儀ながら書中をもって専務取締役ご就任のお祝いを申し上げます。

敬白

令和○年4月吉日

株式会社ソフトランディング
代表取締役社長　江本仁

重井精機株式会社
専務取締役　正山六郎様

取引先の人事で、取締役に就任する人へ送るお祝い状。相手の功績を褒め称え、今後の支援を願う

○
昇進の根拠を推察する形で賞賛する

✐
「貴殿の豊富なご経験と卓越したご見識をもってすれば、必ずや貴社をさらなる繁栄へ向かわせるものと確信いたしております」

新社屋落成のお祝い

謹啓　桜花の候、時下ますますご壮健のこととお慶び申し上げます。日頃は格別のお引き立てを賜り、心より御礼申し上げます。

　このたびは、新社屋が落成されたとの由、誠におめでとうございます。念願の社屋の完成を果たされ、喜びもひとしおのことと存じます。

　これを好機とし、より一層のご繁栄を遂げられますよう心からお祈り申し上げます。

　都内に最新設備を備えたご立派な新社屋をお建てになられたのも、社員の皆様が一丸となって築きあげられました信頼と実績、そしてご精励の賜物と拝察いたします。

　御社のますますのご発展を祈念し、ささやかではございますが、記念の品をお贈りいたしました。ご笑納くださいませ。

　本来ならば直接伺い、ご祝賀を申し上げるべきところですが、何かとご多用の折、書面をもちましてお祝いのご挨拶とさせていただきます。

　甚だ略儀ではございますが、弊社員一同、心から祝辞を申し上げます。

敬白

令和○年4月1日

株式会社五條商事
代表取締役社長　崑忠明

日新鋼管株式会社
代表取締役社長　中洞啓男

新社屋落成に伴い送るお祝い状。お祝いの品を別送する場合の文例

🔁 落成記念披露宴の招待状が届いている場合
「謹啓」「拝啓」を「拝復」とする

○
社業のさらなる発展を祈る言葉を添える

📖 精励（せいれい）
仕事などに努め励むこと。頭に「ご」をつけて使う

🔁 落成記念披露宴に出席する場合
「ご案内いただきました落成記念披露宴には、必ず出席させていただく所存でございます」

株式上場のお祝い

株式上場に際し、送るお祝い状。東証プライム市場に上場した場合の文例

令和○年4月20日

株式会社トラハシカイガ
代表取締役社長　中森寅次様

株式会社ＫＬＦ
代表取締役　神博文

株式上場のお祝い

拝啓　春たけなわの季節となりましたが、貴社におかれましてはますますご繁栄のこととお喜び申し上げます。平素は格別のご厚誼を賜わり、厚くお礼申し上げます。
　さて、このたびの東京証券取引所プライム市場上場、誠におめでとうございます。
　これも、長年にわたる貴社ご一同様のご努力ご精進の賜物と感服いたしております。これを機に貴社が今後一層のご躍進を遂げられることをご祈念申し上げます。また、同じ業界に身を置く当社としては、ぜひとも貴社を目標に頑張りたいと存じます。
　まずは略儀ながら、書中をもってお祝い申し上げます。

敬具

報を受けてお祝い状を出す場合

「いただきました御状によりますと、貴社におかれましては、東京証券取引所プライム市場に上場されたとのこと〜」

「長年にわたる貴台の堅実な経営とたゆまぬ努力の賜物と感服しております」

感服 かんぷく
感心し、尊敬すること。「敬服」もほぼ同じ意味で用いられる

「これからもさらなるご発展ご躍進されますことをご期待申し上げます」

受賞のお祝い

取引先の商品が受賞した際に送るお祝い状

拝啓　このたびは、貴店発売の美菓「雪見サブレ」が全国銘菓展の焼き菓子部門において、金賞をお受けになられました由、拝承いたしました。誠におめでとうございます。
　永年にわたる伝統の継承と発展にご尽力されたことは、誠に大きな功績であり、またそれが今日認められたものと拝察いたします。関係者の皆様のお喜びも、ひとしおかと存じます。
　今後ともこれを契機として、ますますのご発展を心よりお祈り申し上げます。
　まずは取り急ぎ、ご祝詞申し上げます。

敬具

令和○年10月2日

株式会社ルモンド
代表取締役社長　土門武夫

有限会社鎌倉サブレ
代表取締役社長　小此木丈一様

美菓 びか
お菓子を敬っていう言葉。対義語は「粗菓」

受賞の知らせを受けたら、できるだけ早いタイミングでお祝いを述べる。ただし、誤報や勘違いだと気まずいので、事実確認は必要

拝承 はいしょう
聞くこと、承知することをへりくだっていう言葉

受賞するだけの理由があったことにふれ、その点を賞賛する

お見舞い

災害や事故など、先方に不慮の事態が生じた際に送るお見舞い状です。相手の状況に心を配りながら、励ましと気遣いが伝わる言葉を添えましょう。

送る場面 ➡地震のお見舞い(P179) ➡病気のお見舞い(P180) ➡火災のお見舞い(P181)
➡風水害のお見舞い(P181) ➡交通事故のお見舞い（先ぶれ）(P182)
➡けがのお見舞い(P182) ➡死亡事故のお見舞い(P183) ➡盗難のお見舞い(P183)

Point
▶ 礼節をわきまえた丁寧な言葉で見舞いの気持ちを伝える
▶ 相手は非常事態にあるため、挨拶文は省略する
▶ 忌み言葉の使用や被害状況の詳細を探るような内容は控える

 地震のお見舞い

令和○年5月11日

川崎精密工業株式会社
営業部
山田 智様

株式会社四井商事
石田直樹

拝啓　新緑の候、貴社ますますのご清祥のこととお喜び申し上げます。平素は格段のご厚情を賜り心よりお礼申し上げます。

本日の報道にて、貴地が地震に遭われたと知り、大変心配している次第です。

貴社ならびに社員の皆様のご状況はいかがでしょうか。至急のお願いではございますが、被害の詳細をお知らせくださいませ。

さて、5月20日に予定しておりました貴工場見学の件ですが、予定通りの日程でお伺いして問題はないでしょうか。変更をご希望であれば、ご一報いただけると幸甚に存じます。

まずは書中をもって、取り急ぎのお見舞いを申し上げます。

敬具

拝啓は使わない。急啓、あるいは前略を使用する

緊急事態なので時候の挨拶や日頃の感謝を伝える文は不要。すぐに本題に入ってかまわない

被災した相手の状況を慮り、連絡を求めるような相手の負担となる依頼は避ける

お見舞いだけの内容に留めておき、仕事に関する話題には触れない。どうしても至急の確認をしたい場合には、「大変なご状況のなか恐縮ですが」など、お詫びのひと言を添える

凡例 ●OK例(お手本) ✖NG例 ✎書き換え例 ↻シチュエーション例 🔲用語

件名：地震被害のお見舞い

川崎精密工業株式会社
営業部　山田 智様

先ほどの臨時ニュースで、貴地が地震に遭われたと知り、
急ぎお電話をいたしましたが、不通であったため
メールにてご連絡を申し上げました。
報道によると、貴地近辺にて建物倒壊や土砂崩れ等の
甚大な被害が発生しているとの由、弊社一同、大変心配いたしております。

（中略）

メールによるご連絡となり恐縮ではございますが、
取り急ぎ、お見舞いを申し上げます。

株式会社四井商事
石田直樹

● メールで送る場合も、緊急事態を受けて取り急ぎ送ったことを表すため、本題から入る

↺ **報道などで被害が少ないと知った場合**
「貴地近辺の被害は少ないとのことですが、皆様はご無事でしょうか」

● 地震のお見舞い

大きな地震に見舞われた地域にある会社への見舞い状。奇禍に見舞われた相手を気遣い、心から励ましたいときに送る

令和○年5月11日

川崎精密工業株式会社
営業部
山田 智様

株式会社四井商事
石田直樹

急啓　今朝の報道にて、貴地が大規模な地震に遭われ甚大な被害を受けられたと知り、弊社一同、大変驚いております。
　貴社ならびに社員の皆様はご無事でしょうか。お見舞いを申し上げるとともに、皆様のご無事を心より祈念いたしております。
　私どもにお力添えできることがございましたら、何なりとお申しつけくださいませ。微力ながら、精一杯尽力いたします。
　取り急ぎではございますが、書中をもってお見舞いを申し上げます。
　一日も早いご復旧を遂げられ、平穏な日常が戻りますことを心よりお祈り申し上げます。

草々

● 先方の社屋や従業員の安否を気遣う文章を忘れずに。被害状況を仔細に問うようなことはしない

● 援助が可能であるならば、その旨を申し出る

✎ 「この度の急難を乗り越えられ、貴社と社員の皆様が一日も早く元気を取り戻されることを祈念いたしております」

第4章　社外文書（社交文書）　**179**

病気のお見舞い

令和○年8月2日

株式会社モリモト林業
代表取締役　森本 茂様

シグマ重機株式会社
代表取締役　内村健二

急啓　貴社営業部部長の石岡様より、ご入院されているとの報せを承りました。突然のことで大変驚いております。
　その後の具合はいかがでございましょうか。日頃より仕事熱心の森本様のことですので、ご心労が募られたのではないかと拝察いたします。
　さて、急遽ではございますが、来週7日の午前中にお見舞いへとお伺いしたく存じます。
　最後になりますが、森本様のお早い全快を社員一同心からお祈り申し上げます。

草々

たとえお見舞い目的であろうと、先方の気持ちや状況を確認することなく、勝手に来院の日時を取り決めてはならない

お見舞い文に、「最後」「再び」「重ねて」のような忌み言葉の使用は厳禁

病気のお見舞い

令和○年8月2日

株式会社モリモト林業
代表取締役　森本 茂様

シグマ重機株式会社
代表取締役　内村健二

急啓　このたび、貴社の石岡様よりご入院されたとの報せを承りました。突然のことでしたので、驚き、深く憂慮いたしております。
　その後のご病状はいかがでしょうか。衷心よりお見舞い申し上げます。
　平素、ご強健な高山様ではございますが、貴社の先頭に立ち続けられる日々において、心身ともにさぞかし草臥れることがおありであったと拝察いたします。
　この上は、十分ご養生に努められ、一日も早くご快復に至られますことを心よりお祈り申し上げます。
　さっそくお見舞いに参りたいところではございますが、かえってご迷惑をおかけすることにもなりかねませんので、別便にてささやかながらお見舞いの品をお送りいたします。お納めいただければ幸甚に存じます。
　まずは書中をもちましてお見舞い申し上げます。

草々

取引先の担当者が体調を崩したと報せがあった場合の見舞い状の例。心配している気持ちを純粋に伝える目的で送る

「承りますれば、高山様のご入院中との由、謹んでお見舞い申し上げます」

相手の心情を推し量り、礼を尽くした言い回しで、同情の言葉を書き添える

「一日も早く、ご全快あそばされますよう」「一日も早い快復を願う所存でございます」

お見舞いを控える場合はその旨を記載する。後日、お見舞い品を送る予定であれば、相手の都合に配慮し、あらかじめその旨を伝えておく

火災のお見舞い

急啓　昨夕のニュースにて貴社の入居するビルが火災に遭われたと知りました。予期せぬ凶事に際し、皆様のご心痛はいかばかりかとお察しする次第です。

　謹んでお見舞いを申し上げますとともに、貴社が一日も早くご復旧されますことを心よりお祈りいたします。
　なお、僅少で恐縮ではございますが、お見舞い金として別途送金いたしますのでお納めくださいませ。

　その他、弊社でお力添えできることがございましたら喜んで応諾いたしますので、些細なご依頼でもお申しつけください。

　取り急ぎではございますが、まずは書面にてお見舞い申し上げます。

草々

取引先の会社が火事に見舞われた場合の見舞い状。被害の状況や原因などにはふれず、心からの同情の気持ちを伝える

先方に過失がある可能性も考えられるため、火災の原因についての言及はしない

Ｑ　僅少（きんしょう）

ほんの少しの意味

「心ばかり」「些少」

「貴社の復旧に微力ながらも協力したい所存でございますので」「私たちに可能な範囲での最大の努力を尽くしますので」

お見舞い

風水害のお見舞い

急啓　このたびは御地が台風19号の被害に遭われた由、心よりお見舞い申し上げます。

　被害が甚大であるとする報道が続いていることもあり、貴社屋と従業員の皆様、ならびに関係者の方々の身を案じている次第です。

　私どもとしましては、早期の復興を願うばかりであり、お役に立てることがございましたら、及ばずながらもお手伝いいたしたく存じますので、遠慮なくお申しつけくださいますようお願い申し上げます。
　取り急ぎではございますが、書中にてお見舞い申し上げます。
　なお、深刻なご状況のことと存じておりますので、お返事のお気遣いは不要でございます。

草々

台風になる被害が甚大であった場合の見舞い状

大規模災害の場合、通信手段がダウンしていることも。落ち着いた頃合いを見計らって、電報などを送付するのも良い

社員の家族や取引先といった関係者を、思いやる気持ちを伝えても好印象

大変な状況を慮り、返事が不要である旨を書き記しておく

交通事故のお見舞い

急啓　この度、交通事故に遭われたとの由、突然の事態に大変驚いております。

　その後の経過はいかがでしょうか。謹んでお見舞い申し上げます。

　貴社の田中様にお伺いしたところ、お仕事の復帰までにはお時間がかかるとのことでした。この上は、十分な治療を受けられ、一日も早くご回復なさいますことを心よりお祈りいたします。

　なお、すぐにでもお見舞いに馳せ参じたいところですが、お取り込み中のことと存じますので、心ばかりではございますがお見舞いのお品をお送り申し上げました。ご受納いただければ幸甚にございます。

　取り急ぎではございますが、書面をもってお見舞い申し上げます。

草々

交通事故に見舞われた人への見舞い状。相手が原因であった場合も鑑み、シチュエーションを詳細に問うことはしない

文中には、「謹んでお見舞い申し上げます」や「心よりお見舞い申し上げます」のひと言を添える

「落ち着いた頃合いには、お見舞いにお伺いしたく存じます」

「まずは書中にてお見舞い申し上げます」

+α
入院中の相手にプレッシャーをかけるような表現は避ける

けがのお見舞い

急啓　このたび、山岡様が作業中の事故によりけがをされたとのこと、心よりお見舞い申し上げます。

　幸いにもおけがの程度は軽いと伺っておりますため安堵しておりますが、今はどうか治療に専念の上、一日も早くご快癒されますことを心からお祈りしております。

　近日中にはお見舞いに伺いたく存じますが、まずはお見舞いの品を同封いたしました。気持ちばかりの品で恐縮ではございますが、お受け取りいただければ幸いです。

　取り急ぎではございますが、書中をもってお見舞い申し上げます。

　お返事のお気遣いには及びませんので、ご自愛くださいませ。

草々

軽い捻挫や突き指などの、軽微なけがへの見舞い状。お見舞いの品を同封した場合の文例

けがの程度が重かった場合

「重大なおけがで入院の必要があるとも伺っておりますため、弊社一同、大変心配しております」

文書とともにお見舞いの品を同封する場合は、その旨も書き記しておく

「心ばかりの」「ささやかな」など

死亡事故のお見舞い（先ぶれ）

急啓　過日発生した貴社工場のガス爆発事故により、従業員が亡くなられたとの一報を受け愕然としております。

　亡くなられた方へのご冥福をお祈りするとともに、ご遺族の皆様へ心からのお悔やみを申し上げます。

　常日頃より事故防止のための安全管理と社員教育を徹底しておられた貴社だけに、このたびの事態はご心痛の極みであると拝察いたします。

　復旧までの期間は、多大なるご心労がかさむことかと存じますが、どうかお力落としなきよう祈念申し上げます。

　些少で恐縮ではございますが、別便でお見舞い金を送付いたしましたので、私どもの微意をお汲み取りいただき、ご受納くださいますようお願い申し上げます。

　なお、お取り込み中のことと存じますのでお返事はお気遣いなくお願いします。

草々

仕事中に発生した事故で社員が亡くなった場合の見舞い状。お悔やみ状ともいう

相手の気持ちを察したうえで、心からの同情の言葉を添える。「ご心痛のほど、いかばかりかとお察しします」「筆舌（ひつぜつ）に尽くしがたいものであるとお察し申し上げます」

励ましの言葉はあまり大げさにならないよう、さりげない内容に留める

微意（びい）
「わずかながらの心遣い」の意

盗難のお見舞い

急啓　承りますれば、貴社北陸支店が盗難に遭われたとの由、謹んでお見舞い申し上げます。

　被害は軽微にて、従業員の皆様の身もご無事であったとはいえど、まったくのご災難であったと申し上げるほかございません。

　突然の事態にさぞ驚かれ、お力落としのことと察しておりますが、どうか屈することなく奮起されますことを心より祈念いたす次第です。

　僭越ながら、私どもでご協力できることがあれば可能なかぎりのお力添えをいたしますので、ご遠慮なくお申しつけください。

　取り急ぎではございますが、書中をもちましてお見舞い申し上げます。

草々

盗難に遭った相手への見舞い状。被害が軽微だった場合の文例

「大変、お気の毒に存じます」「貴社の抱かれる憤懣（ふんまん）はいかばかりかと拝察いたします」

「従業員の皆様のご尽力でこのたびの災難を乗り越えられますことを」

僭越（せんえつ）
差し出がましいこと。自分の行為を謙遜していう

紹介する

関係先から紹介の依頼を受けた場合のほか、紹介したい人がいる場合に書く文章です。
取引先や後任者など、紹介の対象はさまざまです。

送る場面 ➡取引先の紹介（P185）　➡販売会社の紹介（P186）　➡下請け企業の紹介（P187）
➡後任者の紹介（P187）

Point
▶ 紹介する理由や目的を明確に示す
▶ 紹介を受けた相手が、検討しやすい情報を集約する
▶ 基本的に、紹介状や推薦状は文書のみで送る

 取引先の紹介

令和○年10月20日

インパクト建築株式会社　御中

ウエストサイド開発株式会社
第一営業部本部長　小森ひかる

拝啓　仲秋の候、貴社いよいよご隆盛のこととお慶び申し上げ
ます。平素は格別のご高配を賜りまして誠にありがとうござい
ます。
　さてこのたびは、弊社の取引先である株式会社ホワイト空間
設計という3名の優れた一級建築士が在籍し、創業30年以上で実
績も豊富、業界での評価も高い横須賀市に本社を構える建築設
計事務所様で営業本部長を務めておられる須永誠様をご紹介し
たく存じまして、書状を差し上げた次第です。
　同氏は、大変信頼の置ける方です。
　ご面談いただけるのであれば、こちらから同社へその旨を伝
えておきますので、まずは面談の可否についてご連絡ください。
　取り急ぎではございますが、書面にてご紹介申し上げます。

敬具

宛名に会社名しか記載され
ていないので、どの部署の
誰に対して紹介するのかわ
からない

一文が長いと、読みづらい
のはもちろんのこと、相手
にストレスを与えかねない。
また、情報量が多くまとま
りがないと、内容を頭の中
で整理しづらくなる

なぜ、信頼が置けるのか、
具体的な理由が示されてい
ない

丁寧さや謙虚さが欠けてお
り、あまりにも強引な要求
になっている

件名：取引先のご紹介につきまして

インパクト建築株式会社
総務部長吉岡由美子　様

（中略）

さて、取引先をお探しとのこと、株式会社ホワイト空間設計様をご紹介したく、
ご連絡を差し上げました。
創業から30年ほどの同社の実績は、非常に高い評価を得ています。

会社概要や事業内容等につきましては、以下をご覧ください。
【株式会社ホワイト空間設計　公式企業サイト】
http://www.XXX.co.jp

ご多用中のことと存じますが、同社の営業本部長の須永誠氏との
ご面談の機会をいただけないでしょうか。
日程の調整等につきましては、私にお申しつけくださいませ。
取り急ぎではございますが、ご紹介とご面談のお願いをいたします。
ご検討の程、何卒宜しくお願い申し上げます。

ウエストサイド開発株式会社
第一営業部本部長　小森ひかる

○ メールで伝えきれない情報は、URLを明記し、公式企業サイトへ誘導する

↻ **直接のやり取りを依頼する場合**

「後日、改めて同氏よりご連絡を差し上げますので、ご面談の可否をお伝えくださいませ」

+α
社会的儀礼と文書の性質からして、原本を直接手交するのが原則だが、時流としてはメール送付もありうる

● 取引先の紹介

令和○年10月20日

インパクト建築株式会社
総務部長　吉岡由美子　様

ウエストサイド開発株式会社
第一営業部本部長　小森ひかる

拝啓　仲秋の候、貴社いよいよご隆盛のこととお慶び申し上げます。平素は格別のご高配を賜りまして誠にありがとうございます。

　さて突然で恐縮ですが、弊社の取引先である株式会社ホワイト空間設計の営業本部長 須永誠氏をご紹介申し上げます。

　横須賀市に本社を置く同社は、創業30年以上を数える建築設計事務所です。

　現在は3名の一級建築士が在籍しており、それぞれが手がけるデザイン性と機能性を両立させた建築物は、各賞の受賞実績も豊富であるなど業界で高い評価を得ています。

　営業本部長の須永氏は、かねがね貴社の評判を耳にされておられたようで、勝手ながら弊社との関わりを申し出たところ、商談を熱望されましたのでご紹介申し上げる次第です。

　また、同氏とは仕事上10数年のお付き合いがありますが、実直なお人柄で人望厚く、きわめて信頼できる方です。

　ご多用中とは存じますが、よろしくご引見賜りますようお願い申し上げます。

　まずは取り急ぎ、書面にてご紹介いたします。

敬具

建設業者に、業界での評価が高い建築設計事務所を紹介する際の文例

○ 基本的に紹介状は個人に宛てて送付する。所属部署や担当者名を記載する

○ 紹介する会社の規模や業績などは、なるべく具体的かつ簡潔に記載する

✎ 「同社はかねてより、自由度の高い設計に対応可能な建設業者を求めており、高い施工技術力を有する貴社こそ最適任と考えご紹介申し上げる次第です」

○ 自社との関係や担当者の人柄など、信頼の根拠となる事柄を書く

🔍 **引見（いんけん）**
高位の人が目下の人を招いて対面すること

販売会社の紹介

+α

人物や会社の紹介を目的とした文書では、見出しはつけないことが多い

株式会社YBMカンパニー
代表取締役社長
長谷川 巧様

有限会社ゴールデンブッシュ
代表取締役
金田清彦

拝啓　時下ますますご清祥のこととお慶び申し上げます。日頃よりご厚誼を賜り、厚く御礼申し上げます。
　さて、先日お目にかかった際に、販売店をお探しと伺ったので、株式会社ハロードリルの山本いつか氏をご紹介いたします。
　山本氏も、ぜひ貴社のお力になれればと張り切っております。
　まずは略儀ながら、書中をもってご紹介に代えさせていただきます。
敬具

なぜこの会社のこの担当者を紹介するのかの理由が書かれていない。紹介されても、判断材料がない

会社名と担当者の名前だけでは、先方はどのように話を進めたら良いのかわからない

販売会社の紹介

相手が販売会社（販売店）を探している場合の紹介状。実績を挙げて、紹介する理由とする

令和○年6月9日

株式会社YBMカンパニー
代表取締役社長
長谷川 巧様

有限会社ゴールデンブッシュ
代表取締役
金田清彦

拝啓　時下ますますご清祥のこととお慶び申し上げます。日頃よりご厚誼を賜り、厚く御礼申し上げます。
　さて、先日お目にかかった際に、販売店をお探しと伺ったので、株式会社ハロードリルの山本いつか氏をご紹介いたします。
　同社は長年、販売店として弊社ともお取引をさせていただいております。確かな実力をもつ、信頼できる会社です。
　山本氏も、ぜひ貴社のお力になれればと張り切っております。ご多忙の折とは存じながら、ぜひ一度、面談の機会をいただけましたら幸甚です。
　まずは略儀ながら、書中をもってご紹介に代えさせていただきます。
敬具

実際に取引があるため、自信をもって紹介できるし、先方も安心して話を進めることができる

一度面談の機会を設けたうえで話を進めようとしていることがわかる

+α

できれば、最初の面談時には紹介者も同席したい

下請け企業の紹介

下請け企業を紹介する場合の文例。自社と長年取引がある、業界内での評価が高いなどの理由が必要

令和○年4月9日

株式会社　長谷川テック
代表取締役社長　長谷川浩二様

株式会社香川テクノロジーカンパニー
代表取締役社長　笹川充彦

拝啓
　陽春の頃、貴社におかれましては、ますますご盛栄のこととお慶び申し上げます。平素より格段のご愛顧を賜り、厚く御礼申し上げます。
　さて、先日、技術の確かな業者を探しているとのことで、弊社と長年取引のある株式会社柳プレス加工ファクトリーをご紹介いたします。
　同社は50年の歴史を誇る会社で、技術面でも業界より高い評価を受けています。弊社もかねてから取引があり、トラブルなどは一度もございません。
　同社も、ぜひ貴社のお役に立ちたいと強く望んでおり、必ずやご期待に応えてくれるものと確信しております。
　近日中に社長の柳 守氏よりご引見のお申込みがあるかと存じます。何卒ご高配のほど、よろしくお願い申し上げます。

敬具

陽春の候 （ようしゅんのこう）
4月の時候の挨拶（➡P308）

◯
どこからどのような評価を受けているか伝えることで、紹介するだけの根拠を示す

✏
「納期も確実で信頼できる会社です」

紹介する

後任者の紹介

転勤や転職などに伴い、担当者が変更になる場合の文例。新担当の経験年数などを伝える

拝啓　貴社におかれましては、時下ますますご盛栄のことをお慶び申し上げます。毎々のひとかたならぬご厚誼に、厚く御礼を申し上げます。
　さて、本状持参のうえでご紹介いたす者は東條 毅と申します。前任の田中春樹より引継ぎ、今後貴社を担当させていただきますので、よろしくお願いいたします。
　東條はこれまで、関西のソリューション事業部にて5年の経験がございます。至らぬところもあるかと思いますが、田中同様、ご指導賜りますよう、何卒お願い申し上げます。

（以下略）

毎々 （まいまい）
いつも。たびたび

◯
紹介状をもたせることで、先方も安心する

🔄 経験が浅い場合
「まだまだ若輩者で、行き届かないこともあるかと存じますが～」

推薦する

自信をもって強く推したい人物や会社をおすすめするのが「推薦」です。「紹介」よりも責任が増すため、より具体的で説得力の高い文章を書く必要があります。

送る場面 → 人物の推薦 (P189)

Point
▶ 取引相手に推薦する人物や会社の情報と信用度を伝える
▶ 実績や人柄についての情報は、できるだけ具体的に書き記す
▶ 双方にとって良好な関係を築くための橋渡しが目的です

 ## 人物の推薦

令和○年1月20日

MUGENシステム株式会社
システム開発部部長
日村健二　様

株式会社ロックプラネット
石村崇

拝啓　大寒のみぎり、貴社いっそうご健勝のこととお慶び申し上げます。平素は格別のご厚誼にあずかり心より御礼申し上げます。
　さて、このたびは貴社のシステムエンジニアとして適任の人物が見つかりましたので、ご推薦申し上げます。
　当人は、これまで7年ほどプログラマーとしてシステム開発に携わっておりまして、システムエンジニアには最適な人物だと確信しております。
　かねてより、貴社がシステムエンジニアをお探しと承っておりましたので、ご推薦いたす次第です。
　つきましては、当人の経歴書を同封いたしましたので、お目通しいただき、ご面接の機会をいただけますと幸甚に存じます。
　略儀ながら書面にてご推薦申し上げます。

敬具

推薦する経緯がわからないうえに、唐突で差し出がましい印象を与えてしまいかねない。適任かどうかは相手が決めること

推薦する人物の人柄や能力についての具体的な情報が記載されておらず、推薦を受けた会社にとって判断材料にならない

適任だと思う理由も記載されていないため、求めるシステムエンジニア像に推薦するに足る人物であるかどうか、判断がつかない

件名：システムエンジニアの推薦を申し上げます

日頃より格別のご高配を賜り、誠にありがとうございます。
株式会社ロックプラネットの石村です。

さて、ご依頼いただきましたシステムエンジニア紹介の件ですが、
フリーランスエンジニアの笹川 望氏をご推薦申し上げたく、ご連絡を差し上げた次第です。

当人は、プログラミングに関する豊富な知識と
高い技術を備え、発想力や変化への対応力にも優れた人物です。
また、朗らかな性格でコミュニケーション能力が高く、
仕事に対して真摯に向き合う姿勢にも高い評価を得ています。

（中略）

詳しい経歴に関しましては、このメールにPDFを添付しましたので、
併せてご確認いただきたく存じます。

（省略）

内容が具体的に予測できる件名になっている

履歴書や経歴書を添付する場合は、PDFデータで送るのが一般的。また、相手の要請次第では、推薦状の原本も同じように添付する

人物の推薦

令和○年1月20日

MUGENシステム株式会社
研究開発部部長
日村健二　様

株式会社ロックプラネット
石村崇

拝啓　大寒のみぎり、貴社いっそうご健勝のこととお慶び申し上げます。平素は格別のご厚誼にあずかり心より御礼申し上げます。
　さて先ごろお話に上がりました、システムエンジニア紹介のご依頼につきまして、さっそく適任と思われる人物が見つかりましたのでご推薦申し上げます。
　当人は、5年ほど株式会社ASUNOに勤務し、プログラマーとしてPOSシステムの開発に携わり、弊社とも取引がありました。現在は求職中にございますが、プログラミングの知識や技術はもとより、発想力や変化への対応力、仕事に向き合う真摯な姿勢に対しても評価が高い人物です。また、朗らかな性格でコミュニケーション能力の高さも際立つなど、システムエンジニアに必要な資質を複数備えているため、必ずや貴社にて活躍できるものと確信しております。
　待遇その他につきましては詳しい希望を聞いておりませんが、経歴書を同封いたしましたのでお目通しくださいませ。ご多用中、おそれ入りますが、何卒ご引見賜りますようお願い申し上げます。
　まずは取り急ぎながら、書中にてご推薦申し上げます。

敬具

システム開発会社に、システムエンジニアを推薦する場合の文例。推薦する人物の人柄や能力を的確に伝える

推薦した経緯を述べる。「適任だ」などと断言はせず、あくまでも「適任の可能性が高い」という言い回しに止める

人物像については「現職・経歴・能力・人柄」などの項目を意識して書くと、推薦先に適任と判断した理由につなげやすい

+α
相手が検討しやすいよう、推薦する人物の経歴書や履歴書を同封すると良い

お礼をする

お祝いやお見舞いといった、相手の気遣いに感謝を伝えるために送付する文書です。丁寧に気持ちを伝えることで、より信頼関係が深まります。

送る場面
返礼として
⇒支店開設祝い（P191）　⇒新規取引先紹介（P192）　⇒開業祝い（P193）　⇒創立記念祝い（P193）
⇒社長就任祝い（P194）　⇒栄転（昇進）のお祝い（P194）　⇒新社屋落成祝い（P195）
⇒株式上場のお祝い（P195）　⇒受賞祝い（P196）　⇒資料送付（P196）　⇒お中元（P197）
⇒お歳暮（P197）　⇒面談（P198）　⇒火災のお見舞い（P198）　⇒入院のお見舞い（P199）　⇒会葬（P199）

Point
▶ お礼の必要が生じたら、迅速に作成する
▶ 何に対してのお礼か相手に伝わる内容を心がける
▶ お礼の対象によっては、抱負や決意も併せて伝える

 ## 支店開設祝いへのお礼

令和○年6月15日

株式会社太陽商事
代表取締役　桜井利仁　様

ムーン建設株式会社
影村浩二

拝啓　入梅の候、貴社ますますご健勝のこととお慶び申し上げます。平素より大変お世話になっております。
　さて、このたびは弊社北九州支店の開設に際しまして、早速ご丁寧なお祝辞を賜り誠にありがとうございました。
　これを機に、各店ともども業務に一層精進いたす所存でございますので、今後とも倍旧のお引立を承りますようお願い申し上げます。
　まずは略儀ながら書中にて御礼申し上げます。

敬具

✖ 所属部署や役職名が記載されていない

✖ 通りいっぺんの表現で、日頃の感謝を丁寧に伝えられていない。時候の挨拶を述べたからといって、日頃の感謝を伝える文を省略してはならない

✖ 一方的に抱負を述べるだけでなく、相手からの支援や協力にも感謝を伝える

件名：支店開設祝いの御礼

日頃は格別のご厚情をいただき心より感謝申し上げます。

本日は弊社世田谷支店の開設に際しまして早速のご祝詞を賜り、
誠にありがとうございました。

こうして支店開業できましたのも、
貴社ならびに社員の皆様方のお力添えによるものと
厚く感謝申し上げます。

このうえは、一層皆様のご期待にお応えできるよう、
さらなるサービスの向上を図る所存でございますので、
今後とも変わらぬご支援とご愛顧を賜りますよう
切にお願い申し上げます。

取り急ぎで恐縮ですが、まずはメールにて御礼申し上げます。

- お祝いをいただいた当日など、すぐにお礼を伝えたい場合などは、メールを送るのも良い。その際は、文末に「取り急ぎで恐縮ですが」などの一文を添える

- 書状と同じように、感謝と抱負をセットで述べる

+α
返礼品などがある場合は、後日お送りする旨をメールで伝えておくと良い

支店開設祝いへのお礼

令和○年6月15日

株式会社太陽商事
代表取締役　桜井利仁　様

ムーン建設株式会社
代表取締役　影村浩二

拝啓　炎夏の候、貴社におかれましては一層ご壮健のこととお慶び申し上げます。平素はひとかたならぬご高配を賜り厚く御礼申し上げます。
　さて、このたび弊社浜松支店開設に際しましては、ご丁寧なお祝辞を賜りましたこと誠にありがたく感謝申し上げます。
　かねてより切望しておりました、この地での支店開設に至れましたことは、ひとえに皆様方のご支援とご愛顧の賜物であると深く感謝しております。
　これからも、ご信頼にお応えできるよう誠心誠意の努力を尽くして参りますので、旧に倍するご指導ご鞭撻を賜りますよう何卒お願い申し上げます。
　まずは略儀ながら書中をもちましてお礼のご挨拶を申し上げます。

敬具

つきあいのある会社の、支店開設祝いに送る文例。日頃の感謝とこれからへの期待を述べる

🖊
「設立して日の浅い小社が支店を開設できましたのも」「何かと力不足の弊社が支店を開設できましたことは」

- 相手の支援に対する感謝を丁寧に伝える

🔍 **旧に倍する**
これまでよりも一層強くの意味。類語に「倍旧の」「さらなる」「ますますの」

新規取引先紹介へのお礼

令和○年11月11日

オオムラ工業株式会社
営業部主任　里中裕子　様

モリカワ設備株式会社
営業部　北野智史

拝啓　向寒の候、貴社ますますご繁栄のこととお慶び申し上げます。
平素は格別のご愛顧にあずかり厚く御礼申し上げます。
　さて、先般は新規取引先としてMAMORU警備保障株式会社の守田様をご紹介いただき誠にありがとうございました。

　今後も一層業務に邁進する所存ですので、変わらぬお引き立てを賜りますようお願い申し上げます。
　まずは略儀ながら、書中にて御礼申し上げます。

敬具

紹介を受けて、どのような経過や結果になったか述べられていない。紹介者は紹介後についても気にかけているはず。結果や今後の予定もなるべく詳しく伝えるようにする

+α
お礼をするための文書には、たとえ同じ相手に別の用件があったとしても、お礼以外のことは書かない。「ついで」に送った印象をもたれるようなことは避ける

 ## 新規取引先紹介へのお礼

令和○年11月11日

オオムラ工業株式会社
営業部主任　里中裕子　様

モリカワ設備株式会社
営業部　北野智史

拝啓　師走の候、貴社ますますご隆昌のこととお慶び申し上げます。
平素はひとかたならぬご懇情をいただき深く感謝申し上げます。
　さて、このたびはMAMORU警備保証株式会社の守田様をご紹介いただきまして誠にありがとうございました。
　守田様には11月30日にご面談のお時間をいただき、おかげさまをもちまして来年1月より新たにお取引をさせていただく運びとなりました。
　これもひとえに貴社が培われてこられた信用と里中様のご尽力あってのものと、心より感謝申し上げる次第です。
　このうえは、貴社のご期待に添えるよう業務にさらなる奮励努力を尽くす覚悟でございます。
　今後とも変わらぬご厚誼を賜りますようお願い申し上げます。
　近日中に改めてお伺いする所存ですが、まずは略儀ながら書中をもちましてご報告と御礼を申し上げます。

敬具

新規の取引先を紹介してもらったことに対するお礼状。取引が成立した場合の文例

まずは紹介してもらったことへの感謝を述べる

紹介者も先方に対してお礼を伝えるはずなので、お礼状は結果が出たら速やかに送付する。「誰といつ面談をし、結果はどうなったか」の報告を忘れずに

「賜りましたご恩顧に報いるべく、より一層の鋭意努力を重ねる所存です」

開業祝いへのお礼

拝啓　時下ますますご清祥のこととお慶び申し上げます。日頃より格別のご厚誼にあずかり誠にありがとうございます。

　さて、このたびは当店の開業に際して、さっそくのお祝詞ならびに結構な品を賜りましたこと深く御礼申し上げます。

　開業に至るまでには多難もございましたが、ここまで辿り着けましたのは、ひとえに皆様方の心強いご支援とご協力のおかげと感謝いたしております。

　今後も従業員一同、力を合わせて日々の営業に邁進する所存でございますので、何卒ご愛顧のほどよろしくお願い申し上げます。

　略儀ながら、書中にて御礼を申し上げます。

敬具

創立記念祝いへのお礼

拝啓　木枯らしが身にしみる頃、貴社におかれましてはますますご発展の由、慶賀の至りと存じます。平素は特段のお心配りをいただき誠にありがとうございます。

　さて、過日は弊社創立30周年にあたりまして、温かな激励のご祝辞とともに過分なご厚志まで頂戴いたしましたこと心より御礼申し上げます。

　これを機に、ますますのご期待に添うべく全社を挙げて精励恪勤いたす所存です。何卒、皆様方の変わらぬ支援とご鞭撻を賜りますようお願い申し上げます。

　略儀ではございますが、書状をもちまして御礼申し上げます。

敬具

開業祝いをいただいた際のお礼状。これからの抱負を述べて締めくくる

相手の支援や協力によって、開業にこぎ着けられた旨を謙虚に伝える

開業後の様子を簡単に加筆するのも良い

「おかげさまで、開業当日から忙しない日々が続いております。引き続き、ご愛顧いただけますと幸甚です」

自社の創立記念祝いに祝辞と厚志を受けたことへのお礼状。30周年という節目にあたる年なので、式典などを開催したのであれば、それについてもふれる

創立記念式典への出席を感謝する場合

「ご多用中のところ、弊社創立30周年記念式典へのご臨席を賜り～」

ご厚志（こうし）

「思いやり」の意。丁寧語の「ご」をつけていることから、より丁寧な親切という意味をもつ。お祝いの品や金銭を指すことも

決意表明とともに、今後も引き続きの親交を願う気持ちを表す一文を添える

恪勤（かっきん）

まじめに勤め、一生懸命働くこと

社長就任祝いへのお礼

拝啓　桜花の候、貴社におかれましてはますますご健勝のこととお慶び申し上げます。平素は格別のご芳志を賜り厚く御礼申し上げます。
　　さて、このたび　　　　　　　　　　　　　私儀
弊社代表取締役就任に際しましては、早速ご丁寧なるご祝詞をいただきまして誠にありがとうございました。
　　はなはだ若輩者ではございますが、皆様より賜りました激励のお言葉を励みに、より一層、社業に邁進いたす所存でございます。何卒今後とも倍旧のご支援、ご鞭撻を賜りますようお願い申し上げます。
　　略儀ながら、まずは御礼かたがたご挨拶を申し上げます。

敬具

社長就任に際し、祝辞をいただいたことに対する感謝の文例。謙虚な態度で今後の抱負を述べる

私事を意味する「私儀」は、表記を小さくしたり行末を下げて記述したりすると、謙遜する態度が伝わり印象が良くなる

「なにぶん浅学寡聞の身ではございますが」

+α
お礼を間髪入れずに伝えたい場合、メール文も有効

栄転(昇進)のお祝いへのお礼

拝啓　時下ますますご隆昌のこととお慶び申し上げます。平素は多大なご厚誼にあずかり深く感謝いたしております。
　　さて、このたびの転任に際しましては、ご芳情あふれる激励のお言葉や過分なご餞別まで頂戴し、誠にありがとうございました。前任地にて賜ったご厚情を含め、心より御礼申し上げます。
　　おかげさまで4月1日（金）をもちまして、名古屋支店長に着任いたしました。不慣れな土地ゆえに幾分かの戸惑いこそありますが、今後は支店長としての重責を果たすべく、一意専心、職務に精励いたす所存でございます。
　　皆様にはより一層のご指導、ご鞭撻のほどよろしくお願い申し上げます。
　　略儀ではございますが、書中にて御礼申し上げます。

敬具

栄転のお祝いへのお礼。これまでの厚誼への感謝はもちろん、着任日や新任地など、必要であると思われる情報を伝える

「身に余る」「心づくしの」

前任地でお世話になったお礼を改めて伝える

正式な着任日と新任地を記載する

「かくなるうえは、誠心誠意をもって職務をまっとうする覚悟でございます」

新社屋落成祝いへのお礼

拝啓　薫風の候、貴社ますますご清栄のこととお慶び申し上げます。毎度ひとかたならぬご厚情にあずかり誠にありがとうございます。

　さて、先般はご多忙中のなか弊社の新社屋落成式にご列席くださり、あたたかな祝詞と過分なるご厚志を賜りましたこと厚く御礼申し上げます。

　ご来場賜りながら、当日は諸事不行届きの点もあったかと存じますが何卒ご容赦いただけますと幸いでございます。

　新社屋への移転ならびに営業開始を来月1日に控え、社員一同ますます士気を高めている様子がうかがえます。これもひとえに皆様方のお力添えによる賜物と深く感謝申し上げる次第です。

　これを機に社をあげて一層精進いたしますので、変わらぬご支援、ご鞭撻のほどお願い申し上げます。

　略儀ながら、書中にて御礼を申し上げます。

敬具

自社の新社屋落成へのお祝いをいただいた場合のお礼状。今後の抱負を述べる

 祝詞のみをいただいた場合

「弊社の新社屋落成に際して〜」

特別な不手際や対応不足がなかったとしても、参列した相手からすれば不満や失礼に感じた場面があったかもしれない。念のため陳謝する一文を添えておく

お礼をする

株式上場のお祝いへのお礼

拝啓　時下ますますご清栄のこととお慶び申し上げます。平素は格別のご愛顧をいただき深く感謝いたしております。

　さて、このたびは弊社の東京証券取引所グロース市場公開に際し、早速ご丁寧なご祝辞と身に余るお祝い品をいただきまして誠にありがとうございました。

　設立当初からの悲願であった上場を達成できましたのも、皆様方から賜る日頃のご指導、ご鞭撻の結晶であると心からありがたく御礼申し上げる次第です。

　このうえは、一企業としてのみならず公器としての責任も担うべく、一層精励いたす所存にございます。今後とも、何卒旧に倍するご厚情のほどお願い申し上げます。

　略儀ながら、書中にて御礼を申し上げます。

敬具

株式上場のお祝いへの返礼。日頃の感謝を謙虚な姿勢で述べる

上場できたのも、取引先や関係者のおかげであると感謝を述べる

🔍 **公器**（こうき）

公共のための存在を意味する。株式の市場公開により、会社は社会による共同所有の形式になることから

受賞祝いへのお礼

謹啓　寒気厳しい折、貴社ますますご繁盛の由、慶賀の至に存じます。日頃は過分のご高配を賜りまして心より御礼申し上げます。
　さて、このたび弊社商品「Banana Watch」の「20XX年度ベストデザイン賞」最優秀賞受賞に際し、早速心づくしのご祝詞を賜り誠にありがとうございます。
　この栄誉は、ひとえに皆様方のご支援、ご鞭撻の賜物と深く感謝いたします。
　今後もますます技術面の充実研鑽に注力し、皆様方のご期待にお応えいたす所存でございますので、何卒末長いご厚誼のほどお願い申し上げます。
　略儀ながら、取り急ぎの御礼を申し上げます。

敬具

受賞祝いへの返礼。自社の商品がどのような賞を受けたのか改めて伝え、今後の抱負も述べる

何の商品やサービスが、どのような賞を受賞したか正確に記載する

「今後もさらなる品質向上を追求し〜」

資料送付のお礼

拝啓　時下ますますご清祥のこととお慶び申し上げます。平素は格別のお引き立てを賜り誠にありがとうございます。
　さて、ご多忙中にもかかわらず、先般お願いいたしました新規プロジェクトに関する資料をご送付いただきましたこと心より感謝申し上げます。
　早速拝見したところ、当プロジェクトの内容と貴社がかける意気込みがつぶさに伝わる内容であり、弊社としても前向きに協力を検討させていただいている次第です。
　まずは取り急ぎながら、書中にて御礼と拝受のご報告を申し上げます。

敬具

お願いしていた資料を送付してくれたことに対するお礼状。相手の時間をいただき、手間を取らせてしまったことへのお詫びと、感謝の意を伝える

忙しい時間を割いて送付してくれた相手に対し、感謝の気持ちを伝える

資料の内容についての感想や、送付を受けてどのように対応や活用するかを簡単に述べると印象が良い

お中元のお礼

拝啓　盛夏の候、貴社におかれましては一層ご健勝のこととお慶び申し上げます。平素は何かとご芳志いただき厚く御礼申し上げます。
　さて、このたびはお心のこもったお中元のお品をご恵贈いただき誠にありがとうございます。さっそく営業部一同で賞味いたしました。毎度ながらのあたたかいお心遣いに改めて御礼申し上げます。
　厳しい暑さが続く折、皆様方におかれましてはくれぐれもご自愛くださいませ。
　略儀ながら、書状をもちまして暑中見舞いかたがた御礼申し上げます。

敬具

会社宛てに、お中元の品を送っていただいたことへのお礼状。社員（あるいは課員、部員）全員の様子と感謝を伝える

📖 恵贈 (けいぞう)
いただいた贈り物に対して、敬っていう言葉。「ご恵贈にあずかり」などと使う

✏️
「日頃より私どものほうこそご厚誼を賜っておりながら、加えてこのようなお心遣いをいただき大変恐縮する次第でございます」

お礼をする

お歳暮のお礼

拝啓　師走の候、貴社ますますご壮健のこととお慶び申し上げます。日頃よりひとかたならぬご厚誼を賜り深く感謝申し上げます。
　さて、このたびは大変結構なお歳暮の品を頂戴しましたこと厚く御礼申し上げます。年の瀬も迫り、慌ただしさが増す一方ですが、社員一同おいしく頂戴し、ささやかな息抜きができたようです。
　今後とも変わらぬご厚誼のお願いとともに、来る年の皆様のご健勝とご多幸を心より祈念いたしております。
　略儀ながら、書中にて御礼申し上げます。

敬具

お歳暮の品へのお礼状。年末の忙しい時期の心配りに、感謝の意を述べる

⭕ 堅苦しい文章に終始せず、いただいた際の社員の様子や味の感想をさりげなく伝えるのも良い

⭕ お歳暮のお礼には、今後も変わらない親交を願う一文とともに先方の来年の健康や幸せを祈る言葉も添える

面談のお礼

拝啓　時下ますますご盛栄のこととお慶び申し上げます。平素からのひとかたならぬご厚誼に、厚く御礼を申し上げます。

　さて、このたびはご多用中にもかかわらず面談のお時間をいただき、ありがとうございました。また、弊社のサービスに対する貴重なご教示をいただき、重ねて御礼申し上げます。貴重なアドバイスを受け、現在、新たにサービスを練り直しているところです。

　この御恩に報いるべく、今後も努力して参る所存です。まずは書中をもちまして、御礼申し上げます。

敬具

ビジネス上の面談に対する御礼。時間を割いていただいたこと、また大変有意義な時間となったことに感謝を述べる

時間を割いて会ってくれたことに対して、まずはお礼を述べる

面談が、大変有意義だったことについてふれる

「これをご縁に、何かございましたらまた参上したいと存じます。何卒よろしくお願いいたします」

火災のお見舞いへのお礼

前略　去る6月15日の弊社北海道工場の火災に際しましては、皆様に多大なるご心配とご迷惑をお掛けいたし、大変申し訳なく謹んでお詫び申し上げます。

　また早々に温かな励ましのお言葉と身に余るご支援を賜りましたこと、誠にありがとうございました。

　幸いにも全焼は免れ従業員にもけがはありませんでしたが、建物の一部に補修が必要であるため、当面は業務を縮小せざるを得ない状況にございます。

　完全復旧までには約1か月かかる見込みであり、その間は皆様にご不自由をおかけいたしますが、何卒ご寛容くださいますようお願い申し上げます。

　この度の災難を受け、社員一同、改めて日頃の安全管理を徹底し、二度と同じ過ちを繰り返さぬよう細心の注意を払い社業に努めて参る所存です。

　取り急ぎではございますが、まずは書中にて御礼とご報告を申し上げます。

草々

火災お見舞いをいただいたことに対してのお礼状。被害状況を簡潔に伝え、今後の業務について改めてお報せすることを約束する

火災発生により、相手に不便をかけたことを謝罪する

被害状況のほか、今後についてのめどが立っていれば、その旨を伝える

安全意識の向上を誓い、再発防止の決意を表明する

入院のお見舞いへのお礼

拝啓　立春のみぎり、ますますご清栄のこととお慶び申し上げます。

　さて、このたびの私儀入院に際しましては、ご親切なお見舞いのお言葉をいただき衷心より感謝申し上げます。

　おかげさまで2月6日に退院いたしまして、現在は自宅にて療養を続けておりますが、早ければ来週早々にも職場復帰できる運びとなりました。

　これもひとえに、皆様からの温かい励ましのおかげと改めて深謝申し上げる次第です。

　今後は、一段と体調管理に留意しながら皆様のご期待にお応えできるよう業務に精進して参りますので、何卒変わらぬご指導、ご鞭撻のほど、よろしくお願い申し上げます。

　復帰後は直接お伺いする予定でございますが、まずは書中にてお見舞いの御礼を申し上げます。

敬具

入院中、お見舞いをいただいたことへのお礼状。退院日や職場復帰のめどがわかれば伝える

「ご親切にも、温かいお言葉とお心尽くしのお見舞い品を賜り」

退院日や退院予定日のほか、相手が今後の都合をつけやすいように職場復帰できるめどを伝える

「なお一層のご指導をよろしくお願い申し上げます」

会葬へのお礼

謹啓　弊社代表取締役武田悟史儀、社葬に際しましてはご多用中にもかかわらずご会葬賜り、かつご丁寧なご供物まで頂戴し誠にありがとうございました。

　おかげさまで葬儀も滞りなく済みましたことをご報告するとともに、生前のご厚情に衷心から御礼申し上げます。

　早速、拝眉のうえご挨拶申し上げるべきではございますが、まずは略儀ながら書中をもって謹んで御礼申し上げます。

謹白

社葬を執り行い、会葬いただいたことへのお礼状。直接がかなわず、書中をもってなすことについて、謝罪のひと言を加える

謹啓（きんけい）

「謹んで申し上げます」を意味し、冠婚葬祭の挨拶状に用いる。結語は「謹白」「敬白」「謹言」

ご会葬のみの場合

「皆様方のご厚志に謹んで御礼申し上げます」

拝眉（はいび）

実際に会うこと。会う相手を敬って使う言葉

弔事

関係先の不幸に際したお悔やみのほか、社葬や法要の案内、香典の御礼などを伝えるための文書です。形式や礼節を重んじた堅い言葉を用いて書きます。

送る場面 ➡取引先社長逝去（P201） ➡取引先社員逝去（P202） ➡取引先会長逝去（P202）
➡取引先社長の父逝去（P203） ➡取引先社長の子息逝去（P203） ➡弔電（P204） ➡社葬（P204）
➡新聞広告による死亡通知（P205） ➡香典返しの挨拶（P205） ➡訃報（P206）
➡服喪中の年賀状への返信（P207） ➡喪中欠礼への返礼（P207） ➡偲ぶ会（P208） ➡一周忌（P208）

Point
▶ 悔やみ状には、慰めや同情、励ましの気持ちを書き添える
▶ 「死」を思わせる忌み言葉や重ね言葉を使用しない
▶ 社葬や法要などの案内状では、日時や場所を記書きする

✖ 取引先社長逝去の悔やみ状

株式会社大和未来製作所
取締役専務　大谷真司　様

令和〇年八月一日

拝啓　平素は格別のご高配を賜りまして誠にありがとうございます。

貴社代表取締役社長田中久志様が亡くなられたとのことと、謹んでご冥福をお祈り申し上げます。

ご生前はひとかたならぬご厚情にあずかりながら、誠に痛恨の極みでございます。ご遺族の皆様はもとより社員ご一同様のご心痛いかばかりかと深く拝察申し上げます。

心ばかりのご香料を同封いたしましたので、ご霊前にお供えくださいますようお願い申し上げます。

重ね重ねではございますが、まずは書中をもってお悔やみ申し上げます。

合掌

株式会社南北信用金庫
代表取締役　西田直樹

✖ 時候の挨拶や日頃の感謝を伝える一文も省略する

✖ 「亡くなる」や「死去」といった死を直接的に連想させる言葉や一文は厳禁

✖ 重ね言葉も、悔やみ状では厳禁

+α 重ね言葉とは「度々」や「返す返す」などのように同じ単語が2回繰り返されている表現のこと。不幸の連続を想起させるため、悔やみ状では使用してはならない

メールで送る場合

件名：お悔やみ申し上げます

横浜川崎鉄鋼株式会社
法人営業部　久田真理子　様

このたびは貴社代表取締役細田智明様ご逝去の報を承り、
ただ驚いている次第です
心より追悼の意を表し、ご冥福をお祈り申し上げます。

まずは略式ながら、メールにてお悔やみ申し上げます。

ロイヤル金属株式会社
営業部　飯村早苗

+α
近しい間柄の取引先などへは、取り急ぎの弔意をメールで簡潔に伝えても良い

○ メールはシンプルに。「ご冥福お祈りいたします」などもよく使われる

○ メールはあくまで「取り急ぎ」の手段。略式であることを詫び、改めて書状を送付するなどの心配りを

● 取引先社長逝去の悔やみ状

貴社代表取締役社長田中久志様ご逝去の由　謹んで哀悼の意を表し衷心からご冥福お祈り申し上げます

かねてご療養とは承っておりましたが　このたびのご訃報に接し　当方一同驚き入っております

ご生前は　ひとかたならぬご厚情を賜りながら　ご恩返しも叶わず　誠に無念　痛恨の極みでございます

ご遺族様はもとより貴社ご一同様のご愁傷いかばかりかと深くお察し申し上げます

些少ではございますが　ご香料を同封いたしましたので御霊前にお供えくださいますようお願い申し上げます

本来であれば早速参上してお悔み申し上げるべきところですが　なにぶん遠隔の身にて　略儀ながら書中をもちまして弔意を申し上げる次第です

合掌

令和○年八月一日

株式会社南北信用金庫
代表取締役　西田直樹

株式会社大和未来製作所
取締役専務　大谷真司　様

+α
弔事は形式を重んじるため、句読点をつけずに1字空けるのが良いとされている。ただし、昨今は読みやすさを重視し、つけることもある

○ 通夜や葬儀に参列できない場合は、詫びの一文を書き添える

○ 遺族に対しても慰めの言葉を述べる

ご恩に報いることもできず

「ご永眠」「ご急逝」

取引先の代表取締役社長が亡くなった際に送る悔やみ状。通夜や葬儀に参列できない場合の文例

弔事

取引先社員逝去の悔やみ状

貴社企画営業部部長石田貴史様ご逝去の報を承り

ここに謹んでご冥福をお祈り申し上げます

日頃よりご健勝であられただけに　当方一同ただ

驚くばかりです　ご在世中は弊社発展に多大なるご

尽力をいただきましたこと　誠に感謝の念に堪えま

せん

ご遺族様はじめ貴社ご一同様のご悲嘆を拝察する

に　お慰めの言葉も見つかりませんが　どうぞお力

落としなきよう祈念申し上げます

なお　御霊前にお供えいただきたく　心ばかりの

香料を同封いたしましたので　微意お汲みとりくだ

さいませ

まずは略儀ながら　書状にてご追悼申し上げます

合掌

取引先の社員が亡くなった場合に送る悔やみ状。生前に受けた恩に感謝を伝え、同情と励ましの気持ちを添える

○ 生前に受けた恩に対して、心からの感謝を述べる

○ 相手の悲しみに同情する気持ちとともに、励ましの言葉を伝える

↻ 仏式以外の形式だった場合
「敬具」「謹白」「敬白」

取引先会長逝去の悔やみ状

貴社代表取締役会長　高柳義秀様にはかねてご入院療養中

と承っておりましたが　ご永眠の報に接し深く落胆いたして

おります

謹んで哀悼の意を表するとともに　心からのご冥福をお祈

り申し上げます

懇切丁寧でご人望の厚い御仁であった故　社員の皆様方な

らびにご遺族様のご心痛いかばかりかと拝察いたします

甚だ些少にございますが　ご香料を同封いたしましたので

御霊前にお供えくださいますようお願い申し上げます

略儀ながら　書中にてご追悼申し上げます

合掌

株式会社かがやき出版

代表取締役　三石祥子

株式会社ひかる広告社

代表取締役社長　広瀬明子　様

入院して療養中だった、取引先の会長が亡くなった場合に送る悔やみ状。故人の人柄を偲んだ一文を添える例

✎ 「惜別の念を禁じ得ません」

○ 人柄や功績についてふれると、故人への深い敬意が伝わる

↻ 会社や部署宛ての場合
「従業員ご一同様」「制作部ご一同様」「株式会社○○御中」など

取引先社長の父逝去の悔やみ状

ご尊父様ご逝去の報に接し　謹んでご冥福お祈り申し上げます

先般　お元気にお過ごしなされていると承っておりましたので　突然のことに心が痛むばかりです

大西様ならびにご家族のご落胆をお察し申し上げます

さっそくお伺いし　お悔やみ申し上げたく存じますが

遠隔地にて参列叶わず　書中による弔意をご容赦ください

いますようお願い申し上げます

令和〇年六月十日

合掌

有限会社パンタクリエイト

代表取締役社長　半田操

株式会社長岡商店

代表取締役社長　長岡裕美

取引先の父が亡くなった場合の悔やみ状。直接の面識がなくても、関係者の家族が亡くなった際には書状で弔意を伝える

尊父（そんぷ）

第三者の実父に敬意をこめた呼び方。通常、頭に「ご」をつけて使う

海外赴任中の場合

「私こと海外赴任中の身にて」

取引先社長の子息逝去の悔やみ状

ご子息ご急逝の報せに接しまして　ただ愕然とし

痛恨の念に堪えません

衷心からご冥福をお祈り申し上げます

あまりにも突然のこと　今は胸が締めつけられる

ご心中と拝察いたしますが　どうかお気を強くもたれますようご自愛くださいませ

略儀ながら　書中にてお悔やみ申し上げます

令和〇年三月九日

合掌

有限会社きずな

代表取締役社長　武田正雄

株式会社アットホーム

代表取締役社長　山本紀夫

取引先社長の息子が急逝した場合の悔やみ状。子を亡くした親心を推し量り、心からの慰めの言葉を送る

子息（しそく）

他人の息子に対する敬称

娘の場合

「ご子女」

「誠にいたたまれなく　心痛極まりない思いに駆られています」

過去に交流があった場合

「幼い頃　お目にかかりました際には　元気に庭を駆け回っておられたお姿を今もはっきりと覚えております」

弔電

訃報を聞いたものの、通夜や葬儀に参加できない場合に送る弔電の文例。お悔やみ文を葬儀場へ直接届けることができる

財前史郎様

貴社社長のご訃報に接し 心より哀悼の意を表します 在世中のご厚情に深く拝謝しますとともに 謹んでお悔み申し上げます

○○様のご逝去を悼み 謹んでお悔やみ申し上げますが今日ありますのも ひとえに故人のおかげと深謝申し上げる次第です ご遺族様ならびに貴社ご一同様のご心痛を拝察し 衷心よりご冥福をお祈りいたします

東京都港区○○
加藤紀子

「○○様ご逝去の報を承り 誠に痛惜の念に堪えません 個人のご功績を偲び 心からのご冥福をお祈り申し上げます」

弔電は電話またはインターネットから申し込み可。
NTTで用意された文例から選択できるほか、オリジナルの文面を作成することもできる

● 電話での申し込み
【電話番号】
局番なしの115番
【受付時間】
午前8時から午後7時まで
（午後2時までの申し込みは当日中、それ以降は翌日の配達）

● インターネットからの申し込み
NTTの電報申込サイト「D-MAIL」にて受付
【受付時間】
24時間

その他、郵便局の窓口にも専用用紙が用意されている。

社葬（社長逝去）の案内

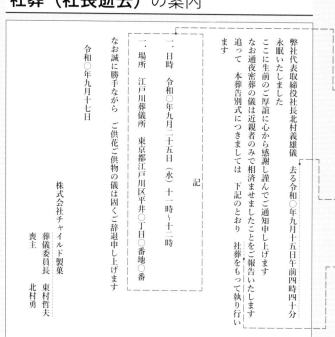

外部の関係者に、社葬を執り行う旨を伝える案内状。式の詳細を記すだけでなく、生前の親交に感謝する一文を添える

弊社代表取締役社長北村義雄儀 去る令和○年九月十五日午前四時四十分 永眠いたしました

ここに生前のご厚誼に心から感謝し謹んでご通知申し上げます なお通夜密葬の儀は近親者のみで相済ませましたことをご報告いたします

追って 本葬告別式につきましては 下記のとおり 社葬をもって執り行います

記

一、日時 令和○年九月二十五日（水）十一時～十二時
二、場所 江戸川葬儀所 東京都江戸川区平井○丁目○番地○番

なお誠に勝手ながら ご供花ご供物の儀は固くご辞退申し上げます

令和○年九月十七日

株式会社チャイルド製菓
葬儀委員長 東村哲夫
喪主 北村勇

記書きは「記」で起こし「以上」で締めるのが通例だが、弔事の場合「最後」を意味するため、忌み言葉として省略されることが多い

死亡時刻のほか、死亡原因を書き記す場合
「かねて病気療養中でしたが」「心不全のため」

社葬
会社が施主となって行う葬儀。会社と親族が合同で行う葬儀は「合同葬」

新聞広告による死亡通知

弊社代表取締役会長 飯塚士郎儀 令和○年五月十一日 脳梗塞のため永眠いたしました 享年七十八 ここに生前のひとかたならぬご厚誼に深謝し 謹んでご通知申し上げます

本葬儀につきましては 左記日程にて社葬にて執り行います

　　　　記

一.日時　令和○年五月二十日（金）午後一時～午後二時

一.場所　富士見葬祭ホール　東京都武蔵野市一丁目○番地○番

誠に勝手ながら　ご供花ご供物の儀は固くご辞退申し上げます

令和○年五月十五日

東日本乳業株式会社

喪主　飯塚敏江

訃報を新聞広告に掲載する場合の例。社葬を執り行う場合と、近親者のみで執り行う場合がある

🔁 葬儀を近親者のみで済ませた場合

「なお葬儀は　故人の遺言に従い　近親者のみで相済ませました　ご弔問等につきましては　お心だけ賜り伏してご辞退申し上げます」

+α 葬儀委員長は会社の代表者が務める。喪主は遺族の代表者

弔事

香典返しの挨拶

謹啓　弊社代表取締役社長谷中太郎儀　社葬に際しましては　ご多用中にもかかわらずご臨席賜り かつご丁寧な弔詞と過分なお心遣いをご恵贈賜りましたこと深く御礼申し上げます

おかげをもちまして　本日七七日忌を相営みました

つきましては　供養のしるしまでに　気持ちばかりのお品をお贈りいたしましたので　お納めくださいますようお願い申し上げます

本来であれば直接参上し　ご挨拶申し上げるべきところですが　不本意ながら書中をもって御礼申し上げます

令和○年十一月十七日

株式会社毎日運輸

葬儀委員長　北村亮

喪主　谷中明子

　　　　謹白

七七日（四十九日）の法要後、香典返しの品を送付する旨を伝える挨拶状。社葬に参列した相手に送る文例

⭕ 忙しい中での社葬参列に感謝を伝える

⭕ 香典の御礼とお返しの品は、忌明けにあたる四十九日の法要後に送る

✏️ 相手のもとへ直接出向く場合。「近々ご挨拶に伺いたく存じますが　まずは書中をもって御礼申し上げます」

訃報（身内の場合）

本年十月に父　末吉が　八十八歳にて　永眠いたしました

故人の遺志もありまして　葬儀は身内で執り行いました

ここに生前のご厚情に深謝いたしますとともに

ご通知が遅れましたことをお詫び申し上げます

寒さに向かう折から皆様のご健勝をお祈り申し上げます

令和〇年十二月

身内が亡くなった際の、喪中欠礼の挨拶状。訃報のお知らせを兼ねる場合

密葬や家族葬などで、すでに葬儀を執り行っている場合、喪中欠礼の書状で通知を兼ねる

通知が遅れたことを詫びるひと言は必須

訃報（不祝儀を辞退する場合）

父　末吉が　十月二日に八十八歳にて　永眠いたしました

故人の遺志もありまして　葬儀は身内で執り行いました

ここに生前のご厚情に深謝いたします

なお　誠に勝手ながら　お心遣いはご辞退させていただきますので

何卒ご了承くださるようお願い申し上げます

なお　時節柄ご自愛のほどお祈り申し上げます

令和〇年十二月

身内が亡くなった翌年の賀状を失礼する際の文例。不祝儀を辞退する場合

+α

不祝儀とは、葬式・葬儀、それらにまつわる香典などのことを指す。「お心遣いは辞退させていただきます」などと書く

身内だけの密葬とすることが故人の遺志であれば、そのことを通知する。「昨今の情勢を鑑み　葬儀は身内で執り行いました」などとする場合もある

故人との関係性によっては、どうしても不祝儀を渡したいという人もいるかもしれないので、それを辞退するからには理解を求める言葉を入れる必要がある

服喪中の年賀状への返信

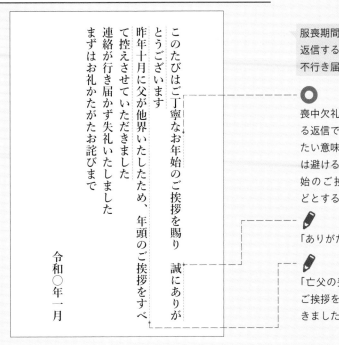

まずはお礼かたがたお詫びまで
連絡が行き届かず失礼いたしました
て控えさせていただきました
昨年十月に父が他界いたしたため、年頭のご挨拶をすべ
とうございます
このたびはご丁寧なお年始のご挨拶を賜り　誠にありが

令和○年一月

服喪期間に届いた年賀状へ返信する場合の文例。連絡不行き届きを詫びる

○ 喪中欠礼では年賀状に対する返信であっても、おめでたい意味のある「賀」の字は避ける。代わりに「お年始のご挨拶」「年始状」などとする

✎ 「ありがたく存じます」

✎ 「亡父の喪中につき年頭のご挨拶を控えさせていただきました」

弔事

喪中欠礼への返礼

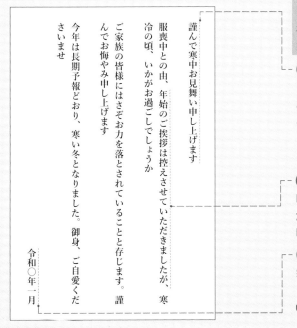

さいませ
今年は長期予報どおり、寒い冬となりました。御身、ご自愛くだ
んでお悔やみ申し上げます
ご家族の皆様にはさぞお力を落とされていることと存じます。謹
冷の頃、いかがお過ごしでしょうか
服喪中との由、年始のご挨拶は控えさせていただきましたが、寒
謹んで寒中お見舞い申し上げます　　　　　　　　　　　謹

令和○年一月

+α 喪中欠礼には必ずしも返信をする必要はないが、年賀状の代わりに寒中見舞いを出しても良い

○ 「お慶び申し上げます」「おめでとうございます」などの表現は避ける

○ 「年賀」は「賀」におめでたい意味があるので避け、「年始」「年頭」などとする

○ 寒中見舞いは、松が取れてから（1月8日〜）立春（➡P308）の間に出す

偲ぶ会の案内

拝啓　秋も深まって参りましたが　皆様におかれましては　ますますご健勝のこととお慶び申し上げます

ご承知のことと存じますが　去る六月十四日に弊社代表取締役村本隆が永眠いたしました　故人の強い遺志に従い　葬儀はごく内輪のみで相営まれたこともあり　お別れを告げられていない方々には　誠に心残りであると拝察いたします

そこでこのたび　生前ご親交いただきました皆様と共に故人の歩みを振り返りたく　ささやかな「偲ぶ会」を執り行う運びとなりました

ご多用中のところ甚だ恐縮ではございますが　何卒ご来臨くださいますようお願い申し上げます

敬具

記

一、日時　七月六日（金）午後一時～午後二時

一、会場　ホテルイイクラ（鳳凰の間）東京都千代田区富士見町一丁目○番地○番

一、会費　五千円（当日）お香典ご供花は固く辞退申し上げます

なお当日は平服にて参席くださいますようお願いいたします

お手数ながら、同封のはがきにて七月三日までにご出欠のほどお知らせいただきますようお願い申し上げます

代表取締役の「偲ぶ会」が開催される場合に送る案内状。故人の遺志により、葬儀が近親者などの内輪のみで行われた場合の文例

◉ 忌明け（四十九日後）の催しであれば、通常の挨拶文のように、時候の挨拶や日頃の感謝を伝える一文から書き始めてかまわない

✎ 「故人の遺徳を偲びたく」「故人との思い出話に花を咲かせたく」

◉ 参加にあたって会費が必要であれば、金額を書き記す

一周忌の案内

拝啓　晩秋の候、貴社におかれましてはますますご降盛のこととお慶び申し上げます　平素は格別のご厚誼を賜り心より御礼申し上げます

昨年の弊社前代表取締役社長前川豊儀　逝去に際しましてはご誠情なるご弔詞とご芳志を賜り　ご厚情のほど改めて御礼申し上げます

さて　来る十二月二十日は故人の一周忌にあたります

つきましては　生前ご親交にあずかりました皆様をお招きし　下記日程にてささやかなる法要を相営みたく存じます

ご多用中誠に恐縮ではございますが　ご臨席くださいますようご案内申し上げます

敬具

記

一、日時　令和○年十二月二十日（金曜日）午後二時より

一、場所　剛上寺　東京都港区芝公園○丁目○番地○番

甚だ勝手ではございますが　十一月三十日までに　同封のはがきにてご都合をお知らせくださいますよう　お願い申し上げます

前代表取締役社長の一周忌が行われる旨をお知らせする案内状。一年前に受けた弔詞や社葬への参列などに対しても、改めて御礼を伝える

🔄 社葬に参列した相手に送る場合
「社葬に際しましては、ご多用中にもかかわらずご参列賜り、かつひとかたならぬご懇情を頂戴しまして誠にありがとうございました」

📖 臨席（りんせき）
高位の人が出席・参加すること

✎ 「ご列席」「ご臨席」「ご来臨」

凡例　◉OK例（お手本）　✖NG例　✎書き換え例　🔄シチュエーション例　📖用語

第5章

人間関係が
スムーズに運ぶ
社内文書の
書き方

・・・

社員同士のコミュニケーションなどを目的に、
社内に向けて発信する文書です。旧知の間柄ですが、
ルールやマナーは必要です。お互いに気持ちよく
仕事にまい進できるよう、配慮しましょう。

社内文書の要点

社内の決定事項や提案などの正確な伝達及び共有が、社内文書作成の目的です。そのため、社員の誰もが内容を把握しやすいよう、書式に則ったうえで、要点を簡潔にまとめた文書を作成することが大切です。ポイントを押さえた、伝わりやすい文書作成を心がけましょう。

社内文書とは

会社側から社員へ、もしくは社員側から会社に対して発信する文書です。いずれの文書も、業務に必要な情報や状況の伝達と共有を通じて、円滑な組織運営を促す役割を担っています。

社内文書作成のポイント

1 書式を簡略化し情報をわかりやすくまとめる

社内文書は、社内でのみ閲覧される文書ですので、件名のあとは、すぐに主文を書き始め、具体的な内容は記書き（別記）にするなど、簡略的な書式でかまいません。

2 かしこまった敬語は不要

外部に宛てた文書ではないため、過度な敬語で書く必要はありません。

3 情報が的確に伝わるような工夫を

文書をはじめて読む人が、ひと目で内容を的確に把握できるような工夫も求められます。件名や主文は短くまとめて簡潔に記すか、別紙の資料を添付します。

業務文書の主な目的

目的	概要
依頼する	相手に特定の行動をお願いする文書 依頼する／照会する／回答する　など
お知らせする	社員に対して、社内行事の開催や留意事項などを知らせる文書 掲示する／案内する／回覧する／通知する　など
謝罪する	業務上の過失やトラブルの報告とともに、反省の気持ちを示す文書 始末書／理由書／顛末書　など
報告する	業務や事故などの状況及び事実関係を説明し、記録に残す 業務日報／会議報告書／事故報告書／クレーム報告書　など

提案する	業務や社内環境などに関する事項を提案し、決裁を仰ぐ
	稟議書／企画書／提案書　など
届け出る	休暇や退職などを申し出る文書
	休暇届／退職届／進退伺　など

伝わる社内文書の手本

① S-100-123

② 令和○年1月11日

③ 社員各位

④ 総務部
伊東公子

⑤ 社員セミナー開催のお知らせ

⑥ 標題の件、下記のとおり開催いたしますのでお知らせします。
予定を調整のうえ、ぜひご参加ください。

⑦ 記

1.日時　　令和○年2月20日（月）
2.場所　　本社2階　セミナールームA
3.テーマ　「業務マニュアルの効果的な活用方法」
4.講師　　首都圏ビジネス研究室フェロー　久保勇介氏
5.備考　　講師の経歴については別紙資料をご確認ください

⑧ なお、参加希望者は2月10日（金）19時までに、総務部伊東までメールまたは内線で
ご連絡ください。
総務部　伊東公子　Mail s-itou@○○○.co.jp
内線　　1234

以上

---

① 文書番号

社内規程に即した番号を記載します。省略も可。

② 発信年月日

文書作成日ではなく、発信する日付を記載します。年号表記は、西暦、和暦どちらでもかまいませんが、文章内でそろえます。

③ 宛名

個人宛の場合は、部署名と氏名、役職や肩書きを記載します。社内や部署全体に発信する場合は、社員各位や○○部各位。

④ 発信者名

宛名と同様の形式で記載します。なお、社内または部署から発信する場合は、社員一同や○○部一同となります。

⑤ 件名

件名は内容がひと目でわかるような、簡略かつ的確なものにします。

⑥ 主文

「何についての書類なのか」を主文で示します。要点は把握しやすいよう記書きにまとめると親切です。

---

⑧ 追記

記書きの内容を補足する必要がある場合は、追記として文章を書き足します。

⑦ 記書き（別記）

「記」という文字を中央ぞろえにして、記書きであることを示します。記書きには、日時や場所、報告内容や提案内容などを順番に記載します。最後は、「以上」と記します。

掲示する・案内する

社内全体に周知したい情報は、文書を掲示して伝えます。メールでの一斉送信や、イントラネットによる共有も増えています。

Point

▶ 社員全員に関係する情報の通知が目的

▶ 一読で内容を把握できるよう、情報は記書き（別記）で伝える

▶ 情報の誤りや記載漏れは混乱のもと。見直しを徹底する

 ## 健康診断実施の案内

令和○年5月10日

社員各位

総務部　岸谷優子

健康診断

　拝啓　若葉の候、皆様いかがお過ごしでしょうか。
　さて、今年度の定期健康診断を以下のとおり実施いたします。

記

　1. 日時　令和○年6月15日（水）

　2. 場所　本社2階の第1会議室

　なお、やむを得ない事情で受診できない方は、6月10日（金）までにお知らせください。後日、振替受診についてお伝えします。

以上

この件名だと「健康診断」しか伝わらない。実施のお知らせ、受診のご案内など、具体的に

日程だけで時間がないので予定を調整できない。また、持ち物や当日の注意事項などの記載がないため、準備に困る

誰に連絡をすればいいのかわからない

件名：定期健康診断のお知らせ【6月15日（水）実施】

▶名前：岸谷優子　　　　　　　▶部署：総務部
▶需要度：○緊急 ◉普通　　　　▶文書種別：全社

社員各位

定期健康診断について、下記のとおり実施いたしますのでお知らせします。

【日時】6月15日（水）
【時間】男性　10時～12時
　　　　女性　14時～17時
【場所】本社2階　第1会議室

（中略）

なお、当日ご都合の悪い方や不明点等ある方は、
総務部の岸谷までご連絡をお願いします。

イントラの場合、挨拶は不要。いきなり本題に入ってかまわない

「詳細は添付ファイルをご覧ください」「添付ファイルに掲載いたします」

健康診断実施の案内

全従業員が受診対象の健康診断を案内する掲示文。日時や場所はもちろん、実施項目や服装、持ち物なども明記する

令和○年5月10日

社員各位

総務部　岸谷優子

定期健康診断実施のお知らせ

今年度の定期健康診断を、下記のとおり実施します。
予定を調整のうえ、受診くださいますようお願いいたします。

記

1. 日時　　　令和○年6月15日（水）
2. 時間　　　男性　10時～12時
　　　　　　　女性　14時～17時
3. 場所　　　本社2階　第1会議室
4. 対象者　　全従業員（本年中の健康診断受診者を除く）
5. 実施項目　身体測定、視力・聴力検査、血圧、
　　　　　　　血液検査、内科検診など

備考
・当日は、別途配布する問診票に必要事項を記入のうえ、持参してください。
・着脱しやすい服装（YシャツやTシャツ等）での受診をお願いします。
・腕時計や指輪等の金属類は、事前に外しておいてください。
・眼鏡やコンタクトレンズ、補聴器等の使用者は必ず持参してください。

なお、当日の受診ができない方は、6月10日（金）までに総務部の岸谷（内線230）までご連絡ください。振替受診についてお伝えします。

以上

「6月15日（水）実施の定期健康診断について」

所要時間や当日の注意事項、持ち物などの詳細が過不足なく記されている

🔄 振替受診日が決定している場合

「振替受診日は、6月24日（金）の予定です。ご希望の方は6月10日（金）までに、総務部岸谷（内線230）までご連絡ください」

✉ 夏季休暇のお知らせ

件名：本年度の夏季休暇について

社員各位

お疲れ様です。
総務部の白木です。

本年度の夏季休暇を下記のとおり実施いたします。
各部署で日程の調整を行い、必ず各人が取得してください。

記

1. 期間　令和○年7月1日〜9月30日
2. 日数　各人3日間
3. 要領　（1）添付の届出用紙に必要事項を記載のうえ、
　　　　　　　6月20日までに所属部署の責任者へ提出してください。
　　　　（2）業務に支障のないよう予定の調整をお願いします。

以上

総務部総務課　白木由佳

厚生施設利用の案内

社員各位

　　　　　　　社員厚生施設のご利用について

　先ごろより告知しておりました、「ボヌール軽井沢」の社員厚生施設としての利用が開始されましたのでお知らせします。
　軽井沢の豊かな自然に囲まれた当施設内には、温泉やレジャー施設が完備されているほか、近隣にはゴルフ場やテニスコートなどもあります。
　日頃の疲れを癒すには、絶好の施設と立地ですので、ご家族やご友人とぜひご利用ください。

記

施設名　　ボヌール軽井沢
　　　　　長野県北佐久郡軽井沢町○-○-○
　　　　　北陸新幹線軽井沢駅からマイクロバスの運行あり
設置施設　大浴場（露天風呂あり）・屋内プール・BBQテラスなど
利用資格　社員とその家族、または同伴者
利用料金　宿泊費（1泊2食付き1人6,800円）
　　　　　　※BBQテラス利用の場合は1人5,800円）
申込方法　総務課にて承ります
　　　　予約・その他詳細については、総務部 石浜（内線302）まで

夏季休暇のお知らせ。期間内であれば、自由に指定日数の夏季休暇を設定できる場合の文例

○ 社内メールなので、挨拶は簡易的なものでかまわない

○ 期間と取得可能日数は、予定調整のためにも必須事項

🔄 **一斉休暇実施の場合**
「夏季休暇中の出勤については、休日出勤届を提出のうえ、行ってください」「夏季休暇中は、社内への出入りができません。出社を希望される方は、○月○日までに総務部白木までお知らせください」

軽井沢にある社員厚生施設の利用開始を通知する文例。設置施設や周辺施設の情報を多く伝えて、利用を促す

🔄 **新設された場合**
「このたび、社員厚生施設として「ボヌール軽井沢」が新設されましたのでお知らせします」

○ レジャーの計画が立てやすいよう、施設内や近隣の情報はなるべく多く記載する

○ 宿泊費を記載しておくと、より検討しやすくなる

✕ 社内公募実施のお知らせ

社内公募実施のお知らせ

　このたび、第一企画制作部では、下記のとおり社内公募にてスタッフの補充を行う
運びとなりました。ぜひご検討ください。

記

1. 募集職種　コンテンツマネージャー　1名
　　　　　　　プログラマーアシスタント　2名
2. 公募期間　令和○年9月20日〜令和○年10月31日

以上

何について社内公募を実施
するのかわからない

言葉足らず。社内公募を行
うに至った、経緯や理由を
記載したい

公募要項があまりにも不親
切。応募資格や選考方法の
記載もないため、応募を検
討できない

◯ 社内公募実施のお知らせ

新作スマホゲーム開発に伴う
スタッフの社内公募実施のお知らせ

　第一企画制作部では、12月1日より開始される新作スマホゲームの開発に向け、スタ
ッフを追加する運びとなりました。
　つきましては、社内公募を実施しますので、志願者は下記の要項に従ってご応募く
ださい。

記

1. 募集職種　①コンテンツマネージャー　1名
　　　　　　　②プログラマーアシスタント　2名

2. 公募期間　令和○年9月20日〜令和○年10月31日

3. 応募資格　在職期間5年以上で、マネジメント業務の経験がある者
　　　　　　　実務未経験可
　　　　　　　ただし、最低限のプログラミング知識を有する者が望ましい

4. 提出書類　①職務経歴書
　　　　　　　②志願理由（400字以上）
　　　　　　　③課題作文「ガチャシステムの問題点について」（400字以上）
　　　　　　　それぞれ、形式は問わない。

5. 選考方法　書類選考と面談

　志願者は、提出書類を添付したメールを人事部丸岡までお送りください。
　なお、公募期間は厳守するようお願いいたします。

以上

人事部
丸岡俊平
Mail:maruoka@○○○○.co.jp

新製品の開発に伴う、追加
スタッフ公募をお知らせす
る文例。資格の有無や提出
書類などの応募要項の記載
は必須

 **スタッフ退職に伴う
社内公募の場合**

「スタッフの退職により欠
員が生じたため、人員補填
を行います」

「配属後の業務に意欲をも
って取り組める者」

+α
特に資格の有無を問わない
場合でも、志願者のやる気
や熱意を量る一文を書き添
える

◯
応募にあたって、提出書類
や課題が必要であれば記載
する

「志願者は人事部丸岡まで
お知らせください。提出書
類はメールに添付、または
直接持参ください」応募方
法の記載を忘れずに

✉ 社員訃報のお知らせ

件名：訃報のお知らせ

社員各位

去る令和○年5月9日、東京本社第二営業部長の宇佐美義雄様が、
脳梗塞のためご永眠されました（享年54歳）。
生前のご尽力に感謝し、謹んでお悔み申し上げます。

なお、通夜及び葬儀告別式は、
下記のとおり執り行われますことをお伝えいたします。

記

通夜	令和○年5月12日（木）午後6時〜
葬儀告別式	令和○年5月13日（金）午前10時〜
式場	メモリード葛西
	東京都江戸川区西葛西○丁目○番○号
	03-○○○○-○○○○
喪主	長男　宇佐美健太郎　様
備考	仏式の曹洞宗にて執り行います

総務部人事課長　江田彰子

✉ 社内セミナー開催のお知らせ

件名：社内セミナー開催のお知らせ

社員各位

お疲れさまです。

さて、11月4日（金）に開催される、社内セミナーについてご案内いたします。

働き方改革が推進される昨今において、業務効率化を図るうえでは、
RPAツールの活用が不可欠です。

当社でも、すでに導入が進んでいますが、より効果的に活用するためにも、
さらなる知識と活用術を身に付けたいところです。

そこで、RPAに詳しい、慶早大学デジタル創造学部教授の
浦田俊二氏をお招きし、下記のテーマでお話しいただきます。

全社員に関係する内容ですので、予定を調整のうえ、ぜひご参加ください。

記
1. テーマ　　「残業時間が0秒になるRPA活用術」
2. 講師　　　慶早大学デジタル創造学部教授　浦田俊二氏
3. 日時　　　令和○年11月4日（金）19:00〜20:30
4. 場所　　　本社1階　セミナールーム
5. 備考　　　講師のプロフィールについては添付の資料をご確認ください

参加希望者は11月3日（木）18時までに、総務部藪下までメールでご連絡ください。

総務部　藪下英美（内線番号○△○）

以上

社員が脳梗塞で亡くなった場合の訃報を伝える文例。通夜や告別式の案内とともに、故人への感謝と哀悼の意も述べる

「ご逝去されました」「お亡くなりになりました」

🔄 **家族葬の場合**

「なお、ご遺族の意向により家族葬が執り行われますので、ご香典やご弔電はお控えいただきますようお願いいたします」

式場の住所や喪主名は、弔電や供花を送る場合に必要になるため必ず記載する。式場の最寄り駅を記すほか、地図を添付するとより親切

香典袋の上書きに関わるため、宗旨や宗派も明記

社内セミナーが開催される場合のお知らせメール。社員の興味をひきつける一文を書き添える

セミナーを開催する意義や目的について述べると良い

🔄 **講師個人の公式サイトがある場合**

「ご本人のオフィシャルサイトをご覧ください。https://www.○○○○.com」

🖥 防災訓練実施のお知らせ

件名：【重要】定期防災訓練実施のお知らせ

▶名前：度雲埼果　　　▶部署：総務部

社員各位

今年も大阪市消防局のご協力のもと、定期防災訓練を実施します。

社員一同の防災意識向上と、万一の事態に備えるための訓練ですので、
必ずご参加いただきますようお願いいたします。

記
1. 日時　9月11日（木）※雨天決行
　　　　　午後1時～午後2時
2. 内容　火災想定訓練（避難訓練・消火シミュレーション）
3. 備考　関係先に対し、実施時間内は連絡に応じられない旨を、
　　　　　事前に通知するようお願いします

その他の注意事項につきましては、各部署の防災担当者にご確認ください。
　　　　　　　　　　　　　　　　　　　　　　　　　　　　　　　　以上

社内の火災を想定した防災
訓練実施を伝えるお知らせ
メール。未読回避の工夫が
必要

 **重要度の設定が
ない場合**

件名に【重要】や【必読】
などと記載し、早めの開封
を促す

「防災訓練は、万一の事態
において命を守る行動と意
識を身につける場ですので」

連絡不能による混乱やトラ
ブルを避けるため、取引先
の担当者などに対しては前
もって伝えておくよう呼び
かける

✉ 社員旅行実施の案内

件名：社員旅行実施のお知らせ

社員各位

お疲れさまです。
総務部の大村です。

さて、本年の社員旅行実施が決定いたしました。

行き先は、以前より多数のリクエストが寄せられていた、
北海道の知床半島です。

昼は世界遺産にも選出された美しい風景を眺め、
夜は羅臼町の宿で温泉と北海道の幸を堪能します。

参加される方は、日頃の業務を一時忘れて、思う存分に楽しみましょう。

記
・日程　　　9月9日（金）～9月11日（日）2泊3日
・行き先　　北海道　知床半島周辺
・宿泊先　　羅臼グランドステイ
・公式サイト　http://www.○○○○.co.jp
・集合場所　羽田空港第2ターミナル

参加希望者は6月10日（金）までに、総務部大村までご返信をお願いします（※
期日厳守）。
集合時間につきましては、追ってお知らせいたします。
　　　　　　　　　　　　　　　　　　　　　　　　　　　　　　　　以上

総務部総務課
大村静香（内線番号○△○）

リクエストに応えて行き先
が決定した、社員旅行の実
施を案内する文例。宿泊先
の公式サイトURLを添付し
て、確認を促す

公式サイトがあればURL表
記するか、パンフレットの
PDFがあれば添付して、宿
泊先の情報を伝える

「出欠を取りますので」「申
込用紙を添付しますので、
必要事項を記載のうえ」

期日は必ず守るように念を
押す

展示会開催の案内

展示会開催のお知らせ

　令和○年2月20日（月）より開催されます「世界健康食品EXPO」において、日頃より親交の厚い株式会社ナチュラル良品様が新製品の紹介のため出展されます。

　世界各国から注目の健康食品が集うほか、業界の最新動向もうかがえる機会です。

　弊社にも関わりの深い展示会ですので、下記のとおりご案内いたします。

記

展示会名　「世界健康食品EXPO」
内容　　　世界の健康食品の紹介、業界の最新動向を学ぶ特別セミナー
開催日時　令和○年2月20日（月）～2月24日（金）
　　　　　午前10時～午後18時（業務扱いとする）
場所　　　東京ビッグホール（ナチュラル食品様の出展ブースはエリアE）
　　　　　品川駅港南口より徒歩10分
入場料　　無料
備考　　　特別セミナーへの参加は事前予約が必要です
　　　　　参加希望の方は、総務部谷田部（内線402）までお知らせください

以上

取引先が出店する展示会の開催を伝える場合の案内文。取引先のブース設置場所や業務に関係する催しなども同時に案内する

「平素よりひとかたならぬご厚誼にあずかる」

○ 内容を示し、自社の事業に関係が深いことを示す

○ ブースの位置を示すと親切

↻ 展示会の公式サイトやリーフレットがある場合

「展示会の公式サイトがありますので、併せてご確認ください。http://○○○○/com」「リーフレットは休憩室にありますので、ご自由にお取りください」

美化運動の掲示

令和○年10月秋の一斉美化運動実施について

　毎年恒例の「秋の一斉美化運動」を、今年も下記のとおり実施いたします。

　日頃よりお世話になっている社内や周辺地域の清掃活動を行いますので、必ずご参加くださいますよう、ご理解とご協力をお願いします。

　社員各位が一致団結して、気持ちよく業務に取り組める環境を整えましょう。

記

日時　　　令和○年10月24日（月）
　　　　　9:00～10:30
参加者　　全社員
清掃内容　社内の一斉清掃、会社周辺のゴミ拾い等
　　　　　※雨天時は社内のみ
備考　　　担当場所や手順については、
　　　　　各部署の清掃係の指示に従ってください

　なお、当日やむを得ない事情で参加できない方は、後日改めて清掃活動を行っていただきますことをご了承ください。

以上

社内と周辺地域の清掃を行う美化運動実施を伝える文例。参加が義務づけられている場合の例

○ 美化運動を実施する理由や、社員のやる気を引き出すような一文を書き添える

↻ 別紙や共有ドキュメントで案内する場合

「別紙をご確認ください」「共有ドキュメント【秋の美化運動：部署ごとの担当場所と手順について】をご確認ください」

○ 不参加への対応がある場合は、その旨も記載しておく

社内運動会開催のお知らせ

```
社内運動会開催のお知らせ

　社員交流と健康増進を目的に、毎年恒例の行事となっております社内運動会を今年
も開催いたします。
　昨今はリモートワークが続いているため、社員同士の交流が希薄であったり、運動
不足気味だったりする方も増えていることでしょう。
　本大会では、部署ごとにチームを結成し、豪華優勝商品を目指してさまざまな競技
にチャレンジしていただきます。また、お子様が参加できるプログラムも実施しま
すので、ご家族そろってのご来場も大歓迎です。
　走って、投げて、ときに転がり笑い合う。所属部署のメンバーと団結し、全身を思
いっきり動かして清々しい汗をかきましょう。

　　　　　　　　　　　　　　　記

・日程　　9月22日（土）※雨天中止
・時間　　10：00〜15：00（9:30現地集合）
　　　　　12：00〜13：00はお昼休憩
・会場　　北葛西スポーツ公園第2グラウンド
　　　　　西葛西駅から徒歩10分
・優勝商品　「焼肉男爵」お食事券3万円分（打ち上げの一部負担）
　　　　　（最下位の部署は恒例の罰ゲームあり）
・備考　　1. ジャージやTシャツなど動きやすい服をご持参ください
　　　　　2. 着替えは施設内ロッカーをご利用いただけます
　　　　　3. 中止の場合は、当日午前7時までにメールでお知らせします
　　　　　4. 当日出たゴミは必ず各自でお持ち帰りください

出欠の確認を取りますので、出欠確認票を9月7日（金）までに各部署実行委員に提出
してください。
実施プログラムやタイムスケジュールについては、後日お知らせします。
　　　　　　　　　　　　　　　　　　　　　　　　　　　　　　　以上
```

部署ごとに競い合う社内運動会を開催する場合のお知らせ。優勝商品など、社員を奮起させるような内容を盛り込む

○ どのような大会形式やルールで行われるのかわかるように、概要について簡単に伝える。また、参加意欲が湧くような一文も添えたい

○ 賞品や罰ゲームの有無など、社員の奮起を促すような事項があれば記載する

↻ **参加必須の場合**

「なお、原則として全社員に参加いただきます。都合により不参加となる場合は、実行委員との相談のうえ対応を決定してください」

定例取締役会召集の案内

```
定例取締役会　召集通知

　下記のとおり、定例取締役会を開催いたしますので、ご出席いただきますようお願
いします。

　　　　　　　　　　　　　　　記

1. 日時　令和○年4月15日（金）午後3時〜
2. 場所　本社第一会議室
3. 議案　・第10回定時株主総会の召集について
　　　　　・四国・九州エリアの販路拡大について
　　　　　・本社移転の件について

　議案の詳細につきましては、明日お配りします参考資料を事前に必ずお目通しくだ
さい。
　　　　　　　　　　　　　　　　　　　　　　　　　　　　　　　以上
```

3つの議案について話し合う予定の、定例取締役会開催を伝える文例。事前に参考資料が配られる場合は、その配布方法や取り扱いについてもふれる

 「よろしくご出席願います」

○ 会議で話し合われる予定の議案を、あらかじめ共有できるようお知らせする

↻ **詳細をメールで送る場合**

「参考資料につきましては、メールに添付しますので、お目通しください」

回覧する

社内や部署内で共有する事項や情報を、回覧して確認する文書が回覧文です。確認完了の証として、各自が押印してから次の人へ回すのが基本です。

送る場面 ➡ 書籍購入のお知らせ（P221） ➡ 義援金協力のお願い（P222） ➡ 営業会議開催の案内（P222）
➡ 歓迎会開催の案内（P223） ➡ 忘年会開催の案内（メール）(P223)

Point

▶ 書面の左上またはメールの件名に、「回覧」や「供覧」と表記する

▶ 必要に応じて、事項や情報は記書きにして伝える

▶ 回覧漏れがないよう、印鑑欄やサイン欄を設けるのも良い

 書籍購入のお知らせの供覧

令和○年11月5日

戦略企画デザイン部各位

　　　　　総務部長　　浦田稔

『デジタル社会における戦略デザイン』購入のお知らせ

　このたび新たな書籍として、『デジタル社会における戦略デザイン』を購入しました。

　業務の遂行にあたり、大いに役立つ内容が網羅されていますので、ぜひ一度お読みください。

　なお、当書籍は書庫室の書棚C「で行」の位置にありますので、ご自由にどうぞ。

 供覧文書であることが示されていない

 書籍についての説明が一切ないため興味が湧かず、なぜ業務に役立つのかもわからない

 書籍の取り扱いに対する説明があいまい。この言い回しだと、進呈されるのか貸出専用なのか判断できない

件名:【供覧】書籍「デジタル社会における戦略デザイン」購入のお知らせ

▶名前:浦田政子　　　▶部署:総務部
▶需要度:○緊急 ◎普通　　▶文書種別:戦略企画デザイン部内回覧

このたび、下記の書籍を購入したのでお知らせします。
同書は、昨年の社内セミナーで講師を務められた、
デジタルフューチャー研究所所長の新沼歩氏による新著です。
効果的な戦略デザイン手法が記された一冊であり、
業務にあたって大いに役立つことと思いますので、
ぜひご一読ください。

記
・書籍名　　　「デジタル社会における戦略デザイン」
・収納場所　　書庫室書棚C「で行」
※書き込みや付箋の貼り付けは厳禁です。
※1週間以内には、所定の場所へお戻しください。

以上

イントラで供覧文書を発信する際は、件名に「供覧」と記すとひと目でわかる

詳細や注意事項などは、記書きにするのも良い

書籍購入のお知らせの供覧

供覧
令和○年11月5日

戦略企画デザイン部各位

総務部長　浦田稔

書籍『デジタル社会における戦略デザイン』購入のお知らせ

　昨年の社内セミナーで講師を務められた、デジタルフューチャー研究所所長の新沼歩氏による新著『デジタル社会における戦略デザイン』を購入しました。
　同書は、絶え間なく進化し続けるデジタル社会において、生き残りと発展に不可欠な戦略デザイン手法が記された一冊です。
　業務の遂行にあたり、大いに役立つ内容が網羅されていますので、一読の価値があります。
　なお、当書籍は書庫室の書棚C「で行」の位置に収納していますので、ぜひ手に取ってみてください。

※書き込みや付箋の貼りつけは厳禁です。
　貸出日より1週間以内に、所定の場所へお戻しください。

社内セミナーで講師を担当した人物の、新著購入をお知らせする供覧文書。書籍の内容や業務上の必要性について述べる

📖 供覧（きょうらん）
多くの人が読む意思決定を伴わない文書。部署内で役職が上の人から順に目を通す。左上に「供覧」と記して枠で囲んでも良い

詳しく書く必要はないが、閲覧者が興味をもてるように、内容の説明や推薦の理由を簡潔に記したい

🔁 発信者から
　直接借りる場合
「貸出を希望される方は、総務部浦田のデスクまでお越しください」

取り扱いにあたっての注意事項があれば明記する

義援金協力のお願いの回覧

```
                        回覧
                    令和○年7月28日
社員各位
                        総務部長
                        平池努

      株式会社ミナミ硝子様への義援金ご協力のお願い

　すでにご承知の方も多いことと存じますが、先ごろ九
州地方で発生した地震により、弊社の取引先である株式
会社ミナミ硝子様の工場が半壊する損害を受けました。
　つきましては、同社へのお見舞いとして義援金をお届
けする所存ですので、ご協力いただける方は、3階受付
カウンターの募金箱をご利用いただくか、総務部平池（内
線708）までお申し出ください。なお、8月18日（金）ま
で受け付けいたします。
　皆さまよりのご温情とご支援のほど、何卒宜しくお願
い申し上げます。
                        以上
```

地震により、工場が半壊した取引先への義援金を募る回覧文書例。具体的な金額目標など、お金に関する露骨な表記は控える

📖 回覧（かいらん）
通知や共有したい事項を記載した文書を順に回し、閲覧すること。作成する際は、左上に「回覧」と明記し、枠線で囲む

⭕ 義援金を募るに至った事情や理由は、必ず明示する

 金額の大小は問わない旨の一文を添える場合
「お気持ちだけでもご協力いただける方は」

✏️ 「お心遣い」「温かなご支援」

営業会議開催の案内の回覧

```
                        回覧
                    令和○年10月29日
社員各位
                        営業本部長
                        高木一郎
          営業会議開催のお知らせ
　今月の営業会議は、下記の日程で開催しますことをお知
らせします。

                        記

・日時　11月4日（金）
        16：00〜18：00
・場所　本社第2会議室
・議題　・先月の成果と今月の目標の確認
        ・12月発売予定の新製品販売促進案について

                        以上
```

主に2つの議題について話し合う予定の営業会議開催を伝える文例。長々と文章を書くのは避け、記書きですっきりと事項を伝える

✏️ 「下記のとおり営業会議を開催しますので、予定を調整のうえ必ず出席願います」

⭕ 営業社員が事前に準備や心構えできるように、議題は通知しておく

歓迎会開催の案内の回覧

```
                                    回覧
                                         令和○年4月8日

                        田中新部長歓迎会開催のご案内

  4月1日付で着任された、田中洋次郎新部長の歓迎会を下記のとおり開催します。
  日頃よりお酒をよく飲まれるそうで、趣味は全国の酒蔵巡りとのこと。また、サッ
カーもお好きなようで、Jリーグや海外サッカーを問わず、何度も試合観戦に足を運ば
れてきたそうです。
  当日は、業務に関する相談はもちろん、趣味の話でも盛り上がりたいものです。予
定を調整のうえ、ぜひご参加ください。

                                    記

・日時  4月22日（金）19：00～21：00
・会場  「洋風居酒屋　SAKABA」
          ※お店の詳細や地図は別紙参照
・会費  5,000円（当日、現地にて徴収）
・幹事  木下（内線504）・林田（内線505）
・備考  4月15日（金）までに、幹事・木下に戻るようご回覧をお願いします

名前        安田  尾上  石塚  里田
回覧日
出欠
※出席は○、欠席は×、出欠が不明の方は△を記入してください
                                              以上
```

新たに着任した営業部長の歓迎会開催を告知する回覧文書。和やかな会である印象を与えるために、堅い表現や言葉は使わない

対象者と距離を縮めて談笑できるよう、堅苦しくない情報を伝える

詳細情報をメールで送る場合

「お店の公式サイトURLを、別途メールで送付します」

回覧が滞りなく行われるよう、期限と返却先を記載しておく

回覧確認の表を挿入する場合は、滞り防止のために回覧日の欄も設ける

忘年会開催の案内の回覧

```
件名：【回覧】忘年会開催のお知らせ
添付：会場地図.jpg

営業部各位

お疲れ様です。
総務部　藤田です。

さて、早いもので今年も残り1か月ほどとなりました。
年末のお楽しみといえば、やはり忘年会。

今年は下記のとおり開催しますので、お知らせします。
年末業務でお忙しいとは思いますが、ご参加のほどお願いします。

記
・日時  12月17日（金）18：30～20：30
・会場  「北海酒場　恵比寿店」
          会場までの地図を添付しましたので併せてご確認ください
・会費  4,000円
・備考  お店の予約を取りますので、
          11月15日（月）までに、出欠のご連絡を幹事藤田までお願いします。

なお、毎年恒例のビンゴ大会を今年も実施します。
豪華な景品も用意しておりますのでお楽しみに！
                                              以上
```

ゲーム大会が実施される忘年会開催のお知らせ文。年末業務の多忙さに配慮した一文を添える

「飲んで、食べて、笑って、今年の労を労い、来年への活力を養いましょう」

飲食店の繁忙期のため、遅くとも1か月前までには予約できるよう、出欠の確認は早めに取る

社員が参加したくなるような誘い文句も記したい

通知する

連絡事項や社内情報の共有を目的に発信するのが、通知や指示の文書です。誰もが内容を理解、納得できるよう、端的な文章が求められます。

Point
▶ 伝えたい事項や情報の要点を、しっかりと押さえて書く
▶ 記書きを用いるなど、内容がわかりやすくなる工夫をする
▶ 内部でのみ閲覧する文書なので、敬語は控えめでかまわない

● 人事異動の通知

令和○年8月25日

社員各位

人事部長
今井直樹

人事異動のお知らせ

　この度、下記のとおり人事異動が発令されましたので、お知らせします。

記

1. 吉田淳一　（新職）経理部経理課長
　　　　　　（旧職）総務部総務課長

2. 角田知明　（新職）システム管理部長
　　　　　　（旧職）生産部生産管理課長

　なお、令和○年9月1日の発令となります。

以上

役職に就いている人が他部署に異動し、新たな役職に就任する旨を通知する文例。発令される日付や新旧の役職名を記載する

●
社内全体に通知する場合は、宛名を「社員各位」「従業員各位」などと記す

✎
「令和○年9月1日付で、下記のとおり人事異動を発令します」

✎
「総務部総務課長の任を解き、経理部経理課長就任を命ずる」

+α
配置転換の動きがわかるように、旧職と異動先を併記する

●
正式に発令される年月日を忘れずに明示する

件名：【重要】人事異動のお知らせ

▶送信者：今井直樹　　　　▶部署：人事部
▶需要度：○緊急 ◉普通　　▶文書種別：全社員

社員各位

人事部からのお知らせです。

このたびの人事異動について、
取り急ぎ、下記のとおりお知らせいたします。

経理部経理課長　吉田淳一（前 総務部総務課長）

システム管理部長　角田知明（前 生産部生産管理課長）

発令は、令和○年9月1日です。

以上

+α
イントラネット、あるいは
メールで全社員に伝えるこ
ともある

🔁 **メールでの送付で、辞令を添付する場合**

「詳細は添付文書のPDFファイルをご確認ください」

✏️
「1.吉田淳一
（新職）
経理部経理課長
（旧職）
総務部総務課長
2.角田知明
（新職）
システム管理部長
（旧職）
生産部生産管理課長」

得意先の情報の通知

　　　　　　　　　　　　　　令和○年3月15日

社員各位

　　　　　　　　　　　　　　　　人事部長
　　　　　　　　　　　　　　　　今井直樹

　　　　株式会社令和石油本社所在地変更のお知らせ

　このたび、株式会社令和石油の本社が移転しますこ
とを下記のとおり通知いたします。

　　　　　　　　　　　　記

1. 社名：株式会社令和石油
2. 住所：（新）東京都中央区京橋○丁目○番○号
　　　　　（旧）東京都新宿区四谷○丁目○番○号
3. 電話番号　　　　変更なし
4. 本社営業開始日　令和○年4月1日

各種書類等における、記載住所を変更くださいますよ
うお願いします。

　　　　　　　　　　　　　　　　　　　　以上

取引先の本社所在地が変更
される旨を伝える通知文。
事務手続きにもかかわるた
め、番地などの細かな数字
を間違えないよう注意する

通知する

⭕ 取引先の何が変更されるの
か、件名でわかるようにし
ておく

🔁 **代表が変更される場合**

「代表取締役社長が交代し
ますことを」

⭕ 変更される事項に応じて、
必要になる手続きなども記
載しておく

支店・営業所移転の通知

地方営業所のオフィス移転を伝える文例。電話番号やFAX番号などの変更もあれば、併せて通知する

令和○年3月15日

社員各位

仙台営業所移転のお知らせ

このたび、仙台営業所における業務のさらなる充実を図るため、当営業所を下記のとおり移転しますのでお知らせします。

記

旧営業所最終営業日　令和○年4月15日（金）　午後7時まで
新住所　　〒980-0021　宮城県仙台市青葉区中央○丁目○番○号
新電話番号　022-○○○○-○○○○
新FAX番号　022-○○○○-○○○○
※メールアドレスに変更はありません

なお、新営業所での営業開始は4月18日（月）午前10時からです。
移転当日より電話・FAX番号も変更になるため、事前に住所録等の変更や関係先への通知など、業務に支障が出ないよう調整をお願いします。

以上

賃貸契約満了が理由の場合
「仙台営業所オフィスの賃貸契約満了に伴い」

荷物の不着や連絡不通の可能性を考慮し、旧営業所の最終営業日も記しておく

住所変更の通知とともに、連絡先の共有も肝要。変更がない場合も、その旨明示しておくこと

✉ 支店・営業所移転の通知

件名：仙台営業所移転のお知らせ

社員各位

このたび、仙台営業所は、オフィスの賃貸契約満了に伴い、当営業所を下記の通り移転しますのでお知らせします。

記

旧営業所最終営業日　令和○年12月27日（金）　午後7時まで
新営業所営業開始日　1月5日（月）　午前10時から

新住所：〒980-0021　宮城県仙台市青葉区中央○丁目○番○号
新電話番号：022-○○○○-○○○○
新FAX番号：022-○○○○-○○○○
※メールアドレスに変更はありません

移転当日より電話・FAX番号も変更になるため、
事前に住所録等の変更や関係先への通知など、
業務に支障が出ないよう調整をお願いします。
添付文書（1通）：取引先通知リスト

以上

総務部　藤井浩行

簡単に理由を記しておくと、社員も安心する

新住所での営業開始日時を明記しておくと、業務に差し障りが出ない

会社から取引先に知らせる場合
「通知する関係先のリストを作成し、会社からお知らせします。○日までに、添付ファイルに必要事項を記入して総務部藤井まで返送ください」

何を添付したのか、ひと目でわかるようにする

✉ 支店長会議召集の通知

件名：関東エリア支店長定例会議開催について
添付：参考資料.pdf

関東エリア支店長各位

お疲れさまです。

6月度の支店長会議を、下記のとおり開催しますので
お知らせします。
お忙しいところ恐縮ですが、ご出席をお願いします。

記
日時　6月24日（金）15：00～17：00
場所　東京本社3階　会議室A
備考　各自、提案や報告がある場合は、6月10日（金）
　　　までに、石浜まで書面にてお申し出ください。

なお、議題については、添付の参考資料をご確認ください。
当資料は各自プリントアウトのうえ、
必ず当日持参してください。

以上

東京本社営業部長　石浜文緒

本社での支店長会議開催を
知らせる文例。会議で話し
合われる議題を事前に伝え
る役割も兼ねる

「掲題につきまして、東京
本社にて開催します」

⚪ 議題については必ず記載し、
添付資料の確認を促す。本
文に記載してもかまわない

🔄 **資料作成を
　 要求する場合**

「各支店の売上・予算計画
に関する資料については、
従来の書式にて事前の作成
と、当日の持参をお願いし
ます」

✉ 社内規定改定の通知

件名：就業規定の一部改定について

おつかれさまです。
総務部長の竹丘です。

このたび、働き方改革の一環として、
就業規定が下記のとおり一部変更されますので
お知らせします。

記
1. 改定内容　全部署における希望者への
　　　　　　リモートワークを認可
2. 改定事項　就業規定第7条に
　　　　　　リモートワークの項を追記
3. 発行日時　令和○年1月4日（月）

以上

希望者は、各部署責任者との相談のうえで
実施してください。

総務部長　竹丘茂

就業規定の改定により、リ
モートワークが認可される
旨を伝える通知文。改定さ
れる理由についてもふれ、
理解を求める

「昨今の社会情勢を考慮し」
「経費削減を図るため」

+α
社内規定が改定される経緯
について明示する

⚪ いつから改定されるのかわ
かるように、発行日時は必
ず明記する

⚪ 注意事項や指示などがあれ
ば、漏れのないように記す

社員慶弔の通知

令和○年7月4日

社員各位

訃報のお知らせ

　かねてより、心臓病の療養中であられた、山根勇広報部長が本日午前11時にご永眠されました(享年51歳)。
　ここに哀悼の意を表し、謹んでお悔やみ申し上げます。

記

通夜	7月6日（水）　午後6時30分～
葬儀告別式	7月7日（木）　午前10時～
式場	温福神社
	神奈川県川崎市上麻生○丁目○番○号
喪主	妻　山根逸子様
備考	神式にて執り行われます

以上

病気療養を続けていた広報部長の訃報を伝える文例。哀悼の意を表するとともに、通夜や告別式の詳細を共有する

⭕ 訃報のお知らせには、亡くなった日時や故人の氏名だけでなく、お悔やみの一文も必ず添えること

🔁 仏式の場合

「仏式　浄土真宗にて執り行います」

+α
記書き（別記）には日時や式場、喪主の名前を記す。表記ミスのないよう、誤字脱字等のチェックは入念に

✉ 採用試験の通知

件名：採用試験の実施について

担当各位

お疲れ様です。人事部の佐藤です。

　令和○年度新卒者の採用試験を、下記の日程で実施します。
　担当者は、各自事前準備を進めるようお願いします。

記
1．筆記試験
　　日時　　7月3日（月）午前10時～午後0時
　　場所　　本社セミナールーム

2．面接試験
　　・1次面接　　　　　7月24日（月）午後1時～午後3時
　　・2次面接　　　　　7月31日（月）午後1時～午後3時
　　・役員面接（最終）　8月7日（月）午前10時～午前11時

　　1次・2次面接は第1～第3会議室、役員面接は社長室で行います。

以上

新卒者採用試験の日程と内容を通知する文例。試験の種類ごとに分類して、それぞれの日時を記書きにして伝える

✏ 「来春新卒者の筆記試験ならびに面接試験」

⭕ 予定の調整をお願いする

⭕ 面接が複数回行われる場合は、各日時や場所を間違えないように記載すること

+α
詳細は別紙にまとめ、添付ファイルにしても可

停電の通知

件名：一時停電のお知らせ

▶名前：宝田智雄 ▶部署：総務部
▶需要度：◉重要 ○普通 ▶文書種別：全社員

一時停電のお知らせ

　当ビル全体の電気設備点検により、下記の時間帯は一時停電となります。
　点検中は、管理上ビル内への立ち入りが一切禁止されますので、
おそれ入りますがあらかじめご了承ください。
　ご理解とご協力のほど、お願いします。

記

1. 日時　　　10月7日（木）8時30分〜11時
2. 工事内容　電気設備点検
3. 注意事項　・データ破損のおそれがあるため、前日の10月6日（水）は、
　　　　　　　必ずPCをシャットダウンし、コンセントを外してから帰宅してください。

以上

電気設備点検のため、停電になる時間帯があることを通知する場合の文例。該当時間内だけでなく、事前に確認してほしい注意事項も記載する

「電気設備の法定点検実施のため」「電気系統の定期点検に伴い」

○

不便をかけることに対して、配慮のひと言を書き添える

○

電子機器や冷蔵庫など、停電の影響を受ける可能性のあるものに対しての注意事項を記載する

IT関連の通知

令和○年3月14日

社員各位

システム管理部

インターネットセキュリティの強化策実施について

　昨今、深刻な情報漏洩を引き起こす不正アクセスやウイルスの侵入が猛威をふるっています。そこで当社では、インターネットセキュリティのさらなる強化を図るため、下記のとおり対策いたします。
　つきましては、システム管理部の指導のもと、実施を徹底するようお願いします。

記

1. 対策内容　ログインIDおよびパスワードの変更を月末最終営業
　　　　　　　日に実行
　　　　　　　（使用デバイスほか、すべての登録サイトやソフト
　　　　　　　が対象）
2. 実施理由　機密情報保護の強化を図るため
3. 実施開始　令和○年3月31日（木）

　不明な点があれば、システム管理部柴田（内線311）までお願いします。
　なお、不実行が発覚した場合は、罰則対象となりますのであらかじめご了承ください。

以上

情報漏洩の防止を目的とした対策の実施を通知する場合の文例。対策内容を明記して、協力をお願いする

○

実施に至った背景についてふれる

🔁 **各部署にIT担当者がいる場合**

「各部署のIT担当者から説明を受け」

○

社員の理解を得るためにも、実施する理由や目的について明記する

○

不実行による罰則が設けられる場合には、注意喚起を行う。不実行の防止につながる

懲戒処分（解雇）の通知

　　　　　　　　　　　　　　　令和○年6月30日

販売部販売課
大川彰利殿

　　　　　　　　　　　　　　　　代表取締役社長
　　　　　　　　　　　　　　　　　　坂田隆史

　　　　　　　　懲戒解雇通知

　このたび発覚した貴殿による下記の行為は、当社就業規則第5条の違反に該当するものです。よって、令和○年7月3日付けで貴殿を懲戒解雇処分に付すことを決定しましたので、ここに通知します。

　　　　　　　　　　記

　　　　　　　　懲戒解雇事由
貴殿は、令和○年1月以降、定期的に渋谷区の飲食店にて違法賭博に興じていた。当該行為が社内の秩序および風紀を著しく乱したことは明らかであり、また当社が受けた社会的な不名誉は甚大であると断定し、同処分を決定した。

なお、引継業務については、本日より速やかに遂行すること。
　　　　　　　　　　　　　　　　　　　　以上

違法賭博の常習を理由に、懲戒解雇する旨を通知する場合の文例。事由を明らかにし、厳しい言葉を用いて伝える

懲戒処分にあたる行為が、就業規則のどの条項に違反しているかを明記し、処分の妥当性を示す

🔍 **懲戒**
社内外での不当な行為に対して科す制裁のこと

懲戒解雇の事由を明示する。厳しい決定の事由であるため、敬語は使わずに語気を強めた文章で書いてもかまわない

🔁 **弁護士に対応を任せる場合**
「今後の処置については、顧問弁護士を通じて追って報告する」

夏季休暇の通知

　　　　　　　　　　　　　　　令和○年6月15日

社員各位

　　　　　　　　　　　　　　　　　　総務部

　　　　　　　　夏季休暇のお知らせ

　本年の夏季休暇は、下記の日程で実施されますことを通知します。

　　　　　　　　　　記

1. 休暇期間　　8月10日（水）～8月15日（月）
2. 留意点　　・業務に支障のないよう関係先への通知は
　　　　　　　　早めに行うこと
　　　　　　・期間中は、いかなる事情でも社内への
　　　　　　　　立ち入りは禁止
　　　　　　　　　　　　　　　　　　　　以上

社員全員が同時に夏季休暇をとる場合の通知文。休暇期間の記載に誤りがないよう、しっかりと確認する

🔁 **休暇期間が申告制の場合**
「期間内で5日間の取得をお願いします。夏季休暇届に希望日を記載のうえ、総務部へ提出してください」

関係先への早期通知を促すほか、休暇中の注意点についてもふれる

✉省エネの通知

件名：社内における省エネご協力のお願い

社員各位

お疲れさまです。
総務部岩本です。

さて、当社では、電気使用量の削減を目指して、
これまでにもさまざまな取り組みを進めてきました。

しかし、昨今のエネルギー価格高騰に鑑み、
さらに徹底した省エネ対策と、
それに伴う経費削減を推進する必要があります。

つきましては、新たに下記の取り組みを
進めて参りますので、
皆様のご理解とご協力をお願いします。

記
1. 未使用電気器具のコンセントはすべて外す
2. 複合機の使用頻度を抑え、書類の電子化を進める
3. 帰宅時は必ずPCをシャットダウンする

以上

電気使用量削減を目的とした省エネ対策の実行を働きかける文例。通知といえども、不便をかける可能性もあるため、丁寧な言葉でお願いする

「政府による節電要請に応じて、電気使用量をさらに15%削減すべく、一層の省エネ対策を徹底する運びとなりました」

+α
なぜ省エネの取り組みを行う必要があるのか、理由を示して社員の理解を促す

具体的な取り組み内容は、記書き（別記）にして伝える

✉社内マナー向上の通知

件名：エレベーター降車時の注意事項

社員各位

お疲れさまです。
総務部の篠田です。

近ごろ、当ビルのエレベーターが、
弊社の入居する7階で頻繁に止まっているとの
苦情が相次いでいます。

利用者に配慮して、当階でエレベーターを降りた際は、
必ず1階まで降ろすようお願いします。

総務部　篠田芳子

エレベーター利用時のマナー向上を喚起する場合の文例。苦情への対応のため、少々強めの語気で伝えてかまわない

「マナー向上に向けたお願い」などの抽象的なものではなく、対象事項が直接的に伝わる件名をつける

マナー向上につながる、具体的な対応策を示して実行を呼びかける

依頼する

依頼の文書は、社内業務に関してお願いする際に発信します。社内アンケートや営業実績の照会などを依頼する場面で用いられます。

送る場面 ➡社内アンケート調査の依頼（P233）➡売上データの提供依頼（P234）
➡社内報取材協力の依頼（メール）（P235）➡社内講習会講師派遣の依頼（メール）（P236）
➡講師派遣の依頼（P237）➡発送先リスト提出の依頼（メール）（P237）

Point
▶「お願い」するために発信するので、謙虚な態度が伝わる文章を書く
▶行為を無理強いするような言葉や表現は使わない
▶依頼する目的や理由については、具体的に述べる

 社内アンケート調査の依頼

週休3日制導入についてのアンケートへの回答を依頼する文例

令和○年10月5日

社員各位

総務部長
一橋孝太郎

　　　アンケートご回答のお願い

　現在、当社では週休3日制の導入について検討しております。
　つきましては、制度導入について全社員を対象にアンケートを実施しますので、ご回答をお願いします。
　提出期限は10月28日（金）です。下記の要項をご確認のうえ、必ず期限までにご回答ください。なお、提出場所は休憩室に設置された回収ボックスです。
　宜しくお願いします。

記

1. アンケート内容　週休3日制導入について
2. 提出期限　　　　10月28日（金）
3. 提出場所　　　　休憩室設置の回収ボックス

以上

 どのような事柄についてのアンケートかわからない

 なぜ、週休3日制を導入しようとしているのか、その理由に言及がない

 忙しい業務の合間をぬって依頼に応じる社員に対し、配慮の言葉がない

 回答方法の記載がない。確認が必要となり、社員に二度手間を取らせてしまう可能性がある

メールで送る場合

件名：週休3日制導入に関するアンケート協力のお願い
添付：回答用紙.docx

社員各位

お疲れさまです。
さて、当社では現在、社員のワークライフバランスの充実を図るため、
週休3日制の導入について検討を続けています。
つきましては、皆様のお考えを伺うべく、
本件に関するアンケートを実施します。

お忙しいところ恐縮ですが、下記をご確認のうえ、
ご回答くださいますようお願いします。

記
回答方法　添付の回答用紙に記入
提出期限　10月28日（金）18時まで
提出方法　回答用紙を添付し、当メールに直接ご返信ください
　　　　　　　　　　　　　　　　　　　　　　　　　　　以上

総務部長　一橋孝太郎

何に関するアンケートのお願いなのか、依頼の内容がひと目でわかる件名をつけている

メールで回答のお願いをする場合は、回答用紙のデータを添付するのが理想的

「当社のフライデー・チャレンジといたしまして、第1週の金曜日を休日とし、一部週休3日制を導入すべく、検討を続けています」

社内アンケート調査の依頼

令和○年10月5日

社員各位

総務部長　一橋孝太郎

　　　　週休3日制導入に関するアンケートご協力のお願い

　現在、当社では従業員のワークライフバランスの充実を図るため、週休3日制の導入を検討しています。
　つきましては、皆様のお考えを伺うべく、本件に関するアンケートを実施します。
　ご多用中のところ大変恐縮ではありますが、下記のアンケートにご回答いただき、10月28日（金）までに休憩室の回答ボックスへ投入くださいますようお願いします。

　該当する回答を丸で囲んでください。
　なお、氏名の記載は不要です。
　　　　　　　　　　　　　　記
1．性別を教えてください
　　男性　　　　女性
2．年齢層を教えてください
　　20代　　30代　　40代　　50代　　60代
3．週休3日制の導入について
　　賛成　　　　反対
4．上記3.の理由を簡潔に教えてください

5．その他、ご意見やご要望があればお書きください

ご協力いただきありがとうございました。
　　　　　　　　　　　　　　　　　　　　　　　　　　　以上

依頼内容がひと目でわかる件名になっている

はじめに、アンケートを実施する目的や理由について明らかにする

「ご意見を参考にさせていただきたく」「お考えを検討材料としたいため」

就業時間内の協力を依頼することになるため、申し訳ないという気持ちを表す一文を添える

回答の協力に対する感謝の言葉を書き記す

売上データの提供の依頼

マーケティング戦略の見直
しのため、営業部に売上デー
タの提供を依頼する場合
の文例。必要なデータ内容
は、具体的に伝える

令和○年9月5日

本社営業部長
谷本康文 様

　　　　　　　　　　　　　企画マーケティング部長
　　　　　　　　　　　　　　　　　井本辰夫

　　　　　　　販売実績についての照会

　今年度における売上が急激に減少している現状を鑑み、企画
マーケティング部では、今後のマーケティング戦略の見直しを
検討しています。
　つきましては、売上に関するデータをご提供いただきたく、
ご回答をお願いします。

 全体の売上なのか商品個別
の売上なのか、対象につい
ての説明があいまい

 売上に関するどのようなデー
タが必要なのか、具体的
に記されていないため、相
手は困惑してしまう

 期限の記載がない。いつま
でに回答すればいいのかわ
からない

〇 **売上データ**の提供の依頼

令和○年9月5日

営業部長
谷本康文 様

　　　　　　　　　　　　　企画マーケティング部長
　　　　　　　　　　　　　　　　　井本辰夫

　　　　　　　販売実績についての照会依頼

　競合他社である太平洋製麺株式会社の新商品が売上好調であ
る一方、当社主力商品「パックヌードル醤油味」の売上が急速
に減少している傾向にあります。
　そのような現状を踏まえ、企画マーケティング部では、今後
のマーケティング戦略の見直しを進めています。
　つきましては、販売実績と傾向の分析に役立てるため、下記
の点について9月30日（金）までにご回答くださいますようお願
いします。

　　　　　　　　　　　記

1．本年1月1日以降における「パックヌードル醤油味」の売上高
2．本日以降の売上速報
　　※2点とも、エリア別にご回答ください

企画マーケティング部井本（imoto@○○○.jp）まで、メールに
よるご回答をお願いします。

　　　　　　　　　　　　　　　　　　　　　　　　　以上

📖 **照会**（しょうかい）
データや状況などを、問い
合わせて確認すること

〇 照会が必要になった背景や
理由を、具体的に示す

〇 入手したデータをどのよう
に活用するのかを明らかに
して、協力を願う

〇 必要な内容や項目について
は、記書きにすると伝わり
やすい

✉ 社内報取材協力の依頼

社内報に掲載するコラム執筆を依頼する場合の文例。依頼された人が快く応じられるよう、丁寧に申し出る

件名：社内報取材にご協力お願いします
添付：原稿フォーマット.docx

コンテンツ事業部
小泉美智子　様

お疲れさまです。
広報部浦本です。

このたびは、社内報制作にあたってのご協力を仰ぎたく、
ご連絡を差し上げました。

ご存じかと思いますが、当誌「INNOVATION」では、
開発スタッフの皆様にご執筆を担当いただく
「開発現場の舞台裏」というコラムがあります。

持ち回りによる担当をお願いしており、
来月号では小泉さんの執筆回となります。

お忙しいところ恐縮ですが、
下記をご確認のうえご執筆くださいますよう
お願いします。

記

・執筆内容　　　　開発現場における秘話や裏話など
・文字数　　　　　800文字
・提出期限　　　　10月14日（金）19時
・原稿作成方法　　添付のフォーマットをお使いください

ご相談や質問等あれば、浦本（内線○△○）までご返信
をお願いします。

以上

↻ 編集会議で依頼が決定した場合

「編集会議にて、小泉さんが新製品開発中に発見したバグが興味深いと話題になり、その件についての執筆をお願いすることに決定しました」

○

執筆内容や文字数などの指示は、項目ごとに記載する

✉ 社内講習会講師派遣の依頼

件名：コンプライアンス講習会における講師派遣のお願い

法務部長
長岡晃　様

お疲れさまです。
総務部小橋です。

このたび、事業活動における
法令の遵守徹底を図るとともに、
内部統制のさらなる強化を進めるため、
全社員を対象にしたコンプライアンス講習会を
開催する運びとなりました。

○ まずは、どういった目的と内容の講習会なのかを説明をする

つきましては、日頃から法務業務に従事する貴部より
講師の派遣を依頼する次第です。
なお、人選に関しては一任いたします。

○ なぜ、講師として白羽の矢が立ったのか、相手が納得できるような理由を示す

ご多用中のところおそれ入りますが、
ご協力いただきますようお願いします。

記

・日時　　4月22日（金）16時〜18時
・場所　　本社セミナーホール
・テーマ　事業活動の健全な成長と社会的信頼を
　　　　　守るためのルールについて

以上

🔁 **別紙資料を添付する場合**
「テーマの詳細については、別紙資料をご覧ください」

期間が短く申し訳ありませんが、4月13日（水）までに
人選を決定いただき、総務部小橋（内線340）までお知
らせください。

✏ 「急なお願いにつき、ご負担をおかけしますが」

講師派遣の依頼

令和○年7月3日

人事部
上田みさき 様

営業本部長
榎田勇気

講師派遣のお願い

　弊社は、最近、若手の新入社員を雇用しました。そこで、新入社員たちへ向けて、ビジネスマナー研修を行う必要があると感じています。

　つきましては、東京ITビジネス研究所の沢村寛也氏を講師としてお招きしたく存じますので、親交をおもちの上田様からお取り次ぎいただきたく、お願い申し上げます。

記

1. 日時　　　　8月1日（月）17時〜18時30分
2. 実施方法　　Zoom活用によるリモート開催
3. テーマ　　　新時代のビジネスマナー

以上

マネジメントスキル向上を目的とした勉強会に、外部講師を招きたい場合の文例。社内の人に取り次いでもらう必要があるため、丁寧にお願いする

「講師には、マネジメントスキルの知見を深くもちである、東京ITビジネス研究所の沢村寛也氏を希望しておりますので」

社内の人物への依頼とはいえ、面倒をかけるからには謙虚な態度でお願いする

「講師のご都合に応じて調整可能です」

✉ 発送先リスト提出の依頼

件名：お歳暮の発送先リスト提出のお願い
添付：20XXお歳暮発送先リスト.xls

▶名前：湯本かおり　　　　▶部署：総務部
▶需要度：○重要 ◉普通　　▶文書種別：全社員

今年もお世話になっている関係先へお歳暮をお送りします。
つきましては、発送先リストのご提出をお願いします。

なお、リストのご提出が必要になるのは、昨年の発送先から
追加または削減がある場合のみです。

ただし、昨年から変更がない場合も、念のためその旨を記載してご返信ください。

記

・書式　　　　添付の発送リストを参照
・提出期限　　11月10日（木）
・提出方法　　本メールに添付して返信
・備考　　　　お送りする商品の価格は、一律3,000円です

以上

お歳暮の発送先リストを提出してもらうよう依頼する文例。発送漏れやミスが出ないよう気を配り、リストの提出が不要な場合の対応にもふれる

🔁 共有ドキュメントで管理する場合

「共有ドキュメント（お歳暮リスト）をご確認のうえ、必要であれば送り先の追加、削減を行ってください」

変更がない場合も、間違いのないよう、確認のために返信をお願いするべき

依頼する

業務報告

業務内容や結果を整理して、上司に報告するための文書です。
事実をわかりやすく、正確に伝えるための工夫や配慮が求められます。

送る場面 ➡業務日報（P239）➡作業日報（P240）➡出張報告（P240）
➡月報（P241）➡年報（P241）

Point
▶ 業務内容やその進捗・結果を、上司や社内・部署間で共有するのが目的
▶ 必要であれば、グラフや表も作成して挿入する
▶ 事実と私見が混在しないよう、それぞれの項目を設けて作成する

 ## 業務日報

令和○年12月1日

営業部長
久本陽平　様

営業部　笹本直美

業務日報

本日は、まず午前9時半からチームミーティングに参加し、午前10時に終了。

午前11時からは、織田主任とともに取引先との打ち合わせを行いました。

午後12時30分から、株式会社SASAKI自動車の企画広報部・本多様とランチミーティング。9月に打ち出したTVCMの評判が良く、売上は上々とのこと。広告予算の増額を検討中であり、後日改めて相談したいとのお話でした。

午後2時からは、株式会社江戸川製薬様に新規広告案のプレゼン。見直しを依頼されました。

午後4時に帰社してプレゼン資料の作成を進めていたところ、株式会社ミルク製菓様からクレームが入りましたが、すぐに対応しました。

以上

話し合われた内容についての記載がない

どこの会社とどのような内容の打ち合わせをしたのか、具体的に示されていない

どこを、なぜ見直しを要求されたのか、わからない

どういったクレームが入ったのか、また実行した対応策についての明記がなければ、責任者は不安になる

メールで送る場合

件名：12/1 業務報告

お疲れさまです。笹本です。
本日の業務報告をいたします。

・9:30 【チームミーティング】
　業務内容の共有と今月の売上目標の確認
・11:30【東京ドリンコ・佐々木様と打ち合わせ】
　新商品についてWebプロモーションを検討中とのこと。
　今月15日までにプランを策定して提出すると約束。織田主任同行。

（中略）

・16:00 帰社後、プレゼン資料作成
　帰宅後、ミルク製菓様より雑誌広告のデザインデータが
　モノクロであったとのクレーム。
　制作部の吉本さんと連携し、約20分後にデータ再送。

以上。ご確認宜しくお願いします。

簡略的な業務日報として、メールでの報告を許可される会社もある。ただし、詳細については口頭や改めて文書を作成して報告する

「制作部の吉本さんに修正を依頼し」

+α
業務日報をはじめとする報告書では、文章で書くより、項目ごとの箇条書きが望ましい

業務日報

令和○年12月1日

営業部長
久本陽平　様

営業部　笹本直美

業務日報

1. 9時半〜10時半　チームミーティング
　チームメンバーの業務内容を共有し、今月の売上目標の確認を行いました。

2. 11時30分〜12時15分　東京ドリンコ・佐々木様と打ち合わせ
　織田主任同行。6月に発売予定の新商品について、動画を活用したWebプロモーションの実施を検討中とのこと。今月15日までにプランを策定して提出すると約束しました。

3. 12時30分〜1時30分　SASAKI自動車・本多様とランチミーティング
　9月に打ち出したTVCMの評判が良く、売上は上々とのこと。広告予算を現在より50%増額することも検討中であり、後日改めて相談したいとのお話でした。

4. 14時〜15時30分　江戸川薬品・市川様に新規広告案のプレゼン
　同社の商品「ピュアサプリSS」の新規広告案として、新聞広告を提案。しかし、メインターゲットである10代後半〜20代女性への訴求力に欠けるとの理由から、見直しの要請を受けました。

5. 16時〜18時　プレゼン資料作成とクレーム対応
　資料作成中の17時過ぎに、ミルク製菓様よりクレーム。2月に出稿予定である雑誌広告のデザインデータの色がモノクロであったとのことでした。すぐに制作部の吉本さんへ報告し、約20分後にデータを再送しました。

以上

広告代理店で営業職に従事する人物の、業務日報例。業務内容とそれを行った時間帯を併せて伝える

同行者がいれば、その報告も忘れずに

今後の予定にまで言及していると、打ち合わせに収穫があったことが伝わる

売上が芳しくない場合
「評判が良いとはいえず、売上も下降気味とのこと。広告予算の見直しが行われるため、今後の広告出稿については白紙だそうです」

クレーム処理などの問題解決にあたった場合は、誰とどのように対処して、どのくらいの時間がかかったかをなるべく細かく報告する

業務報告

作業日報

作業日報

令和○年11月9日
担当者名　岡村圭一

本日の作業内容　肉まん、あんまん、カレーまんの製造

作業者名　　　　小池二郎、草木民夫、細川清司、夏木貴、臼井洋二

作業時間　　　　10：00〜18：00（12：00〜13：00は昼休憩）

製品名	生産数	不良品数
肉まん	1,100個	20個
あんまん	800個	5個
カレーまん	800個	3個

備考　肉まんの不良品数が2日連続で20個以上となったため、明日（10日）の午前中に
緊急の機械メンテナンスを実施することが決定した。
それに伴い、明日の作業開始は午後1時からとなる予定。

以上

中華まん工場における1日の作業記録を記した日報の例。作業時間や作業者名などのほか、生産数や不良品数を正しく報告する

「記入者名」

責任者が作業結果を把握しやすいよう、製造品名や部数は表にしてまとめる

作業中に生じた問題や対応策など、責任者に報告するべき事項は備考欄に記す

出張報告

出張報告書

先日の出張について、下記のとおりご報告いたします。

記

1．日程　　　　9月20日（水）〜21日（木）

2．行先　　　　岩手県盛岡市

3．目的
東北エリアにおける販路拡大に向けた新規取引先の開拓
同エリアの市場調査

4．成果
東北食品サービスと盛岡フードの2社を訪問し、当社製品の取り扱いを要望
した。製品自体には興味を示されたものの、当社の販売希望数と先方の仕入
希望数に大きな乖離があり、両社ともに成約には至らず。

5．所感
やはり、地元食品事業者の圧倒的な強さが目立ち、両社とも関係性の維持を
理由に、仕入れの数はできるだけ抑えたい印象だった。とはいえ、製品への
評価は決して低くはないため、販売希望数を調整して成約にこぎつけたい。

以上

新規取引の開拓を目的として出張した場合の報告書例。成果とともに、出張に際して思ったことを所感として述べる

「9月20日と21日に実施した、東北出張についてご報告申し上げます」

どこの会社へ出向き、どのような商談をしたか。また、その結果はどうであったかを端的に伝える

出張で大きな収穫を得られなくても、所感を記すことで今後に向けての姿勢や意欲を示すことができる

月報

令和○年8月度　営業月報

令和○年9月5日
営業部　丸岡康太

・概況

【前月との販売個数比較】

前月7月の販売個数14,000個に対し、8月は約5,500個減の8,500個。8月1日に実行した、値上げの影響が如実に表れる結果となった。
また売上高は2,000,00円から、1,400,000円に減少。目標であった2,300,000円には届かなかった。

・所感

販売個数の減少は想定内であったものの、売上高が1,500,000円を下回ったのは当製品販売開始から初めてのことであり、由々しき事態として受け止めたい。今後は、販売企画部との連携を強めて販促活動に注力し、製品価値のさらなるアピールを行う必要がある。

以上

自社商品の販売個数を、前月と比較して報告する場合の例。グラフを用いることで、視覚的にもわかりやすさが増す

数値を報告する必要のある月報や年報などでは、グラフを用いても効果的

📖 所感（しょかん）

物事にふれて思ったことや感じたこと

結果を受けての感想や課題点のほか、自分なりに導き出した解決策などを書き記すと印象が良くなる

年報

年間報告書

本年における当社商品「ソフトマウンテンパーカー」の月別販売個数を、ご報告いたします。

月別販売個数推移

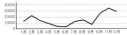

男女別比率　　　　　　　　　年齢層別比率

所見

販売個数は、例年とおり2月から徐々に下降し9月から上昇。5月と6月は3,000個台と、これも例年と大差のない販売個数だが、注目すべきは7月と8月に緩やかな上昇傾向をみせた点である。前年同月比で、およそ40%増。昨今のアウトドアブームも手伝い、夏のキャンプや登山での着用を目的に購入する人が増えたものと思われる。
また、今年はカラーバリエーションを3色から7色に増やしたためか、女性の購入者の割合が男性を上回った。年齢層別にみると、昨年は10%にも満たなかった50代・60代のトータルが15%にまで増加した。
来年度へ向けて、夏のプロモーション強化とともに、シニア世代に向けた訴求力も高めていきたい。

以上

1年間の販売実績を、月別に報告する場合の例。来年度に向けた戦略立案の参考資料にもなるよう、データの意味するところを意識して作成する

グラフの形式に決まりはないが、項目により見やすさを考慮に入れるなどして使い分けると評価も高まる

📖 所見（しょけん）

物事にふれての意見

グラフで数値の報告をするだけでなく、客観的な視点で事実を捉えて総括し、それに対する意見や考えについても書き記すと良い

レポート

レポートは、業務の進み具合や対策を報告するために作成する文書です。商品開発時や営業の進捗など、さまざまな部署、さまざまなケースで必要になります。

送る場面 ➡途中経過のレポート（P243）

 Point

▶ 私見を述べるのではなく、客観的な視点で現状を伝えることが大切
▶ 途中経過を伝えるレポートは、迅速に提出することが求められる
▶ 必要に応じて分析した今後の対策や方針も書く

✖ 途中経過のレポート

令和○年6月15日

製品企画部長　浦河徹 様

製品企画部　真田信一

新商品の開発について

　新商品の開発状況についてですが、6月10日に第一次試作品が完成し、開発部と製品企画部で試食と意見の交換を重ねました。
　しかし、まだまだ改良が必要なようです。
　私個人としては、よくできていると思うので残念です。
　今後は、砂糖を15％減量しカカオを10％増量した試作品が、2日後には完成するとのことですので、6月22日に再度ご報告の予定です。
　また、生産ラインの状況次第では、女性向けを追加した2パターンの商品を展開することも可能とのことですので検討します。

以上

 何を開発しているのかわかるように、商品名や試作品名を明記したい

 なぜ、改良が必要になるのか理由がわからない

 あくまでも現況や今後の対策を報告するための文書なので、あからさまな私見は不要

 どのような対応策を検討するつもりなのかよくわからない。具体的に記したい

■ 素材1：途中経過レポート

件名：新商品「ブリリアントカカオ」開発状況について
添付：途中経過レポート.docx

企画部長　浦賀徹　様

お疲れさまです。真田です。
表記の件についてご報告します。

・現状
6月10日の第一次試作品の完成後、
開発部と製品企画部で試食と意見の交換を実施。
再度試作を行うことが決定。

・今後の対応
本日より2日後に第二次試作品が上がるため、6月22日に途中経過を報告予定。
なお、生産ラインの状況次第では、
女性向けを追加した2パターンの商品を展開することも可能とのこと。

詳細については、添付の報告書をご確認ください。
宜しくお願いします。

途中経過のレポート

令和○年6月15日

製品企画部長　浦河徹 様

製品企画部　真田信一

新商品「ブリリアントカカオ」の開発状況報告

1. 現状
6月10日の第一次試作品完成後、開発部と製品企画部で試食と意見の交換を重ねました。その結果、ターゲットである30代〜40代の男性には甘みが強すぎるという意見が多く挙がり、原材料比率を調整して再度試作を行うことが決定しております。

2. 今後の対応
第二次試作品では、苦味を増して甘味を抑えるために、カカオ量を10%増量する一方、砂糖は15%減量します。本日より2日後には、試作品が上がる予定ですので、6月22日の18時までに改めて途中経過を報告します。

なお、生産ラインの状況次第では、2種類の商品を製造することも可能なようです。詳細は未定ですが、たとえば「男性向けの苦味の強い黒」、「女性向けの甘味の強い白」のような2つのカラーと味わいに分けたラインナップ展開も可能かと思います。今後、企画を詰めるとともに工場との調整も進めていく予定です。

以上

詳細はワードなどの文章作成ソフトで作成した文書で伝えてもかまわない

+α
メールは、先ぶれの役割にもなる。先ぶれとは、たとえば贈り物を送った場合、前もって書状でお送りしたことを伝え、準備を促すなどの目的で書かれる

製菓会社にて、新商品の開発経過を報告するレポートの文例。現状とともに今後の対策や展望にも言及することで、説得力が高まる

業務の途中経過を報告する文書では、「現状」と「今後の対応」を同時に伝えるのが基本。それぞれを項目ごとに分けて記載する

浮き彫りになった課題や問題点があれば明示したうえで、その対応策についてもふれる

次回の途中経過レポート日時を示す

次の報告日が未定の場合
「試作品の完成日が未定のため、次回の途中報告はその経過次第で速やかに行います」

「各部門と連携のうえ、企画のブラッシュアップを進めていく予定です」

議事録

営業会議や企画会議などが行われた際に、議事録を作成して報告します。議事内容を文書として情報共有することにより今後の業務に役立てたり、記録として保管したりします。

送る場面 ➡ 会議議事録（P245）

Point

▶ 日時、場所、出席者名、決定事項など、内容を過不足なく記録する
▶ 不参加の人が読んでも内容が理解できるように、要点をまとめる
▶ それぞれの事項については、箇条書きで記す

❌ 会議議事録

令和○年2月25日

定例営業会議　議事録

　営業部から、3か月連続の売上高増加について報告(別紙1参照)。全体の売上高を、さらに30%増加するための施策について検討。「PX－123S」を主力に据えた販売戦略の強化を図るため、5月以降も当商品のプロモーションを継続することで意見が一致。また、旧型の「PX－123A」については、廉価版として若年層への訴求を高める方針。マーケティング部が主体となり、次回の会議までに新たな施策を模索する。

　次回会議　3月15日（金）15:00～16:00

❌ 作成者の名前が記されていない

❌ 議事録作成の目的は、会議の内容を記録として残すこと。したがって、日時や場所、出席者などについても記載したい

❌ 売上高が増加した要因について言及されていない

❌ 書き出しが唐突だと、読み手は情報整理に難儀する

件名：【速報】2/24定例営業会議議事録

本日2月24日の定例営業会議についてご報告します。

記
- 日時　　令和○年2月24日（木）15:00～16:00
- 場所　　本社会議室B
- 出席者　営業部3名　マーケティング部2名　生産管理部2名
- 議題　　売上高30%増加に向けた戦略の強化策について
- 議事
　・営業部から、3か月連続の売上高増加について報告
　・全体の売上高を、さらに30%増加するための施策について検討
- 決定事項
　・5月以降も新商品「PX－123S」のプロモーションを継続
　・マーケティング部が主体となり、次回の会議までに新たな施策を模索する

なお、議事と決定事項については、明日改めて詳細を送付します。
次回の会議は、3月15日（金）15:00～16:00です。

以上

「取り急ぎのご報告をいたします」

メールの場合、議事や決定事項については速報として要点を伝えるだけでもかまわない

● 会議議事録

定例営業会議の内容を記録する場合の例。会議で話し合われた内容（報告事項及び決定事項）を簡潔に記す

令和○年2月25日
営業部　一宮清美

定例営業会議　議事録

1. 日時　　　令和○年2月24日（木）15:00～16:00
2. 場所　　　本社会議室B
3. 出席者　　営業部3名　マーケティング部2名　生産管理部2名
4. 議題　　　売上高30%増加に向けた戦略の強化策について
5. 配布資料　直近3か月の売上報告書（別紙1）
6. 議事
 (1) 営業部から、3か月連続の売上高増加について報告（別紙1参照）。特に12月に発売を開始したビデオカメラの新商品「PX－123S」の売れ行きが好調であり、2か月連続で販売個数1,000台を突破。
 (2) 全体の売上高を、さらに30%増加するための施策について検討。

7. 決定事項
「PX－123S」を主力に据えた販売戦略の強化を図るため、5月以降も当商品のプロモーションを継続することで意見が一致。また、旧型の「PX－123A」については、廉価版として若年層への訴求を高める方針。マーケティング部が主体となり、次回の会議までに新たな施策を模索する。

次回会議　3月15日（金）15:00～16:00

以上

会議の際に配布された書類があれば、明記する。必要であれば、議事録提出の際にも添付する

議事（ぎじ）
特定の事柄について話し合いを行うこと。また、その内容

話し合われた内容を「議事」、それに対して決定した対策や方針を「決定事項」としてまとめる

アイデアや意見を記載する場合
「8.主な意見　なぜ売れ行きが良いのかを調査する必要がある」

調査報告

特定の対象を調査したうえで、情報を分析・整理して、その結果を報告する文書です。
既存事業の発展計画や新規事業の立ち上げ時などに活用できます。

送る場面 ➡信用調査報告（P247） ➡市場調査報告（P248） ➡アンケート調査報告（P249）

 Point
▶ 理由や結論、趣旨や結果などは項目別に詳細を記録する
▶ 結果を裏づけるデータは、表やグラフを用いて示す
▶ 事業や業務の改善や発展に役立つ資料となるよう工夫する

✖ 信用調査報告

令和○年6月9日

株式会社モザイク
営業部部長　大倉兼敏様

アサダトラスト株式会社
佐野和彦

カラフル印刷株式会社の信用調査について

　カラフル印刷株式会社の現社長は、35歳の2代目社長です。過去の施策に捉われない柔軟で時代に即した改革を続けており、社内外からの評価は高いとされます。
　営業実績についてですが、昨期は創業以来過去最高を記録。さらに今期はそれ以上の業績が見込まれると予測されています。
　また、教育研修が徹底されていることもあり、社員のスキルや知識は高く、業界でもトップクラスといわれます。
　そして取引銀行からの評価は、最高ランクのSクラス。
　以上の理由から、同社は信用に値し、取引において支障はないと思われます。

唐突かつダラダラとした文章で、要点をつかむまでに時間がかかる

結論に至るまでの道程が長い。これでは、信用できるのかどうかを判断する前に、読む気を失う

凡例 ○OK例（お手本） ✖NG例 ✎書き換え例 ↻シチュエーション例 用語

件名：カラフル印刷株式会社の信用調査について
添付：カラフル印刷会社各資料.zip

大倉営業部長

お疲れさまです。
標題の件について結果を報告します。

結論：同社の信用度は極めて高く、取引に支障はないと考えられます。

理由：1. 社長の手腕は、社内外で高評価
　　　2. 昨期は過去最高の業績。今期はそれ以上が見込まれる
　　　3. 従業員の評価は、業界でもトップクラスといわれる
　　　4. 取引銀行からの評価は最高クラスのSランク

その他、同社の会社概要及び昨期の営業報告書、
ABC銀行による調査資料を添付しましたので併せてご確認ください。
　　　　　　　　　　　　　　　　　　　　　　　　　　　　以上

調査内容については長々と書くのは避け、箇条書きかつ端的に明示する

参考資料がある場合は、添付し、確認を促す

信用調査報告

外部から依頼された取引先候補の企業の信用度を報告する場合の文例。調査結果をもとに、信用に値するかどうかを明示する

令和○年6月9日

株式会社モザイク
営業部部長　大倉兼敏様

アサダトラスト株式会社
佐野和彦

カラフル印刷株式会社の信用調査について

標記の件について調査結果がまとまりましたので報告します。

1. 結論
同社の信用度は極めて高く、取引に支障はないと考えられる。

2. 理由
・社長は35歳の2代目社長だが、経営面において過去の施策に捉われない柔軟かつ時代に即した改革を続けており、社内外からの評価は高い。
・昨期は過去最高の業績を残している。また、今期はさらなる業績向上が見込まれる。
・徹底した教育研修により、従業員のスキルや知識、対応力は業界でもトップクラスとの呼び声が高い。
・それらの評価をもとに、取引銀行であるABC銀行は企業評価における最高ランクのSクラスに位置づけているとのこと

3. 添付資料
・同社の会社概要および昨期の営業報告書
・ABC銀行による調査資料
　　　　　　　　　　　　　　　　　　　　　　　　　　　　以上

読み手がまっさきに知りたいのは、調査対象の会社が信用に値するか否か。したがって、結論→理由の順に記すのが鉄則

「顧客はもとより、役員や社員の意見や要望も積極的に取り入れる、柔軟な経営姿勢を貫いており」

信用の裏づけとして、現状だけでなく将来性についてもふれる

外部機関の評価にも言及すると、より説得力が増す

市場調査報告

令和○年7月15日

広報部長
小田村雄一 様

マーケティング戦略部
藤村由佳子

市場調査報告書

今春に発売を開始した新商品「グランデカレー」についての調査を、下記のとおり実施しましたので結果を報告します。

記

1. 調査趣旨
　当商品の秋の増販に向け、同時期に発売を開始した他社新商品との認知度ならびに、商品イメージと味を調査し、消費者の意識を把握すること。

2. 調査方法
　リサーチ会社「東京データランド」に調査を委託。SNS上で無作為に選出した男女100名に、ダイレクトメッセージにて質問を実施。回答数81名。

3. 調査期間
　令和○年6月15日（水）〜7月1日（金）

4. 調査項目
　・当社新商品「グランデカレー」の認知度
　・当社新商品に対するイメージおよび味の評価

5. 調査結果
　業界最大手であるA社新商品の認知度が高いものの、当社新商品は2番手につけており、現状での傾向は悪くはない。

　なお、商品イメージと味の評価についての調査結果は、別紙資料にまとめておりますので、併せてご確認ください。

6. 所感
　発売からおよそ3か月が経過したが、現時点での認知度としては発売前の予想を上回る結果といえる。とはいえ、秋の増販目標を達成するためにも、8月末までには40％以上にまで引き上げたい。今後は、より幅広い年齢層への周知のため、SNSによる商品紹介や動画広告の配信も検討するべきではないだろうか。

7. 添付資料
　商品イメージと味の評価に関する調査報告書

以上

何を目的に市場調査を行ったのかが、趣旨を説明することで明確になる

グループディスカッションを実施した場合
「本社第1会議室にて、SNSで募集した男女30名とともにグループディスカッションを実施」

調査結果に対する所感がきちんと述べられている。今後に向けて検討すべき施策やアプローチ手段の提案なども挙げたい

アンケート調査報告

令和○年10月17日

マーケティング部長
栗山俊吾 様

営業部　小宮喜弓

サービス改善に向けたアンケート調査の報告

　当社が運営する「24時間ジム ALWAYS」のサービス改善に向けて、アンケートを
実施しましたので、下記のとおりご報告いたします。

記

1. 調査目的
　　サービスの改善により、利用者満足度の向上を図るため

2. 調査対象
　　全国の利用会員の男女各50名

3. 調査期間
　　令和○年9月1日（木）～9月30日（金）

4. 調査方法
　　対象をランダムに選出し、アンケート依頼メールを送付

5. 調査事項
　　当施設に対する満足度と要望する改善点

6. 調査結果

　　利用者満足度

	男性	女性
満足	91%	77%
不満	9%	23%

　　要望する改善点（上位3点）
　　・セキュリティ面の強化…72%
　　・トレーニングマシンの増設…15%
　　・プロテインバーの設置…8%

　　男性の満足度が90%を超えた一方、女性は77%と13%の差が生じた。不満と答えた
　　女性の80%以上は、深夜もしくは早朝の利用者であり、その多くが要望する改善点
　　としてセキュリティ面の強化を挙げている。

7. 今後の対策
　　現在、当施設では午前0時～午前6時までの監視を警備会社に委託し、遠隔で行っ
　　ている。そのため、当該時間帯はスタッフが不在となり、不安を募らせる女性利
　　用者が多い。今後は、各施設に夜勤の男女スタッフ1名ずつを配置できるよう勤務
　　体系の見直しを進めたい。

以上

「利用会員を対象（ランダムに選出）に実施したヒアリングの内容をご報告します」

調査結果がひと目で把握できるよう、グラフや表を使っても効果的

具体的なデータにもとづく提案をすることにより、説得力が増す

調査報告

事故報告

業務中に発生したミスや事故などの詳細を記録して報告します。単に報告するだけでなく、再発防止に役立てる目的もあります。

送る場面 ➡️ ミスの報告（P251）　➡️ 業務災害報告書（P252）　➡️ 交通事故報告書（P253）

Point

▶ 発生日時や場所、被災者名や発生の経緯などを整理したうえで作成する

▶ 主観や感情論は排し、事実のみを正確に記す

▶ 原因や対応の報告が目的のため、当事者を非難する表現や言葉は不要

ミスの報告

令和○年3月23日

営業本部長　山下豊 殿

営業部主任　時田一　印

誤出荷の報告書

　このたびは、部下の木下剛志によるミスで誤出荷が生じてしまい、大変申し訳ございませんでした。
　下記のとおり、経緯をご報告いたします。

記

1. 内容　3月22日（火）、担当の村本様よりクレームの連絡が入り、誤出荷が発覚

2. 原因　木下による受注システムへの入力ミス

3. 対応　誤出荷発覚当日の16時、同社へ出向き謝罪と経緯の説明。ご容赦いただくとともに再発注の依頼を受けた。

4. 措置　木下には厳重注意のうえ、始末書を提出させた

以上

責任を取るのは、直属の上司。ミスをした部下の名前を明記する必要はない

経緯を報告することが目的のため、基本的に謝罪の言葉は不要

誤出荷の詳細について明かされていない

字下げしておらず、ナンバリングが埋もれてしまっている

件名：3月22日の誤出荷についての報告

標題について下記のとおりご報告いたします。

【内容】3月18日（金）、株式会社お茶の水建設より
　　　　「YT-700」を100個受注。
　　　　しかし、3月22日（火）に同社へ届いた製品は
　　　　「YE-700」100個であった。
　　　　同日15時、担当の村本様よりクレームの連絡が入り、
　　　　誤出荷が発覚。

【原因】担当者による受注システムへの入力ミス

【対応】誤出荷発覚当日の16時、同社へ出向き謝罪と経緯の説明。
　　　　ご容赦いただくとともに再発注の依頼を受けた。

なお、担当者には厳重注意ならびに始末書を提出させました。
以上、ご確認ほど宜しくお願いいたします。

以上

メールで報告する場合は前
文を短めにして、すぐに本
題に入って良い

担当者を詳らかにせず、対
処内容だけを記す

ミスの報告

令和○年3月23日

営業本部長　山下豊 殿

営業部主任　時田一　印

誤出荷の報告書

　3月22日に発生した、株式会社お茶の水建設への誤出荷につ
いて、下記のとおり経緯をご報告いたします。
　なお、本件発生の当日中に同社へ謝罪に出向き、ご容赦
いただきましたことを併せてお伝え申し上げます。

記

1. 内容　3月18日（金）、株式会社お茶の水建設より「YT-700」
　　を100個受注。しかし、3月22日（火）に同社に届い
　　た製品は「YE-700」100個であった。同日15時、担
　　当の村本様よりクレームの連絡が入り、本件が発覚

2. 原因　担当者による受注システムへの入力ミス

3. 対応　誤出荷発覚当日の16時、同社へ出向き謝罪と経緯の
　　説明。ご容赦いただくとともに再発注の依頼を受けた

4. 措置　担当者には厳重注意のうえ、始末書を提出させた

以上

受注システムへの入力ミス
により、誤出荷が生じた場
合の報告書。部下のミスで
あっても、責任を丸投げす
るような文章は書かない

どのようなミスに対する報
告書か、ひと目で理解でき
る標題をつける

ミスによって発生した問題
について、すでに解決済み
であれば、前文中であらか
じめ明示しておく

🔄 未解決の場合

「同社に出向き謝罪をしま
したが、ご納得いただけず、
損害賠償請求も視野に入れ
た話し合いを明日改めて行
う予定です」

ミスが発覚するまでの経緯
は、事実のみを淡々と説明
する。また、時系列ごとに
説明すると相手は流れを把
握しやすい

✖ 業務災害報告書

令和○年2月8日

北九州工場長
石橋治郎　殿

製造管理部製造課長
植松洋太　印

業務災害報告書

1. 発生日　　　令和○年2月6日（月）
2. 発生場所　　北九州工場　第3セクション
3. 被災者名　　木田忠弘
4. 発生状況　　ガラス板の運搬を担うフォークリフト運転者の不注意で事故が発生。運転者による完全な過失であり、大変憤っております。
5. 傷害程度　　腕と足を負傷

以上

日付だけでなく、事故が発生した、おおよその時間についても記す

具体的な状況が伝わらない。また、事故に対する個人的な感情を述べる必要はない

必要な報告は「損害程度」。どの程度の傷なのか、回復までにどのくらいの期間がかかるかについて、判明している範囲で明示したい

再発防止のためにも、改善策については必ずふれる

○ 業務災害報告書

令和○年2月8日

北九州工場長
石橋治郎　殿

製造管理部製造課長
植松洋太　印

業務災害報告書

表記の件について、下記のとおり報告します。

1. 発生日時　　令和○年2月6日（月）午後14時頃
2. 発生場所　　北九州工場　第3セクション
3. 被災者名　　木田忠弘
4. 発生状況　　計3枚のガラス板をフォークリフトで運搬中、運転者が作業員に声をかけられてよそ見。会話に応じている最中の操作ミスによって、ガラス板が落下および破損し、欠片がそばを歩いていた被災者に直撃した。
5. 傷害程度　　左腕に10cm、左足に5cmの裂傷。全治10日、通院3日、休業3日。
6. 再発防止策　資材の運搬中は声をかけられてもハンドサインを送るなどして会話には応じず、作業に集中することを徹底する。

以上

工場内で、ガラス板運搬中に発生した事故を報告する文例。発生状況を詳らかにし、再発防止策も盛り込む

🔍 業務災害（ぎょうむさいがい）
業務が原因で被ったけがや病気、死亡のこと

○ 事故の発生状況は、具体的かつ簡潔に説明する

↻ 医師の診断書を添付する場合
「傷害の詳細については、添付の○○病院診断書をご確認ください」

○ 従業員に対して再発防止の指導や注意喚起を行った旨を報告する

交通事故報告書

令和○年1月26日

総務部長
第一営業部主任
大北康文　殿

交通事故報告書

1. 事故概要　　信号待ちでの前方車両追突

2. 発生日時　　令和○年1月23日（月）午後3時頃

3. 発生場所　　国道○号線美吉交差点付近

4. 当事者　　　第一営業部　秋本健太郎

5. 相手方　　　井村義一

6. 発生状況
当事者は、株式会社大松化学繊維への納品後、次の営業先へ向けて国道○号線を走行。美吉交差点で信号待ちの最中に、プレゼン資料を確認しようと後部座席の鞄に手を伸ばしたところ、無意識にブレーキから足を離し前方車両に追突した。

7. 被害状況
追突した相手方に全治1か月の頚椎捻挫、および車両のリアバンパーを損傷。また、当社営業車のバンパーが損傷。当事者にけがはなし。

8. 事故処理
発生翌日の1月24日（火）、顧問弁護士を通じて示談が成立。当事者へは、3か月間の営業車運転禁止と始末書の提出を命じた。

以上

営業車の運転中に、追突事故を起こした場合の報告書。弁護士など、第三者の介入による処理が行われたのであれば、それも明示する

事故の当事者のほか、被害者がいればフルネームを明記する。当事者は、会社に報告するための文書なので、所属部署や役職を明記する

スマホ使用が原因の場合
「メールを確認するため、スマートフォンを操作していたところ」

被害者がいる場合は、相手方と当事者双方の被害状況について言及する

事故後について、相手方への対応状況や当事者に下した処罰について報告する

事故報告

クレーム報告

取引先や消費者から届いたクレームの内容を報告する文書です。内容を共有できるだけでなく、再発防止策の立案にもつながります。

送る場面 ➡サービスの不手際へのクレーム報告（P255）　➡消費者からのクレーム報告（P256）
➡機器の不具合へのクレーム報告（P257）

Point
▶ クレーム内容は誇張、矮小化はNG。ありのままに報告する
▶ どのように対応したのか、処理方法や調査結果も明記する
▶ 再発防止のためにも、クレーム発生後は速やかに提出する

✖ サービスの不手際へのクレーム報告

令和○年11月25日

社員各位

　　　　　　　接客対応へのクレーム報告

（空欄）

受付番号	R-221123-1234
発生日時	令和○年11月23日（水）　午後8時過ぎ
発生場所	「プロヴァンスバル渋谷店」
お客様氏名	山下友則 様
ご連絡先	090-○○○○-○○○○
担当者	店長 石田芳樹、ホールアルバイト 鈴木法子

1．クレーム内容
お客様が、アルバイト1名と社員1名に対してご立腹であった。

2．対応と要望
電話にて丁重にお詫びした。また、細田エリアマネージャーが改めて謝罪し代金を返金した。
二度とこのようなことが起きないように気をつけてほしい。

✖ 誰がクレームの対応にあたったかわかるように、受付者の名前を記載すること

✖ クレームなので、相手が腹を立てているのは承知のうえ。詳細が伝わらなければ、報告書としての意味をもたない

✖ クレームの対応者として、要望を述べるのは間違いではないが、表現があまりにも稚拙。読み手が真摯に受け止められるよう、具体性のある要望を

件名：「プロヴァンスバル渋谷店」へのクレームについて

カスタマーセンター飯尾です。
「プロヴァンスバル渋谷店」の接客に対して
クレームがありましたので報告します。

受付番号　　R-221123-1234
発生日時　　令和○年11月23日（水）　午後8時過ぎ
お客様氏名　山下友則 様
ご連絡先　　090-○○○○-○○○○
担当者　　　店長 石田芳樹、ホールアルバイト 鈴木法子

【クレーム内容】料理への虫混入に対する、スタッフおよび店長の横柄な対応。
　　　　　　　　お客様は納得いかず、料理の交換を待たずに退店した。

【対応と要望】お詫びとともに、スタッフ教育の徹底を約束。
　　　　　　　細田エリアマネージャーが電話で直接謝罪し、
　　　　　　　支払い代金を返金。
　　　　　　　担当した両者へも厳重注意。

各店舗にて、接客マナーを徹底するよう望む。

○ 行数があまり多くならないよう、前文で受注者名やクレーム対象にふれてしまうのも良い

+α

飲食店や接客など、クレームがある程度発生することが予想される場合、ひな型を作成しておくのも良い。書く（報告す）べき項目が指示してあれば、過不足のない報告書を作成できる

○ サービスの不手際へのクレーム報告

運営する飲食店にて、接客態度へのクレームがあった場合の文例。内容や対応の報告とともに、該当部署などへの要望も伝える

令和○年11月25日

社員各位

「プロヴァンスバル渋谷店」の接客対応へのクレーム報告

受付者　　　カスタマーセンター　飯尾みずほ
受付番号　　R-221123-1234
発生日時　　令和○年11月23日（水）　午後8時過ぎ
発生場所　　「プロヴァンスバル渋谷店」
お客様氏名　山下友則 様
ご連絡先　　090-○○○○-○○○○
担当者　　　店長 石田芳樹、ホールアルバイト 鈴木法子

1. クレーム内容
　　お客様が注文した「渡り蟹のドリア」に虫が混入しており、
　　すぐに交換を要求。対応にあたったアルバイトの鈴木法子は、
　　無言で料理を下げた。お客様は、石田店長にスタッフの対応
　　を指摘したが、当人は悪びれる様子もなく、謝罪はしたもの
　　の不貞腐れた態度だったとのこと。お客様は、料理の交換を
　　待たず、代金を支払って退店した。

2. 対応と要望
　　お詫びを申し上げ、スタッフ教育の徹底を約束した。さらに、
　　細田エリアマネージャーが電話で直接謝罪し支払い代金の返
　　金を申し出た。担当した両者へも、厳重注意を行った。
　　各店舗にて、本件の共有とともに、社員、スタッフ双方が接
　　客マナーを徹底するよう望む。

○ 受付者の所属と名前を明記する

○ クレーム発生からの流れを、相手から伺ったままに明示する

🔄 **未解決の場合**

「しかし、こちらの謝罪や提案した対応策にご納得をいただけていないため、現在も社内で対応についての協議を続けている」

○ 今後の教訓として活かすため、クレーム受付者としての要望を伝える

消費者からのクレーム報告

自社製品の購入者からのクレーム報告書例。委託業者などの関係先に過失がある場合は、要求した改善策の内容を記す

令和○年8月14日

カスタマーサポート部
一岡誠

付属品未同梱に対するクレーム報告

1. 受付日
令和○年8月12日

2. 購入場所
ECモール「世界一周市場」

3. クレーム内容
上記サイトで電子書籍リーダー「KOTOBA」を購入したが、付属品である充電ケーブルが未同梱であったとのクレームあり。また、以降もほかの付属品を含め、未同梱物に関する問い合わせが4件あった。

4. 対応
謝罪後すぐに、メールにて弊社商品の20%割引クーポンを送信。また、充電ケーブルの配送手配も併せて行った。

5. 原因
弊社商品の梱包を委託している株式会社スマイルアイテムへ確認したところ、スタッフによる杜撰なチェック体制が発覚。

6. 改善策
同社へは、営業部を通じて厳重注意を行い、再発防止に向けた対策案の提出を要請。今後の対応次第では、委託先の変更を検討する必要がある。

関連するクレームがあった場合には、併せて報告すると良い

杜撰（ずさん）
中国の故事成語に由来し、「詩や文章に確かな根拠がない」ことを意味した。現在では物事の行い方や対応がいい加減で、適当であった場合に使われる

対策案を提出済みの場合
「書面にて再発防止策についての提示を受けた。内容を精査したうえで、今後の対応を検討とのこと」

+α
報告書は、社内にひな型がなくても、ダラダラとした文章を書かない。項目に分けて箇条書きにすると、要点が伝わりやすい

凡例 ○OK例（お手本） ✕NG例 ✎書き換え例 ⟳シチュエーション例 🔍用語

機器の不具合へのクレーム報告

自社製品の不具合に対する
クレーム発生から、リコー
ルに至った場合の報告書。
クレーム内容から、処理方
法、調査結果、対応まで一
連の経緯を明確に記す

令和○年12月10日

社員各位

営業部　北里翔

電気ストーブ「ヒートガンマPlus」への
クレームについて

1. クレーム内容
   標題の製品について、12月1日（木）に購入された
   お客様から、1時間ほど使用を続けていると「焦げ
   臭い匂いが発生する」というクレームが寄せられた。
   さらに12月4日（日）までに、同様のクレームが15
   件入る。型番は、すべて11月21日（月）に出荷を
   開始した「GM-22345」であった。

2. 処理
   お客様へは、お詫びを入電するとともに即刻の使
   用中止を要請し、製品の返送を依頼。併せて、当
   社公式ホームページならびにSNSにて、不具合に
   ついてのアナウンスを行い、型番を問わず同製品
   の使用中止を求めた。

   クレームに対して実行した
   処理内容を、漏れのないよ
   うに記載する

3. 調査結果
   製造にあたったベトナム工場に調査を要請したと
   ころ、同型番の製品について、内部配線接続部の
   圧着不良があり、長時間の使用によって発火のお
   それがあることが判明。

   他部門が処理や調査にあた
   った場合にも、その経緯や
   経過について説明する

4. 対応
   調査結果を受けて、同型番の製品出荷を緊急停止。
   また、リコールの実施も即時決定し、各部門から
   適任者を選出したうえで対策本部を設置した。今
   後は、同本部が中心となり、リコール内容の決定、
   および告知と共有を進め、12月15日（木）をめど
   に実施を開始する。

   📖🔍 リコール
   欠陥が見つかった製品を、
   製造者や販売者の判断で回
   収すること。主に、無償修
   理や交換、返金などの措置
   が取られる

クレーム報告

照会する

業務に関して特定の対象についての情報を伺うことを照会といいます。相手が快く応じられるよう、丁重な態度を示すことが大切です。

送る場面 ➡ 販売状況の照会（P259）

 Point

▶ 必要な情報がひと目で把握できるよう、照会内容は記書きで伝える
▶ 相手に手間をかけることを踏まえて、丁寧にお願いする
▶ 社内間でのやり取りなので、あまり大げさな敬語を使用する必要はない

✖ 販売状況の照会

令和○年4月3日

営業部長 殿

製品企画部
井上英輔

缶酎ハイ「よいどき」販売状況の照会

　標題商品の販売状況について、ご回答をお願いします。
　なお、誠に勝手ながら回答期限は4月14日（金）とさせていただきます。
　宜しくお願いいたします。

記

照会事項　　販売状況
回答先　　　製品企画部　井上
　　　　　　（内線344・inoue.e@○○○.jp）

以上

役職だけで名前が記載されていない

なぜ販売状況について知りたいのか理由がわからないと、相手も回答する意義を感じられない

回答は相手にとって手間のかかる行い。こちらの都合で依頼をし、期限まで切るのだから、負担をかけることに対して、申し訳なさが伝わる一文が必須

漠然としすぎていて、具体的にどのようなデータを求めているのかわからない

件名：缶酎ハイ「よいどき」販売状況照会のお願い

お疲れさまです。製品企画部の井上です。

本日は、標題についてご回答をいただきたく、
ご連絡を差し上げました。

ご多用中おそれ入りますが、4月14日（金）までにご回答くださいますようお願いいたします。

取り急ぎのご依頼となりますこと、ご容赦ください。

記
・製品名　　　「よいどき レモン味・グレープフルーツ味」
・照会事項　　前年度における上記製品の販売数・売上金額・
　　　　　　　本年度見込み
・目的　　　　「よいどき」新シリーズの企画立案に役立てるため

以上

照会は、重要な内容についての回答依頼。取り急ぎの場合を除いて、メールでの依頼は極力控える

販売状況の照会

新企画立案に役立てるため、製品の販売状況を照会する文例。回答を希望するデータ項目について明快に伝える

令和○年4月3日

営業部長
西田公太郎 殿

製品企画部
井上英輔

缶酎ハイ「よいどき」販売状況の照会

　製品企画部では、販売中の缶酎ハイ「よいどき」について、味のバリエーション拡大を伴うシリーズ化を目指した、新たな企画の立案を検討しています。
　つきましては、当商品の販売状況について伺いたく、下記について照会を依頼します。
　ご多用中おそれ入りますが、ご回答いただきますようお願いいたします。

記

1. 製品名　　　「よいどき レモン味・グレープフルーツ味」
2. 照会事項　　前年度における上記製品の販売数・売上金額・
　　　　　　　　本年度見込み
3. 回答期限　　4月14日（金）
4. 回答先　　　製品企画部　井上
　　　　　　　　（内線344・inoue.e@○○○.co.jp）

以上

なぜ照会が必要なのか、相手が納得して回答できるよう、理由を具体的かつ簡潔に示す

「甚だ勝手なご依頼となり恐縮ですが、下記期限までにご回答くださいますようお願いします」

照会する時間と手間を取らせてしまうことに対し、相手に配慮する

回答を依頼したいデータの項目を明記する

照会する

回答する

照会に対して行うアクションを回答といいます。相手が求める内容について、明確に回答しましょう。

送る場面 ⇒販売状況の照会への回答（P261）

Point
▶ 相手がすばやく回答内容を把握できるよう、件名は具体的に記す
▶ 所感を記すと、部署間のコミュニケーションにもつながる
▶ 回答期日が設けられている場合は、遅れないように注意する

 販売状況の照会への回答

令和○年4月14日

製品企画部
井上英輔 殿

営業部長
西田公太郎

販売状況の照会への回答 ┄┄┄┄✖ **対象についての明記がないため不親切**

　4月3日に照会いただいた件について、該当のデータがまとまりました。 ┄┄┄┄✖ **言い回しが冷淡に感じられ、印象が悪い**
　つきましては、別紙資料にて内容をご確認ください。

記

・昨年度の販売数、売上高の各データ ┄┄┄┄✖ **相手方の業務の参考になるよう、できれば、資料に関する説明や回答者としての所感を簡単に述べたい**
・本年度の売上見込み

以上

件名：缶酎ハイ「よいどき」販売状況の照会への回答
添付：20○○年度_販売状況.xls 20○○年度売上見込み.docx

製品企画部　井上英輔 殿

お疲れ様です。
4月3日に照会いただいた標題の件について、回答いたします。

お送りするデータは、昨年度4月～本年度3月までの販売数と
売上高、ならびに本年度の売上見込みです。
なお、各ファイルに所感も記しておりますので、
参考までにお目通しください。

以上、宜しくお願いします。

メールの場合は、照会に応じたことだけを伝え、内容については、ファイルを添付して送信するのが基本

メールの本文が長くなってしまわないよう、所感を述べたい場合は、ファイル内に併記されている旨を述べ、確認を促す

+α
社内文書なので、あまりに重々しい表現や過度な謙譲などは避ける。敬語も多用せず、丁寧語レベルでかまわない

自社製品の販売状況に対して照会した場合の回答文の例。別紙で詳細を伝える場合は、忘れずに添付する

販売状況の照会への回答

　　　　　　　　　　　　　　　　令和○年4月14日
製品企画部
井上英輔 殿

　　　　　　　　　　　　　　　　営業部長
　　　　　　　　　　　　　　　　西田公太郎

　　缶酎ハイ「よいどき」販売状況の照会への回答

　4月3日に照会いただいた標題の件について、該当のデータをまとめましたので、別紙資料にてご確認ください。
　以下はデータについての簡単な説明および所感となります。参考までにお目通しください。

　　　　　　　　　　　　記

1. 販売数と売上高は、昨年度4月～本年度3月までの集計結果です。
2. 本年度の見込みについてですが、現状では前年比約10%上昇。また、6月～8月には一層の上昇が見込まれ、本年度の販売数、売上高ともに、昨年度を上回ると予測しています。
3. なお、本製品は20～30代からの人気が高く、甘みの強いグレープフルーツ味の販売数がレモン味を上回っています。この傾向を鑑みると、新作においても、甘みを意識した製品の開発が得策かと思います。

　　　　　　　　　　　　　　　　　　　以上

相手は、複数の照会を行っている可能性もある。照会を受けた日付や対象について必ず明記する

「なお、データの説明とともに簡単な所感も記しました。今後の業務にお役立ていただければ幸いです」

他部署の意見や提案も、貴重な検討材料となる。遠慮することなく、考えや感じたことを述べると良い

始末書・念書

始末書は、自身や部下が不始末を起こした際にお詫びを述べる文書です。反省の意を強く表し、二度と同じ過ちを繰り返さないことを誓います。

Point
▶「弁明」や「釈明」ではなく、「謝罪」と「反省」の気持ちを示す
▶不始末の詳細は、包み隠すことなく率直に書き記す
▶「です・ます」調を用いて、誠意が伝わる文章を丁寧に書く

✖ 無断欠勤の始末書

　　　　　　　　　　令和○年5月14日

代表取締役社長
岸本忠文　様

　　　　　　　製造部　小田亮太

　　　　　　始末書

　私は、令和○年5月9日（月）に無断欠勤をし、このたび、また同じ過ちを繰り返してしまいました。本当にすみませんでした。
　また、職場の皆様には、2度もご迷惑をおかけしました。重ねてお詫びいたします。
　今後は、一層業務に邁進する所存ですので、何卒ご容赦くださいますようお願い申し上げます。

　　　　　　　　　　　　以上

✖ 始末書は会社の代表者ではなく、直属の上司に提出するのが一般的

✖ 謝罪の言葉ではあるが、反省も誠意もまったく伝わらない

✖ 具体的にどのような迷惑をかけたのか示されておらず、事態を軽く受け止めているように感じる

✖ 始末書は、許しを乞うとともに同じ失態を繰り返さないよう、自身を戒めて再発防止を誓うための文書。何をどう反省して、改善していくのかについて述べなければならない

無断欠勤の始末書

令和○年5月14日

製造部長
山中三郎　様

製造部　小田亮太

始末書

　私は、令和○年5月9日（月）までに数回にわたって無断欠勤をし、厳重注意を受けたにもかかわらず、本日、再度同じ過ちを繰り返してしまいました。これはひとえに、社会人としての自覚にかける失態であると深く反省しております。

　また、業務に混乱を生じさせ、職場の皆様にも大変なご迷惑をおかけしましたこと、重ねてお詫び申し上げます。

　今後は、二度とこのようなことが起きないよう意識の徹底を図り、一層業務に邁進しますことを固く誓います。

以上

無断欠勤を繰り返してしまった場合の文例。直属の上司と職場の人に対し、心からのお詫びを述べる

+α
再発防止のための具体策と、今後に向けて真摯な姿勢で臨むことを誓う一文を書き添えると良い

○ 経緯や事情を明示する

○ 過ちに対して心からの反省の意を示す

「今後は、二度と同じ過ちを犯さぬよう自身を律し、業務に精進することをここに誓います」

+α
処分や処遇など、不始末に対する会社の対応には素直に従う意思表示をする

会社への損害に対する始末書

始末書

　私は、去る令和○年7月20日（水）に提出した株式会社ネクスト広告様への請求書におきまして、誤って本来の請求額の10倍の金額を請求してしまいました。

　その結果、同社に対して不信感を与えただけでなく、取引の完全停止という重大な事態を引き起こし、会社に対して多大なる損害を与えましたことを謹んでお詫び申し上げます。

　本件の原因は、すべて私の業務に対する怠慢な姿勢が招いた過失であることに尽きます。ここに、心からの反省を表し、今後はこのような不始末を起こさぬよう、細心の注意を払いながら業務に取り組むことを誓います。

　なお、私の処分については、いかなる決定であっても異議はございません。然るべき措置のほど、宜しくお願いいたします。

誤請求により、取引を停止させてしまった場合の始末書。業務の怠慢を認め、処分を受け入れる覚悟を示す

○ 会社への損害を引き起こしたミスや失態について、嘘偽りなく明かす

○ 招いてしまった結果を記し、謝罪の言葉を率直に述べる

「今後の処遇につきましては、その一切を会社にお任せする所存です」

管理不行届の始末書

始末書

　すでにご報告したとおり、令和○年11月9日、システム管理部所属の南田貴史が、当社の顧客データを無断で持ち出し、複数の事業者に売却していたという事件が判明しました。

　同人には、すでに懲戒解雇処分を通告しておりますが、会社の社会的信用を大きく失墜させた結果につきましては、取消のしようもございません。誠に申し訳なく、深くお詫び申し上げます。

　このたびの事件発生は、部下に対する私の監督不行届きが要因であったと痛感しており、心より反省している次第です。今後は、部下への指導、管理にいっそう心血を注いで徹底し、二度とこのような事態を招かぬよう、万全を期したデータ管理の体制を築いて参ります。

　本始末書の提出をもちまして、改めてお詫び申し上げます。

資料紛失の始末書

始末書

　私は、令和○年5月20日（金）、商談のために株式会社北関東酒造様を訪問した後、持参した営業資料一式を紛失してしまいました。

　経緯といたしましては、商談後に立ち寄った飲食店で深酒をしてしまい、気づいた時には、資料を入れた鞄ごと紛失した状態で自宅にて横たわっていたというものです。立ち寄った飲食店や交通機関に問い合わせをしたものの、現在も見つかっておりません。なお、遺失物届けは提出済みです。

　このたびの不始末は、ひとえに私の怠惰な生活態度から生じた結果であり、弁明の余地もございません。心から反省し、今後は二度とこのような失態を起こさない生活態度を改め、職務に精進する所存です。

　ここに始末書を提出いたしますので、何卒ご査収くださいますようお願い申し上げます。

受注間違いの始末書

始末書

　令和○年1月11日（火）に判明した、関東第一製鉄株式会社様への誤納品は、私の杜撰な受注管理によって引き起こされた事態です。

　同社のご温情により、このたびはお赦しを賜りましたが、同社と会社に対して多大なる損害ならびにご迷惑をおかけする形になりました。深く反省するとともに、心からのお詫びを申し上げます。

　今後は、このような過ちを繰り返すことのないよう、商品の受注・管理に際しましては細心の注意を払って臨む所存です。

　本始末書の提出とともに、会社が被った損害につきまして、いかなる処置も受ける覚悟であることを、ここに表明いたします。

部下が起こした不祥事を詫びる場合の始末書例。自身の監督不行届きを謝罪し、今後の決意を表明する

O 会社にかけた迷惑や損害に対し謝罪の言葉を伝える

O 事件の原因が監督不行届にあったことを認めつつ、今後の決意を表明する

+α 形式に則った堅い文章で、反省と謝罪の気持ちを伝える。また、二度と同じことを繰り返さない、堅い意志も示したい

泥酔が原因で、営業資料を紛失した場合の文例。生活態度の改善を図ると誓う

O 会社に迷惑をかける過ちを犯した場合には、経緯を包み隠さずに説明する

△Q 精進（しょうじん）
本来は、仏道に専心するの意。ビジネスでは、目上の相手に対して、仕事に集中する決意を表す

↻ 発注ミスがあった場合
「私は、令和○年1月11日（火）の関東第一製鉄株式会社様への発注において、誤った数量を申し伝え〜」

O 弁済を求められる場合もある。どのような決定であっても、異議なく受け入れる姿勢を示す

交通事故の始末書

営業車で単独事故を起こした場合の文例

始末書

　このたびは、私の社用車運転中の事故により、会社に多大なるご心配とご迷惑をおかけしましたこと、誠に申し訳ございませんでした。深く反省しております。

　本事故は、令和○年9月6日（火）午後3時過ぎ、株式会社松丸商事様との打ち合わせを終えて、帰社する途中で発生しました。国道○号線に生じていた渋滞を避けるため、細い路地に入った際、対向車の存在に気づき慌ててハンドルをきったのが原因です。対向車との接触はなく、けが人も出ませんでしたが、社用車の車体左部分を電柱に当て軽微な傷とヘコミをつけてしまいました。

　単独事故とはいえ、会社に損害を与えたのは事実であり、改めてお詫び申し上げる次第です。今後はこのような事故を起こさぬよう、細心の注意を払って運転することを、ここに固く誓います。

　何卒、ご寛大な措置を賜りますようお願い申し上げます。

○ 事故が発生した経緯と会社に与えた損害、被害状況や事故の処理結果などはできるかぎり詳しく述べる

「周囲の確認を怠らず、安全運転を心がける所存です」

説明会欠席の念書

関係先が開催した新サービス説明会を、無断欠席した場合の念書

念書

　昨日開催されました、株式会社シンエラシステム様の新サービス説明会につきまして、田村主任には何の一報もなく欠席をしてしまい、誠に申し訳ございませんでした。

　開催日時を勘違いしていたのが理由であり、私の予定管理の甘さについては不徳の致すところです。

　心より反省し、今後はこのようなことが起きないよう、予定に関しては入念な確認を行う所存です。

　ここに誓約の証として、本念書を提出いたします。

🔍 **念書**
当事者と交わした約束事を、証拠として残すための文書のこと。迷惑をかけた個人に対し、反省の意を表明する場合にも用いられる

○ 再発防止を誓う

遅刻の念書

ひと月に無断遅刻を数度繰り返した場合の文例

念書

　私は、再三の注意を受けたにもかかわらず、今月だけで四度の無断遅刻を重ねました。これは、社会人として恥ずべき行為であると自覚しており、心から反省する所存です。また、増田課長ならびに部署の皆様に対しても甚大なご迷惑をおかけしましたこと、深くお詫び申し上げます。

　今後は、余裕をもって朝きちんと起きられるよう、毎日の生活態度を真摯に改めます。社員としての責任を重く受け止め、今後一切、特段の理由もない遅刻はしないことを、本念書をもって誓います。

まったくもって私自身の怠慢によるもので、釈明のしようもございません

○ 無断遅刻は、業務に予定外の支障を与える失態。責任者含め、部署内の全員に迷惑をかけたことを詫びる

○ 今後の対策と再発防止の誓いは、必ず入れる

理由書・顛末書

社内外で発生したトラブルや不始末の、原因、経緯や対応を報告する文書です。事実関係の説明を通して事態を把握し、再発防止策を講じます。

送る場面 ➡ システム不具合の顛末書 (P267) ➡ 納入商品破損の理由書 (P267) ➡ 欠陥商品納入の顛末書 (P268)
➡ 機械故障の理由書 （P268） ➡ 納期遅延の理由書 （P269） ➡ 交通事故の顛末書 （P269）

Point
▶ 理由書と顛末書は、明確に区別されていない
▶ 発生から対策の立案・実行までの流れを、時系列に沿って説明する
▶ 報告が目的の文書。始末書と違い直接的な謝罪の言葉は基本的に不要

 ## システム不具合の顛末書

令和○年12月8日

システム管理部長
松木正一 様

システム管理部
岩谷進

顛末書

　先日発生しました社内ネットワークのシステム不具合につきまして、調査を実施した結果、下記のとおり原因が判明しましたのでご報告いたします。
　まず、具体的な不具合内容についてですが、上記日時においてメールの送受信や共有ファイルの閲覧をはじめとした、ネットワーク接続を要する全システムの利用ができなくなりました。原因は、アクセスが急激に集中してサーバーの負荷が増加したことやサーバー上で保存可能なデータ量が限界に達していることです。それらの理由から、サーバーがビジー状態に至りネットワークが強制遮断したと判明しました。
　以上が、このたびの不具合における原因の報告となります。

発生日時が記されていないため、いつの不具合についての顛末書かわからない

長々と連ねた文章は、読み手にストレスを与えかねない。項目ごとにまとめるなどの工夫を

経緯だけを記したのでは、顛末書としては不十分。今回の不具合に対してどういった処置を行ったのか、また再発防止に向けた対策についても示したい

システム不具合の顛末書

令和○年12月8日

システム管理部長
松木正一 様

システム管理部
岩谷進

顛末書

　先般発生しました社内ネットワークのシステム不具合につきまして、調査を実施した結果、下記の通り原因が判明しましたのでご報告いたします。

記

1. 発生日時
　令和○年12月6日（火）午前10時～午後0時

2. 不具合内容
　メールの送受信や共有ファイルの閲覧をはじめとした、ネットワーク接続を要する全システムの利用不可。

3. 原因
　・急激なアクセス集中により、サーバーの負荷が増加
　・現状のサーバー領域で保存可能なデータ量が限界に達している
　・以上の理由から、サーバーがビジー状態に至りネットワークが強制遮断

4. 対策
　現状のサーバー導入時に比べて社員数が増加していることもあり、不可の軽減のためにもサーバーの増設は不可避。総務部へは、サーバー増設の承認を求める稟議書を今月中に提出します。また、各部署には、使用済みや古いファイルの削除を要請しました。なお、サーバー増築までは、定期的に同様の不具合が生じる可能性がありますので、引き続きサーバー管理を徹底します。

以上

納入商品破損の理由書

理由書

　昨日発生しました「保冷ビアジョッキ」納入時の破損事故につきまして、下記のとおりご報告申し上げます。

1. 発生日時と場所
　令和○年11月8日（火）、関東配送センター内

2. 発生状況と原因
　同センター内での出荷作業中、作業員が不注意により商品を梱包したダンボールを落下。地面に叩きつけられた衝撃で計10個が破損した。
　（以下略）

　なお、損害賠償請求については被害額を算出したうえで改めて行う。

以上

社内のシステム管理者から全社員へ、社内ネットワークが遮断された場合の顛末書の文例

○ 日付だけでなく、不具合が続いていた時間帯も記す

○ 複数の原因が判明した場合は、それぞれについて箇条書きにするとわかりやすい

○ 再発防止のために必要な対策を、理由とともに講じる

✐ 「十分な注意を払ってサーバー管理に努めます」

+α 自然災害が原因の場合は、災害の規模や状況についても説明する

出荷作業員の不注意により、製品が納入時に破損した場合の文例

🔄 **自然災害が原因の場合**
「1月22日に発生した震度6弱の地震により、当商品を梱包したダンボールが地面に落下し、破損した」

○ 取引先に過失がある場合は、損害賠償請求についても言及する

欠陥商品納入の顚末書

取引先に、破損した商品を納入してしまった場合の顚末書。梱包時の不適切な作業が原因だった場合の文例

顚末書

令和〇年1月22日（月）、株式会社マルカワ物産様への「ガラスプレート」欠陥商品納入について、詳細と原因を下記のとおり報告します。

記

1. 事故内容
   同社担当者による納入物の確認作業中、該当商品の破損を発見。納品した30個のうち、16個が砕けており、3個に擦り傷がついていた。

2. 原因
   商品の梱包時、緩衝材が適切に施されていなかったことが判明。それにより、配送時の揺れによって商品同士がぶつかり合い破損した。

3. 対応
   同社へは、梱包作業に不備があったことを申し出るとともに謝罪。なお、破損商品は回収済みであり、1月23日（火）に代替商品の発送を手配しました。

（以下略）

どの商品が何個、どういった具合に壊れていたのか、具体的に記す

🔄 取引停止の措置を受けた場合

「同社へはお詫びを申し上げましたが、ご納得をいただけず、取引については一時停止の措置を取ると通告されました」

機械故障の理由書

自社工場の機械故障を報告する理由書。メンテナンス担当者の点検不足が原因だった場合の文例

中部第一工場における機械故障についての理由書

令和〇年6月13日（月）、中部第一工場で発生しました機械故障について、原因の調査が完了いたしました。つきましては、下記のとおりご報告申し上げます。

記

1. 発生日時
   令和〇年6月13日（月）午前11時頃
2. 故障発生の経緯
   同日午前9時より通常作業を開始したものの、午前11時頃にベルトコンベアの制御装置から機械トラブルを通知する異音が発生。稼働を緊急停止しました。
3. 故障の原因
   ベルトコンベア内部の駆動モーターに磨耗が生じていることが判明。同時に、同部品の寿命が1年以上切れていることがわかりました。メンテナンス担当者の怠慢な点検業務が一因の故障だといえます。
4. 損害
   ベルトコンベアの緊急停止とともに、生産ラインも同日の終日までストップ。その日のうちに修理業者へ依頼し、駆動モーターの交換作業が行われましたが、結果として、今月の生産個数は500個減産する見込みです。会社ならびに取引先には、多大なるご迷惑とご不便をおかけします。
5. 今後の対応
   メンテナンス担当者には、日々の点検業務を再徹底するよう指導いたしました。今後は、このたびのような故障を未然に防げるよう、細心の注意を払いながら業務に努めて参ります。

以上

故障内容と発生するまでの経緯を明らかにし、それに対して取った対応についても言及する

機械の故障が、自社や関係先に与えた損害を示す。生産数や納期に影響がある場合は、正確な数字を記載して具体的に

+α
理由書と顚末書については、明確な違いはない。ミスやトラブルの原因（理由）と事の次第（顚末）について書く。理由書だからといって理由だけ、顚末書だからといって顚末だけ書けば良いのではない

納期遅延の理由書

令和○年9月15日

営業部長
富岡宗徳 様

生産管理部長
井本竜司

納期遅延の理由書

　昨今の世界情勢の影響により、アメリカをはじめとする各国の製材所が休業に追い込まれています。それを理由に、木材の供給量が著しく減少しており、当社においても思うように資材を調達できない状況です。

　つきましては、誠に不本意ながら製品の生産量を一時的に抑制し、現在受注している製品については、納期に1週間の猶予を設ける措置を取る運びとなりました。なお、次回の製品出荷は9月22日（木）になる見込みです。

　ここに納期遅延の理由をご報告申し上げるとともに、関係先様へのご説明をいただきますようお願いいたします。

以上

世界情勢の影響により、納期が遅延することを伝える文例。理由とともに、関係先への説明もお願いする

世界情勢の変化や災害の影響など、事実にふれながら理由を説明する

遅延する期間や、次回の納期が判明しているのであれば明記する

「貴部署にはご迷惑とご不便をおかけしますが、どうかご理解くださいますようお願いします」

交通事故の顛末書

令和○年3月29日

代表取締役　櫻井昭二 様

営業部長　黒木真司

顛末書

　このたび、当部所属の臼田萌絵が営業車乗車中に起こしました交通事故について、下記のとおりご報告申し上げます。

記

1. 事故発生日時と場所
　令和○年3月27日（月）　午後1時20分　横浜市西区○○交差点

2. 事故発生状況と被害状況
　株式会社ミナト第一商事でのプレゼンを終えた臼田萌絵が、営業車を運転して帰社する途中、当該交差点にて右折する際に対向車と接触事故を起こした。

3. 事故発生原因
　臼田萌絵の前方不注意

4. 損害と対応
　接触を受けた山岸美智子様に全治1か月のけがを負わせ、乗っていた乗用車のバンパーとヘッドライトを破損させた。山岸様への治療費は10万円、車の修理費は25万円と査定され、その他損害賠償も含めて保険会社を通して検討中。

今後は、二度と交通事故が起きないよう定期的な講習会を実施するなど、部員各位の交通安全意識の向上を図ることを固く誓約します。

以上

部下が、営業車の運転中に起こした事故を報告する顛末書。再発防止に向け、責任者としての決意を表明する

🔁 自分が当事者の場合

「私が起こしました交通事故に関しまして、下記のとおり事実関係をご報告いたします」

相手方のけがや車の破損状況などの損害を報告し、損害賠償の方法を説明する

社内や部内で講じる再発防止のための方策を示し、その徹底を誓う

理由書・顛末書

稟議書

業務に必要な事項の承認を、決済権限者に求めるための文書です。資料購入要請や備品購入要請など、提出する場面は頻発します。

送る場面 ➡ 資料購入の稟議書（P271） ➡ 事務機器購入の稟議書（P272） ➡ アルバイト雇用の稟議書（P272）
➡ 新規取引の稟議書（P273） ➡ 研修会参加の稟議書（P273）

Point
▶ 承認によって得られるメリットを明確に示す
▶ 稟議する理由や目的は具体的に説明する
▶ 稟議事項によってフォーマットがある場合にはそれにしたがう

 ## 資料購入の稟議書

令和○年8月30日

デザイン制作部長
赤石雅彦 様

デザイン制作部
田丸優希

　　　資料購入のお願い

　世界中のパッケージデザインの事例を掲載した「世界のパッケージデザイン大全20XX」を購入してください。価格は4,200円（税込）です。ご検討のほど、宜しくお願いします。

　　　　　　　　記

1. 商品名　「世界のパッケージデザイン大全20XX」
2. 理由　　デザイン制作に役立てるため

　　　　　　　　　　　　　　　　以上

稟議書は、決裁権限者に宛てて提出する文書。直属の上司にあたるとはかぎらず、備品や消耗品購入の決裁権限は、総務部や経理部にあることもある。事前の確認が必要

購入を希望していることは伝わるが、お願いする態度が無愛想に感じられる。これでは、決裁権限者の気分を害しかねない

何のデザインに、どのように役立つのかわからない。決裁権限者が納得して応じられるよう、理由についてはなるべく詳しく述べたい

件名：資料購入のお願い

お疲れさまです。デザイン制作部の田丸です。

業務の参考資料としたく、下記の書籍購入を申請いたします。

・書籍名
　世界美術研究会編「世界のパッケージデザイン大全2023」（アート出版）
・価格
　4,200円（税込）
・理由
　本書は、世界に流通するパッケージデザインの事例を
　500通り収録した作品集です。
　また、各事例の詳細や特徴についての解説も充実しており、
　今後の制作業務におけるアイデアの多面的な創出に
　活用できると考えています。

ご検討のうえ、決裁承認をいただきますようお願いいたします。

お願いしていることを、簡潔に、ビジネスライクに述べている

+α

稟議書は、メールや社内イントラによる手続きも昨今は多くなっている。部品の購入やアルバイトの採用など、会社の経費使用が発生する場合等に提出する

● 資料購入の稟議書

　　　　　　　　　　　　　　　　令和○年8月30日

総務部長
山田奈美 様

　　　　　　　　　　　　　　デザイン制作部
　　　　　　　　　　　　　　　　田丸優希

　　　　　　　資料購入のお願い

　パッケージデザイン制作における参考資料として役立てたく、下記の書籍購入を希望します。ご検討くださいますようお願いします。

　　　　　　　　　　記

1. 書籍名
　世界美術研究会編「世界のパッケージデザイン大全20XX」（アート出版）
2. 価格
　4,200円（税込）
3. 理由
　本書は、世界に流通するパッケージデザインの事例を500通り収録した作品集です。また、各事例の詳細や特徴についての解説も充実しており、今後の制作業務におけるアイデアの多面的な創出に活用できると考えています。
　　　　　　　　　　　　　　　　　　　以上

デザイン制作の参考資料購入をお願いする文例。業務に役立つ度合いを、しっかりと説明する

事前に提出先を確認し、しかるべき担当者宛に稟議書を提出している

「業務に必要な資料の購入について、下記のとおりお伺いいたします」

商品の価格を明記するか、見積書を添付して提出する

資料の内容を具体的に記し、それが業務にどれほど役立つのか説明することで説得力が増す

稟議書

事務機器購入の稟議書

　　　　　　　　タブレット端末導入についての稟議

　営業業務における円滑化と経費削減を図るため、標題の件についてお伺い申し上げます。

　　　　　　　　　　　　　　記

1. 製品名
　SHAMIO社製タブレット端末『TB-505α』

2. 購入台数
　5台

3. 価格
　65,000円（税込）／1台
　合計325,000円（税込）
　見積書添付

4. 理由
　現在、取引先との商談やプレゼンの際に用いる資料は紙ベースで作成・提示しておりますが、印刷の手間や確認作業を考慮すると業務効率が良いとはいえません。そこで業務の円滑化を図るため、タブレット端末の導入を希望します。同製品は、他社の同価格帯のものと比較しても、データの処理速度が速く高画質であり、資料の作成時や提示時においては、社員も取引先も快適に実行・閲覧ができると考えられます。また、印刷が不要になることで、コピー用紙やインクの購入費を抑えられるため、経費削減にも期待できます。

5. 添付資料

　　　　　　　　　　　　　　　　　　（以下略）

アルバイト雇用の稟議書

　　　　　　　　　アルバイト雇用について

令和○年6月12日（月）から開催されます「ロボットEXPO20XX」への出展につき、サポートスタッフとしての臨時アルバイトを雇用したく、下記のとおりお伺いいたします。

　　　　　　　　　　　　　　記

1. 期間　　　　　令和○年6月11日（日）～令和○年6月18日（日）
2. 場所　　　　　関東中央展示ホール
3. 作業時間　　　午前9時～午後5時（休憩1時間）
4. 給与　　　　　時給950円
5. 作業内容　　　展示ブースの設営と撤去、機材搬入、当社製品の案内
6. 雇用人数　　　10代～40代の男女各5名ずつ（経歴不問）
7. 責任者　　　　広報部主任　古賀さつき
8. 備考　　　　　担当作業については、採用面接時に希望を伺う

　　　　　　　　　　　　　　　　　　　　　以上

タブレット端末の購入を要望する場合の稟議書。該当製品の資料や他社製品との比較表を添付する

📖 **稟議（りんぎ）**
決裁権限者に対し、特定の事柄について承認を要請する手続き

✏️ 「標題の製品購入についてご検討くださいますようお願いいたします」

⬤ 現状において、抱えている課題や問題を提起する

⬤ 購入することで得られるメリットを示す。また、製品の特性や他社製品と比較した結果にも言及すると購入に結びつきやすくなる

短期アルバイト雇用を要請した稟議書。自社が出展するイベントの準備や運営のスタッフを募集する場合

⬤ 雇用の目的を明示する

✏️ 「『ロボットEXPO20XX』への出展につき、準備と顧客対応を目的として～」

⬤ 雇用期間や給与などの条件を記書き（別記）にする

⬤ 補足事項や参考事項などがあれば、備考欄を設けて書き記す

新規取引の稟議書

新規取引について稟議書

標題に関しまして、下記とおりお伺い申し上げます。

記

1. 新規取引検討先
   未来ケミカル繊維株式会社

2. 主な事業内容
   化学繊維の研究・開発・製造

3. 推奨理由
   1. 同社が今年開発した100%リサイクルのポリエステル素材「エンジェルクロス」は、コットンのような柔らかさと軽さであり、当社で企画を進めている新たなインナーシャツの素材に最適であると判断しました。
   2. 同社は、現在3期連続で売上高を伸ばしていることもあり、中長期にわたって安定した取引が見込めると考えております。
   3. サステナビリティ事業の積極的な推進により、業界内外からの評価と期待度が高い点も推奨理由のひとつです。

4. 添付資料
   未来ケミカル繊維株式会社の会社概要、「エンジェルクロス」の素材分析表、ディスクロージャー資料

   添付資料をご確認いただき、新規取引をご検討くださいますよう何卒よろしくお願いいたします。

以上

研修会参加の稟議書

チームビルディング研修会参加の稟議

下記研修会への参加をご承諾いただきたく、お伺い申し上げます。

記

1. 日時
   令和○年4月14日（金）　18時～19時30分
2. 場所
   有楽町ジャイアントビル5F　第3セミナーホール
3. 参加者
   各部署管理職及び在籍年数6年以上の社員　計10名
4. 参加費用
   15,000円／1名　合計150,000円
5. 講師
   東京ビジネス研究所　マネジメント研究部部長　石原啓司氏
6. 参加目的
   ・チームビルディングを体系的に学ぶため
   ・管理職および中堅社員のリーダーシップ育成
   ・チームリーダーとしてのマインドセット形成

以上

開発を進める新製品に関する新規取引の可否を問う文例。業界内外の評価にもふれ、説得力を高める

○ 取引の承認を得るには、推奨する理由や根拠の明示が不可欠。相手が納得するような、具体的な説明が必要

○ 新規取引検討先の概要や経営状況などがわかる資料を添付

 ディスクロージャー
企業が外部に向けて、事業内容や財務状況といった情報を開示すること

✎ 「何卒ご承諾をいただきますようお願いいたします」

+α
資料があれば添付するなどの心遣いが、決裁者の心を動かすことも

○ リーダーの育成を目的にした研修会参加の許可を求める場合の文例。参加目的を示す

○ 参加を希望する研修会のテーマは、忘れずに記載

○ 参加費用は、1人あたりと合計の金額を記す

○ 参加目的を示すことで、会社や社員にとってのメリットも伝わる。資料や参考サイトへの誘導も有効

稟議書

提案書

業務上における改善点など、責任者に伝える意見をまとめた文書が提案書です。相手が納得できるような内容を意識し、丁寧な言葉で書きましょう。

送る場面 ➡オフィス環境改善の提案（P275）　➡業務形態改善の提案（P276）
➡社外業務委託の提案（P276）　➡海外視察の提案（P277）

Point
- ▶ 責任者に承諾してもらえるよう、提案内容の説明は具体的に書く
- ▶ 提案の承諾によって生じるメリットを挙げる
- ▶ 説得力を高めるためには、添付資料の選定も重要

 オフィス環境改善の提案

令和○年2月17日

総務部長　秋野睦美 様

システム開発部主任　井納幹彦

オフィスチェア買い替えの提案

　システム開発部のオフィスチェアの座り心地が良くありません。そのため、スタッフの中には腰や背中の痛みを訴える者が多くいます。また、導入から7年が経過しており、経年劣化もみられます。
　つきましては、オフィスチェアの買い替えをご検討ください。なお、希望製品はADEO社製の「OFFICE JUST」です。座り心地が良いと高い評判を得ているようです。
　見積書等の資料を添付しますのでご確認のほど、お願いいたします。

唐突に不満から述べており、読み手に対する敬意が感じられない。これでは、単に文句をぶつけているだけの印象を与える

買い替えによって、どういったメリットが得られるのか、改善が期待できる点を具体的に示したい

誰からの評価なのかわからない。たしかな根拠にもとづき、論理的に説明したい

件名：オフィスチェア買い替えのご提案

お疲れ様です。
システム開発部のオフィスチェア買い替えについて、
ご検討をお願いいたします。

現在当部で使用しているオフィスチェアは
導入から7年が経過しておりますが、
経年劣化の心配はもとより、
スタッフの中には腰や背中の痛みを訴える者が
増加傾向にあります。
このままでは、業務効率の低下が考えられ、
スタッフの健康問題に発展する可能性も否めません。

詳細は、添付文書にまとめました。
現状の問題点、改善策のご提案、
判断材料としての資料は、そちらをご高覧くださいませ。

ご検討のほど、よろしくお願いいたします。

件名は具体的につけている。用件がひと目でわかる

メール本文はあくまで「頭紙」と割り切って、詳細は添付文書とすると、シンプルにまとまる

オフィス環境改善の提案

令和○年2月17日

総務部長　秋野睦美 様

システム開発部主任　井納幹彦

オフィスチェア買い替えの提案

　システム開発部のオフィスチェア買い替えについて、ご検討をお願いいたします。現在当部で使用しているオフィスチェアは導入から7年が経過しておりますが、経年劣化の心配はもとより、スタッフの中には腰や背中の痛みを訴える者が増加傾向にあります。このままでは、業務効率の低下が考えられ、果てはスタッフの健康問題に発展する可能性も否めません。

記

1. 現状
　長時間にわたって座り作業を続ける当部署のスタッフからは、座面と背もたれが共に硬く、腰や背中に痛みを感じるという意見が以前から挙がっていました。それによって集中力が切れ、作業の手を止めてしまうケースが頻発しております。
（中略）

2. 改善策
　購入を希望する製品は、ADEO社製の「OFFICE JUST」です。人間工学にもとづく設計が施された同チェアは、腰と背中を保護するようにクッションが設置されているのが特長であり、長時間の座り仕事にも最適だと考えられます。また、当社と親交の深い株式会社ロジカルシステムは、同チェアの導入後、スタッフの疲れが軽減され業務効率が上がったと伺いました。
製品の概要と見積書、ならびに他社製品との比較表を添付しますので、ご確認のほど宜しくお願いいたします。

3. 資料
　「OFFICE JUST」カタログ、見積書、他社製品との比較表　各1通

以上

オフィス家具の買替えを提案したい場合の例。部内で募っている不満を正直に述べて、改善を要望する

「標題につき、ご検討くださいますようお願いします」

提案する理由の説明も兼ねて、想定される課題や問題にふれるなど今後についての注意喚起をする

業務上生じている支障や社員の不満など、抱えている問題点について、箇条書きで項目立てしながら、詳しく説明する

説得力を高めるために、同様の施策実行によって改善がみられた例を挙げるのも効果的

購入可否の判断のもととなる見積書や、なぜこのオフィスチェアが良いと思うのかなどの根拠は、別紙にて添付する

業務形態改善の提案

ハイブリッドワーク導入の提案

標題につき、下記のとおりご提案申し上げます。

記

1. 背景
　現在、当部署では完全リモート勤務を実施していますが、社員の一部からは「出勤しないと業務に集中できない」「業務によっては出勤せざるをえない」といった声が挙がっており、オフィス勤務の重要性を再認識している次第です。一方で、家事や育児との両立が可能になったなど、リモート勤務に満足する社員も少なからず存在します。

2. 提案理由と内容
　両意見を尊重したうえで、リモート勤務とオフィス勤務を組み合わせたハイブリッドワークの導入を提案いたします。具体的には、部員の希望に応じてリモート勤務とオフィス勤務の選択を可能にする業務形態です。

3. 効果
　部員それぞれに適した環境で業務を遂行することにより、主体性とパフォーマンスの向上が望め、結果的には生産性の上昇に結びつくと考えています。
　提案内容の詳細や効果予測につきましては、添付の資料をご確認ください。

添付資料
　部員アンケート結果（1部）、ハイブリッドワークの具体的内容と効果予測（1部）

以上

会社の代表に対して、新たな業務形態を提案する文例。意見をまとめたうえでの提案であることを説明する

社内で意見が挙がっている場合は、それらをまとめたうえで、提案の背景にあることを伝える

「部員各位の意見を踏まえて、ハイブリッドワーク導入を提言いたします」

各事項において、さらに説明を加えたいのであれば、書状であっても、別紙資料を作成して添付しても良い

社外業務委託の提案

プログラマーの社外業務委託について

　社内におけるプログラミング業務の一部を外部委託に変更したく、下記のとおり提案いたします。

記

1. 提案目的
　外部委託による、社内プログラマーの負担軽減と人件費削減。

2. 提案の背景
　本業界では、プログラミング業務の外部委託が常識になりつつあるが、当社ではそのすべてを社員のみで遂行している状況にある。そのため、1人あたりの作業時間が長くなるのは必然的であり、残業が常態化している。また、プログラマー育成には、相応の経費と時間がかかるという課題にも対処が求められる。

3. 実施の効果
　外部委託を実施することにより、受注量に応じて社内で請け負うボリュームの調整を柔軟に行えるようになる。結果、社内プログラマーの負担が軽減されるほか、育成に必要な時間と経費の削減にもつながると想定される。

4. 導入希望時期
　令和〇年1月4日より

5. 添付資料
　クリエイター系人材派遣会社概要（3通）、各人材派遣会社の見積書（3通）

以上

業務の一部を、外部委託に変更する旨を提案する文例。提案の背景を説明し、実施の必要性を訴える

🔍 委託
社内業務の一部を、外部の企業や個人に任せること

提案の承諾を受けるためには、魅力やメリットを正確に伝えることが大切。見込める効果については、十分な分析や考察を重ねてから書く

いつから実施を開始したいのかきちんと書かれている

凡例 ○OK例（お手本）　✕NG例　✏書き換え例　♻シチュエーション例　🔍用語

海外視察の提案

令和○年6月1日

製造企画部長
小嶋彰彦 様

製造企画部主任
鹿嶋慎之介

トロント（カナダ）への海外出張の提案

標題の件について、下記のとおりご提案いたします。

記

1. 概要
   8月にトロント（カナダ）で開催される、電気自動車の世界的展示会「World EV EXPO20XX（WEE）」を視察・調査する。

2. 目的
   (1)各国の最新電気自動車が集う同展示会の視察・調査を通して、世界の市場動向の分析を進めるとともに、製品開発におけるイノベーションの創出力を高める。
   (2)世界シェア3位のカナダ「MIT社」にて、製造統括部長を務めるクリント・ダグラス氏ほか、開発、マーケティングスタッフ計4名と、現地で懇親の席を設ける予定。同社の開発戦略やマーケティング戦略を直接伺える、貴重な機会である。なお、ダグラス氏からはすでに承諾を得ている。

3. 日程
   令和○年8月8日（月）〜8月12日（金）

4. 視察先
   「World EV EXPO20XX（WEE）」
   カナダ・トロント市「ナショナルコンベンションセンター」

5. 参加者
   製造企画部主任　鹿嶋慎之介
   マーケティング部主任　小宮山光
   製造企画部　森田春彦
   製造企画部　坂本達明

6. 費用
   添付の旅費見積書参照

7. 添付資料
   旅費見積書、視察スケジュール表、当展示会パンフレット（各1部）
   以上

表題の補足として、海外視察の概要や必要性について、簡潔に示す

「新製品の開発戦略策定に役立てる」

+α
概要や必要性についてだけでなく、目的もしっかりとしていれば、提案が通りやすくなる

「他3名」などと簡略化せずに、全参加者のフルネームと所属部署を記載する

海外出張は、複数の項目に及ぶ費用が発生するため、本文で書くよりも見積書で提示するほうが親切

提案書

企画書

新商品開発や新規店舗出店などの計画内容を伝えるのが企画書です。企画の意図や施策を明確に説明して、実現に結びつけましょう。

送る場面　➡新商品開発の企画書（P279）　➡出店の企画書（P279）　➡販売促進キャンペーンの企画書（P280）　➡広告宣伝の企画書（P280）　➡新規事業の企画書（P281）

Point

▶ 根拠をもとにして立案した企画であることを明示する

▶ 企画の裏づけとなる客観的なデータの提示は、同意への近道となる

▶ 企画を構成するアイデアは、できるだけ具体的に書く

新商品開発の企画書

　　　　　　　　　　　　　　　　　　令和○年9月5日

商品企画部長
伊藤智一

　　　　　　　　　　　　　　　商品企画部
　　　　　　　　　　　　　　　内村俊典

　　　　　　　　新商品開発について

　来年3月に発売する新商品の開発について企画を提案します。

　まず今回、企画する商品の名称は「極上アイスキャンディ　ミルクシェイク風味・チョコシェイク風味」(仮)です。

　濃厚な味わいのアイスクリームに、氷菓ならではの小気味良いザクザクとした食感をプラスして提供するため、当社既存商品「ミラクルミルク」で使用する乳脂肪率4.0%の牛乳を主原料とした氷菓を製造し、アイスクリームでコーティングした商品になるかと思います。

　なお、販売開始は令和○年3月13日（月）を予定しています。

「新商品」だけでは漠然としている。具体的な商品名や種別を明示する

新商品開発の必然性が伝わらない。市場動向の調査結果や需要の証明など、企画した根拠を添えたい

一文の中に、商品コンセプトと商品内容の説明が混在しているため読みづらく、要点がつかめない

新商品開発の企画書

令和○年9月5日

商品企画部長
伊藤智一

商品企画部
内村俊典

新作氷菓開発について

　来年3月の新商品発売に向けて、開発を検討する時期に差し掛かりました。つきましては、下記のとおり商品企画をご提案いたします。

記

1. 市場動向
　昨今は、気温上昇の影響もありアイス市場が活性化している。中でも、氷菓の人気が高まっており、今年3月～6月の売上は昨年の同時期に比べて3%上昇した。
2. 需要
　来期も全国的に高気温が見込まれていることを踏まえれば、同時期における氷菓の需要は引き続き高いと予測できる。よって、当社としても氷菓の新商品を市場に投入し、市況の波に乗りたい。
3. 商品名（仮）
　「極上アイスキャンディ　ミルクシェイク風味・チョコシェイク風味」
4. 商品コンセプト
　濃厚な味わいのアイスクリームに、氷菓ならではの小気味良いザクザクとした食感をプラスして提供する。
5. 商品内容
　当社既存商品「ミラクルミルク」で使用する乳脂肪率4.0%の牛乳を主原料とした氷菓を製造し、アイスクリームでコーティングした商品。
6. 販売開始日
　令和○年3月13日（月）
7. 添付資料
　製品成分表、製造コスト見積書

以上

出店の企画書

カフェチェーン店「Temps」四国地方初出店について

　かねてより計画しておりました四国地方出店の具体案が固まりましたので、下記のとおりご案内申し上げます。

記

1. 企画趣旨
　当カフェチェーンは、現在四国地方を除くすべてのエリアで出店しており、本企画の遂行により悲願であった全国出店を達成することになる。また、以前より四国地方の方々から出店を希望する声が多く寄せられていた。

（中略）

6. 資金　　　　初期資金　2,500万円
7. 利益目標　　初年度利益目標　5,000万円
8. 添付資料　　出店計画書、収支概算書（各1部）

以上

冷菓メーカーにおける、新商品開発の企画書例。市場動向や需要にもとづいて立案したことを伝える

何についての企画書なのか、ひと目でわかる

「新商品の開発につき、下記のとおり企画を提示いたします」

市場動向や需要といった外部情報の明示によって、しっかりとした根拠をもとにした企画であることがわかり、開発の必然性が伝わる

市況（しきょう）
商品の売買が行われている市場の状況

コンセプトと内容は一緒にせず、書き分ける

飲食チェーンが、特定の地域への初出店を計画した企画書例。店舗面積や開業資金、利益目標の金額を明示する

新店舗の概要は、記書きにしてまとめる

遂行（すいこう）
最後まできちんとやり遂げること。「遂行しつつある」「遂行中」などは誤用

資金や利益目標は、概算でかまわないが、しっかりとした根拠にもとづき、現実に即して計算する必要がある

企画書

販売促進キャンペーンの企画書

新製品「ミルキーシャンプー」販売促進キャンペーンについて

　表題の件につき、下記のとおり企画を立案いたしましたので、ご検討いただけますようお願いいたします。

記

1. キャンペーン概要
　当社新製品「ミルキーシャンプー」の販売促進キャンペーンとして、10代〜30代の女性を中心に人気を博すアニメ「ふわふわライブ」とのタイアップ企画を実施。

2. 企画目的
　当新製品の認知度拡大と、消費者の購買意欲を刺激する。なお、同アニメは12月に新作映画の公開を控えていることもあり、シナジー効果も期待できる。

3. 施策内容
（中略）

6. 備考
　ご多用中のところ恐縮ですが、各関係先との調整を進める予定上、令和○年4月15日（金）までに承認の可否をいただきますようお願いいたします。

以上

広告宣伝の企画書

当社製品「Neo Phoneシリーズ」の動画配信実施に関する企画案

　今年6月に発売を開始した新型Neo phone「omega」の販売個数が、予想をはるかに下回っています。つきましては、新たな広告宣伝計画を企画しましたので、下記のとおり提案いたします。

記

1. 背景
　同新製品について、発売開始から8月までの国内販売個数目標を、100,000台に設定していたものの、結果は50%にも満たない40,000台と不振に終わりました。

2. 不振の原因
　原因としましては、広告コストの削減を図ったうえで、TVCMや動画広告を未実施としたことによる認知度不足が一因と考えられます。

3. 方策
　そこで、認知度拡大を目的とした動画広告の配信を実施するべく企画を立案しました。TVCMよりも制作コストが抑えられるほか、メインターゲットである20代〜30代の男女の動画サイト視聴率は上昇傾向にあり、費用対効果も高いと思われます。

4. 広告宣伝企画案
（中略）
　同氏の映像は、メインターゲット層の男女から高い評価を得ているため、訴求力も高く購買意欲をかきたてる動画広告に仕上がると確信しております。

5. 添付資料
　制作費見積表、広告プランの詳細、菅野氏作品集DVD

以上

新製品の販売促進キャンペーンについての企画書例。人気アニメとのタイアップ企画について説明する

⚪︎ 企画する販促キャンペーンの概要を簡潔に説明する

⚪︎ 認知度拡大や売上アップなど、販促キャンペーンは何よりも効果が大切。高い効果を期待させるような内容を記したい

🔄 **ほかに要望がある場合**
「ライセンス契約の必要があるため」「デザイン会社との打ち合わせを検討しているため」

新製品の販売不振を理由に、動画広告実施を訴える文例。不振の原因を示し、最適な広告プランを提示する

⚪︎ 背景にある現状とその原因の関連性を明示する

⚪︎ ほかの方法と比較して、提示した企画が自社にメリットがあることを伝える

✏️ 「強い訴求力を発揮し」「高い訴求効果が見込め」

⚪︎ 検討の材料になりそうな資料があれば添付する

新規事業の企画書

令和○年2月19日

取締役各位

企画推進部長

新規事業「AR試着（仮）」の企画案

標題のとおり、下記ご提案申し上げます。

記

1. 事業概要
   スマートフォンやタブレット端末のAR機能を活用した、当社商品のバーチャル試着体験

2. 企画の背景
   ネットショッピングが買い物方法の主流になりつつある昨今だが、便利な反面、商品の実物を手にしないと購入意欲が湧かないという消費者は多い。こと衣料品に関してはその傾向が強く、実際に試着しなければ着用イメージが描けないという意見がSNS上などでも散見される。

   > 企画の妥当性を示すためにも、市場全体を取り巻く課題や問題点を喚起する

3. 調査結果
   マーケティング部の調査によると、10代～40代の男女300人のうち、衣料品をネットショッピングで購入した経験がある人は全体の87%。
   さらに、購入後に「着用したものの似合わなかった」と答えた人は、そのうちの65%。つまり、半数以上の人がネットショッピングで購入した衣料品に満足できなかった経験を持つことが判明した。また、当社の購入サイト利用者からの返品率は、ここ3年で20%増加している。

   > 背景にある課題や問題点に対しての調査は、説得力のある企画立案には必須。必ず書き添えたい

4. サービス名
   「AR試着（仮）」

5. 具体的施策
   (1) 年齢や顔、体型の特徴や好きな色などの情報を入力することにより、最適な商品を提案
   (2) AR技術を活用し、実際に試着しているようなユーザー体験を提供する
   (3) 商品を1点選択すれば、トータルコーディネートを提案する機能も設置
   (4) 気に入った商品があれば、そのまま購入ステップへ進める
   (5) 当社オフィシャルサイトからの利用が基本だが、評判に応じてアプリの開発も検討したい

   > 可能なかぎりの細かなアイデアを提示することにより、新規事業の内容を具体化できる

   > 🔲 AR技術
   > 日本語では「拡張現実」と訳される。現実世界にあるものにコンピュータで情報を加える技術

6. 期待される効果
   バーチャルでの試着によって着用イメージがわかるため、購買意欲の刺激につながる。また、購入者の満足度が高まることで返品率の低下にも期待できる。

   > 期待される効果の明示とともに、そこにたどり着くまでのプロセスを示すのも効果的

7. 添付資料
   マーケティング部調査報告書、事業計画書、サービス開発費用見積もり

以上

進退伺

管理職の人が自身の進退を問うために提出する文書です。自身、部下を問わず、業務中に重大な過失が生じた際に責任を負う意思を伝えます。

提出する場面 ⇒工場災害事故の進退伺（P283）　⇒部下による交通事故の進退伺（P283）

Point
▶ 最高責任者に対して、自身の進退を委ねる内容を書き記す
▶ 言い訳をすることなく、素直に謝罪の気持ちを示す
▶ 退職願を同封して提出するのが原則

工場災害事故の進退伺

令和○年9月29日

北海道製紙株式会社
代表取締役社長
谷中進　様

製造部長　今井彰

進退伺

　このたび、帯広工場にて発生致しました火災事故に関しましては誠に申し訳ございませんでした。
　部下の不手際が原因とはいえ、すべては私の責任でございます。
　つきましては、辞職いたすべく辞表を同封いたしましたのでご査収くださいますようお願い申し上げます。

以上

事故を起こした工場の責任者であるにもかかわらず、誠意や反省の気持ちがまったく伝わらない

どのような理由で責任を感じているのかが述べられていない

進退伺は、最高責任者に今後の進退を委ねるために提出する文書であるため、一方的に辞職を申し出るのはお門違い

+α
過失の責任を部下に押しつけず、管理職としての覚悟を示す

工場災害事故の進退伺

令和○年9月29日

北海道製紙株式会社
代表取締役社長
谷中進　様

製造部長　今井彰

進退伺

　このたび、帯広工場にて発生致しました火災事故につきましては、小職の安全管理と指導不足が招いたものであります。
　会社に多大な損害を与えたとともに信用失墜にもつながる事態に対し、心よりお詫び申し上げます。
　本件に関しましては、職を辞して責任を取る所存であり、いかなる処分を賜りましても異論はございません。
　ここに辞表を同封いたしましたので、小職の今後の進退につきましてご決裁をお願い申し上げます。

以上

部下の不手際によって、自社工場が火災事故に見舞われた場合の文例

 小職　<ruby>しょうしょく</ruby>
管理職に就く人が自分をへりくだっていう語

「監督不行き届きが招いた事態であり、誠に不徳の致すところです」

「辞職する」と言い切るのではなく、「辞職する覚悟である」というニュアンスで伝える

締めの一文は、慣用表現を用いて書く

進退伺

部下による交通事故の進退伺

進退伺

　去る令和○年4月19日、当社営業部員城島豊が勤務中の居眠り運転による事故を起こしました。本件は、小職の監督不行き届きに起因する重大な事態であります。
　会社に対する社会的批判を免れない不始末を起こし、かつ甚大な損害を与えましたこと、誠に申し訳なく深くお詫び申し上げます。
　すべての責任を一身に受け止めるうえ、退職願を同封いたしましたのでしかるべきご指示をお待ち申し上げます。

以上

勤務中の部下が、居眠り運転による事故を起こした場合の文例。監督不行き届きが一因の不始末を詫びて、対応を待つ旨を伝える

会社に対して損害を与えたことに言い訳はせず、素直に詫びる

進退伺は、退職願を同封して提出するのが基本

退職願・退職届・辞表

自己都合で退職する意思を伝えるための文書が退職願です。お世話になった職場に対し、最後まで礼節を重んじる心を忘れずに書きましょう。

提出する場面 ➡ 退職願（P284） ➡ 辞表（P285） ➡ 退職届（P285）

Point
▶ 退職意思を3か月前までに伝えたうえで退職の1か月前には提出する
▶ 所定の用紙や形式があれば、それにしたがって書く
▶ 最高責任者に宛てて提出するのが基本

退職願

病気療養のための長期入院を理由に退職する場合の文例。退職後の事務手続きを考慮し、連絡先を記載する

令和○年11月12日

株式会社埼東電鉄
代表取締役社長
片桐正太郎　殿

運輸部
市ノ瀬淳

私こと

　このたび、一身上の都合により、来る令和○年12月31日をもって退職させていただきたく、ここにお願い申し上げます。
　なお、退職後のご連絡は下記のとおりです。

連絡先住所
〒104-○○○○
東京都千代田区神田錦町○丁目○番地
電話
080-○○○○-○○○○

以上

○ 一人称は、横書きなら右寄せ、縦書きなら下寄せで書くと謙虚な印象に

○ 退職理由は詳細を書かずに「一身上の都合」としてかまわない

○ 会社の就業規則にもよるが、後任探しを考慮して、退職の意向は退職希望日の3か月前までに伝え、退職届は1か月前までに提出する

🔄 **退職後の住所が変わらない場合**
「退職後のご連絡は自宅までお願いいたします」

+α
「退職願」は、願い出るためのもので、決定していない。退職が決定した場合は「退職届」を提出する

縦書きの辞表の場合

辞表

私儀

　このたび、一身上の都合により、令和〇年十二月二十日をもちまして退職いたしたく、ここにお願い申し上げます。

令和〇年十月三十一日

新企画準備室　取締役室長
香川正吉

株式会社レーデル
代表取締役社長　川辺伊知郎殿

役職にあるものが提出する「辞表」の文例

+α
「辞表」は幹部や役員、あるいは公務員が辞める場合に提出する。一般の社員は「辞表」とはせず、「退職願」あるいは「退職届」とするのが普通

◯
縦書きの場合、一番下に書く

◯
辞表であっても、詳細を記す必要はない

退職届

退職届

私儀

このたび、一身上の都合により、勝手ながら、
令和〇年12月31日をもって退職いたします。

令和〇年11月12日

　　　　　広報宣伝部　野中弥生

株式会社エニープラン
代表取締役社長　天崎 弘 殿

すでに退職が決定している場合に提出する「退職届」の文例

◯
退職は決定しているので、言い切って良い

+α
「退職届」「退職願」「辞表」は、直属の上司ではなく、代表取締役社長に提出する。敬称は「様」ではなく「殿」とする

退職願・退職届・辞表

辞令

会社の人事に関する決定事項を通達する文書が辞令です。辞令には、配属や採用、転勤や昇進などさまざまな種類があります。

発令する場面 ➡配属・異動の辞令（P286）　➡転勤の辞令（メール）（P287）　➡昇進の辞令（メール）（P287）
➡懲戒解雇の辞令（P287）

Point

▶ 「誰が」「いつから」「どうなるのか」を明記する

▶ 人事の決定次第、速やかに辞令を発令する

▶ 懲戒解雇以外の辞令はメールや社内イントラネットで送る会社も増えている

配属・異動の辞令

新たな部署への配属を命じる場合の文例。文章自体は短いが、決定事項は漏れなく記載する

```
                                    令和○年4月1日
                        辞　令
営業部
亀山英二　殿

                    ムーンアド株式会社
                    代表取締役社長
                    坂田一朗　印

　令和○年4月1日付をもって、貴殿に第一制作部へ
の配属を命じる。
```

🔁 **記書きを用いる場合**

「貴殿の配属先を、下記のとおり決定しましたので通知します。

　　　　　　記

1. 配属年月日
　令和○年4月1日
2. 配属先
　第一制作部

　　　　　　　　以上」

+α

辞令は、原則として会社の最高責任者によって発令される

✉ 転勤の辞令

件名：転勤の辞令

東京本社法人営業部
野田健斗　殿

令和○9月1日付をもって、
関西支社法人営業部での勤務を命じます。

以上

令和○年9月1日

株式会社大地エステート開発
代表取締役社長　浜田晃

✉ 昇進の辞令

件名：昇進の辞令

令和○年6月1日付をもって、
貴殿を札幌支社企画開発部企画課長の任から解き、
東京本社企画開発部本部長に任命する。

ますます職務に励まれるよう期待しています。

以上

懲戒解雇の辞令

辞令

　令和○年8月4日、貴殿による売上金の横領が発覚いたしました。
　上記行為は、就業規則第14条1項の懲戒事項に該当します。
　よって、令和○年8月5日付で貴殿を懲戒解雇に処す決定が下りましたことを、ここに通知します。

以上

最近では、辞令をメールで送る会社も増えている

受令者の敬称は「殿」や「様」のどちらでもかまわない。また、辞令では敬称を省略することもできる

正式に辞令が発令される当日の日付を記載

地方支社から本社への転勤と、本部長への昇進を通達する場合の文例。転勤と昇進が決定した場合は同時に伝える

東京本社勤務を命じるとともに、企画開発本部長に任命する

今後のさらなる活躍を願う一文を添えて、受令者を激励する

+α
メールで通達する場合は、少し砕けた文章を添えると社員に親近感がわく

売上金の横領を理由に、懲戒解雇を通達する場合の辞令。就業規則違反を犯した事実を明示する

🔁 **酒気帯び運転による追突事故を起こした場合**
「貴殿は酒気帯び運転の疑いで現行犯逮捕されました」

就業規則の該当条項を明記する

届出

業務や雇用契約に影響を与える可能性のある報告事項や、変更を届け出るための文書です。
事情や状況に応じて、適切な文書を作成しましょう。

提出する
場面　⇒早退届（P288）　⇒早退届（メール）(P289)　⇒遅刻届（P289）　⇒休日出勤届（P290）
　⇒休職届（P290）　⇒住所変更届（P290）　⇒結婚届（P291）　⇒出生届（P291）
　⇒産前産後休暇届（P292）　⇒身元保証人変更届（P292）　⇒離婚届（P293）　⇒死亡届（P293）

Point

▶ 予定が確定し次第、速やかに文書を作成して届け出る

▶ 従業員の労務管理を円滑に進めるのが目的

▶ 所定の用紙や形式がある場合は、それに従って書く

早退届

> 早退届
>
> 企画営業部長
> 古田光一　殿
>
> 　　　　　　　　　　　　令和○年9月14日
> 　　　　　　　　　　企画営業部　上田京子　印
>
> 　下記のとおり早退いたしましたのでご報告申し上げ
> ます。
>
> 　　　　　　　　　記
>
> 1. 早退日時　令和○年9月13日
> 2. 早退理由　勤務中に吐き気を伴う頭痛が起きたこと
> 　　　　　　　により、病院を受診するため
> 　　　　　　　　　　　　　　　　　　　　以上

勤務中の体調不良を理由に
早退した場合の届出。病院
を受診したのであれば、診
断書を添えて提出する

提出相手は、所属部署の上
司が基本。ただし、会社規
模により上司が代表のみで
ある場合もある

正式に願い出る文書である
ため、原則として押印が必
要になる

日時と理由は、記書きにし
て具体的かつわかりやすく
伝える

早退理由も日時も過不足な
く述べられている

+α

昨今は、社内の届をメール
でやりとりする会社もある。
その場合、捺印は必要なし

メールで送る場合

件名：早退届ご確認のお願い

お疲れ様です。
上田です。

昨日は、早退のご許可をいただきありがとうございました。
おかげさまで、本日の体調に問題はございません。

略儀ではございますが、
メールにて早退のご報告をいたします。

記

・日時　令和○年9月13日（水）
・理由　勤務中の吐き気および頭痛により病院を受診するため
・添付　新宿ファミリークリニック診断書PDF

ご確認のほど、宜しくお願いいたします。

以上

会社によっては、メールによる届出が認められる場合もある

🔁 **家族の病院受診に付き添った場合**

「娘は無事に回復しました」

診断書の提出が必要であれば、PDFを添付する

遅刻届

遅刻届

総務部長
福田優希　殿

令和○年10月6日
総務部総務課　土井武史　印

　下記のとおり遅刻いたしましたので、ここにお届け申し上げます。

記

1. 遅刻日時　　令和○年10月5日
　　　　　　　　午前9時より午前11時まで
2. 事由　　　　通勤中の自転車接触により、病院で検査
　　　　　　　　と治療を行ったため
3. 添付書類　　新宿総合医院診断書　1通

以上

通勤中に事故に遭い、病院で検査と治療を行った場合の遅刻届。上司にけがの具合を詳しく伝えるため診断書を添付する

遅刻届は、翌日の午前中には提出したい。遅刻したのは10月5日なので、妥当

届出

🔁 **役所での手続きが必要だった場合**

「引越しに伴う転居届を、北区役所に提出したため」

診断書の提出が必要かどうか、事前に確認し、必要があれば担当医師に依頼しておく

+α
遅刻する際には、始業時刻よりも前に必ず電話で上司に連絡を入れる

休日出勤届

休日出勤届

営業部長
三田聡子　様

令和○年3月24日
営業部
小泉祐一　印

　下記のとおり休日出勤いたしたく、承諾願います。

記

日時　　　3月26日（土）　13時〜16時
出勤理由　「未来のヘルスケア機器博覧会」の
　　　　　出展ブース設置立会いのため

以上

イベント出展の準備のため、休日出勤を願い出る届出。出勤理由を簡潔に記載して、直属の上司に提出する

○ 一般的に、時間外労働や休日出勤は所属部署の上司から承認を得る必要がある

○ 出勤理由については、業務内容にも簡潔にふれる

休職届

休職届

　このたび、下記の事由により、1か月間の休職をご承諾いただきたくお願い申し上げます。

記

1. 休職期間　　　令和○年8月13日〜令和○年9月13日
2. 理由　　　　　子宮ガンの手術ならびに入院療養のため
3. 休職中の連絡先　東京都八王子市高倉町○丁目○番○号（実家）
　　　　　　　　　042-6○○○-○○○○

以上

手術と入院が必要な大病を患った際の休職届の例。休職は、中長期の休みになるため、緊急連絡先も忘れずに記載しておく

🔖 休職（きゅうしょく）
一般的に、雇用を維持したままの長期休暇を指す

↻ 親族の介護に専念する場合
「認知症を患った母の介護に専念するため」

住所変更届

住所変更届

　下記のとおり住所を変更しましたので、お届けいたします。

記

1. 新住所　　　〒108-000 東京都港区港南○丁目○番○号
　　　　　　　ミナトガーデンタワー○号室
2. 旧住所　　　東京都練馬区江古田○丁目○番○号 エコダハイム○号室
3. 移転年月日　令和○年9月2日
4. 変更理由　　自宅購入に伴う引越しのため
5. 通勤経路　　JR高輪ゲートウェイ駅〜JR東京駅
6. 定期代　　　月額4,940円
7. 添付書類　　住民票1通・通勤定期券1枚

以上

引越しによって、自宅住所が変更された際に届け出る住所変更届。住民票のほか、必要に応じて通勤定期券を添付して提出する

○ 新住所とともに、旧住所も記載する

○ 交通費が変更になる場合は、変更後の金額を記載する

+α 諸手続きが必要になるため、住所変更後は速やかに届け出る

結婚届

結婚届

人事部長

　　　　　　　　　　　　　　　令和○年1月18日

　　　　　　　　　　　企画部　田所真一　印

　このたび、下記のとおり結婚しましたのでご報告申
し上げます。

記

1. 結婚年月日　令和○年1月16日
2. 配偶者氏名　田所真紀（旧姓 及川）
3. 結婚後住所　〒225-○○○○ 神奈川県横浜市
　　青葉区すすき野○丁目○番○号
4. 添付書類　　戸籍謄本・住民票　各1通

　　　　　　　　　　　　　　　　　　　以上

結婚した男性が提出する結
婚届の文例。配偶者の氏名
は、旧姓も添えて記載する

結婚年月日は、結婚式を挙
げた日ではなく、結婚届が
受理された日を記載

+α
婚姻届受理証明書の提出が
必要かそうでないかは、会
社による。あらかじめルー
ルを確認しておく

出生届

出生届

総務部長
大久保泰明　殿

　　　　　　　　　　　　　　　令和○年2月5日

　　　　　　　　　　　営業部　岸裕司　印

　下記のとおり、出生の届出をいたします。

記

出生年月日　　令和○年2月3日
氏名　　　　　岸誠司（きし・せいじ）
続柄　　　　　長男
添付書類　　　出生証明書　1通

　　　　　　　　　　　　　　　　　　　以上

子どもの父親が提出する出
生届の文例。被扶養者追加
や健康保険、税金などの手
続きを進めるため、子ども
が産まれたら速やかに届け
出る

提出者が母親の場合
「出産届」

各手続きで必要になる場合
があるため、読み仮名も記
載しておく

+α
出生証明書とは、生まれた
子どもを戸籍に入れるため
の出生届と医師や助産師が
署名、捺印する出生証明書
が一緒になったもの。子ど
もが生まれた病院か役所に
問い合わせる

届出

産前産後休業届

産前産後休業届

令和○年6月1日

デザイン部長
駒田　悟様

デザイン部　吉屋増香

このたび、第一子出産のため、下記のとおり休暇をいただきた
くお願い申し上げます。

記

1.期間　令和○年7月1日（月）〜令和○年11月30日（土）
2.出産予定日　令和○年7月5日（金）

以上

身元保証人変更届

身元保証人変更届

総務部長
岡村貴久 殿

令和○年10月3日

制作部　松本圭太　印

身元保証人を、下記のとおり変更いたしましたので、新保証人
の身元保証書を添付のうえ、お届けいたします。

記

変更日　　　　令和○年10月1日
新身元保証人　氏名　池田久子（いけだ・ひさこ）
　　　　　　　住所　群馬県前橋市○丁目○番○号
　　　　　　　電話　027-○○○○-○○○○
　　　　　　　続柄　叔母

旧身元保証人　氏名　松本耕三（まつもと・こうぞう）
　　　　　　　住所　大阪府大阪市淀川区十三本町
　　　　　　　　　　○丁目○番○号
　　　　　　　電話　06-○○○○-○○○○
　　　　　　　続柄　父

変更理由　　　旧身元保証人死亡のため
添付書類　　　身元保証書1通

以上

出産を控えている際の、休
業届け。予定日の6週間前
から申請できる

休業届には産前産後休業届、
育児休暇、病気療養などが
ある。病気療養を除き、日
数の規定は会社によって異
なる。事前に確認しておく

+α
出産日の翌日から8週間は、
原則就業が禁止されている

+α
産前産後休業届は、社会保
険料免除の手続きのために
必要。基本的には会社が代
行するため、届の提出先は
会社の直属の上司となる。
個人で手続きする場合、日
本年金機構に提出する

旧身元保証人の父親が死亡
したことにより、身元保証
人を叔母に変更した旨を報
告する届出。身元保証書の
添付は必須

「去る令和○年10月1日に、
身元保証人が変更になりま
したので、ご報告申し上げ
ます」

身元保証書（みもとほしょうしょ）

被雇用者の身元を保証する
書類。保証人は採用者の両
親、親戚、知人など。契約
期間は3年から5年

身元保証人の変更には、必
ず新保証人の身元保証書が
必要

離婚届

離婚届

人事部長
吉田浩輔　様

令和○年12月4日
営業推進部
玉木万里子　印

　このたび、一身上の都合により離婚いたしましたのでご報告いたします。

記

離婚年月日　　令和○年12月2日
相手氏名　　　安永隆一
添付書類　　　戸籍謄本1通

以上

離婚した女性が提出する離婚届の文例。提出にあたっては、離婚の証明書として戸籍謄本を添えること

○
離婚理由の詳細を明記する必要はない。どのような理由でも「一身上の都合」のみでかまわない

○
戸籍謄本や離婚届受理証明書等の提出が必要なら添付する

死亡届

死亡届

総務部長
南田栄一　殿

令和○年3月20日
生産部　市田公一　印

　過日、妻が死亡しましたので、下記のとおりご報告申し上げます。

記

氏名　　　　　市田祥子
死亡年月日　　令和○年3月17日
続柄　　　　　妻
添付書類　　　死亡診断書・戸籍謄本　各1通

以上

妻の死亡を報告する死亡届の文例。死亡診断書と戸籍謄本とともに、できるだけ早く提出する

✎
「家族」「親族」

🔍 死亡診断書（しぼうしんだんしょ）
亡くなった人を看取った医師が、死に至るまでの過程を詳細に記入したもの。これがないと、法的には生存しているとみなされる。死亡届に添付する書類は会社のルールに従う必要があるため、あらかじめ確認しておく

○
死亡届には、死亡診断書を添付すること

＋α
税金や保険などに変更が生じるため、迅速に届け出る

届出

法的文書

法律行為を行ううえで必要になるのが法的文書です。約束事や取り決めに対する合意を法的に示し、後の証拠とする目的で作成される重要な文書です。

発令する場面	⇒雇用契約書（P294） ⇒誓約書（P295） ⇒覚書（P295） ⇒身元保証書（P296）

Point

▶ 法的な効力をもつ文書のため、記載漏れや誤字は許されない

▶ 規定の用紙や形式があれば、それに沿って作成する

▶ 提出にあたっては、署名捺印を忘れずに行う

雇用契約書

東京本社経理部での採用が決定した場合の文例。雇用契約書には、雇用条件も明記するのが望ましい

+α
不明点があれば、法律の専門家に相談する

雇用契約書

濱岡涼子 殿

　レッドキャップ珈琲株式会社は、下記の条件にて貴殿との雇用契約を締結します。

記

雇用開始年月日	令和○年3月1日
就業場所	東京本社
配属部署	経理部経理課
担当業務	経理業務
所定労働時間	午前9時〜午後6時（月10時間程度の残業あり）
賃金額	月額20万円
締め日・支払日	月末締め翌月25日払い
支払い方法	指定口座への振込

以上

令和○年3月1日
（会社）
株式会社レッドキャップ珈琲
代表取締役社長　田上陽介　印

（本人）
濱岡涼子　　　　　　印

労働条件は記書きで明示すると、見た目がスッキリして被雇用者に対しても親切

🔁 残業は禁止、もしくは申告制の場合
「残業は原則禁止」「残業は責任者の承諾を得ること」

雇用者と被雇用者双方の署名捺印は必須

誓約書

```
                    誓約書

東西南北新聞社
代表取締役社長  道村逸夫殿

   私は、貴社社員として入社するにあたり、下記の事項を厳守することをここに
誓約いたします。

1. 貴社の就業規則及び諸規則を遵守します
2. 業務命令にしたがい、実直に業務を遂行します
3. 貴社の従業員としての誇りを持ち、品位を汚す行為はいたしません
4. 故意または過失により、貴社に損害を与えた場合はその全責任を負います

                                            以上


令和  年  月  日
    本人氏名            印
```

誓約書は、被雇用者に対して約束事の厳守を誓わせるための法的文書

🔍 **誓約**(せいやく)
提出先が提示した約束事に対し、提出者が厳守する意思を表明すること

⚪ 誓約事項は、箇条書きで明記する

⚪ 提出年月日と氏名は自筆で記入するのが基本。捺印も必須

覚書

```
                     覚書
委託者 株式会社TDW設備サービス（以下、甲という）と受託者 有限会社NSア
ノード（以下、乙という）は、平成○年10月3日締結の業務委託契約書に関して、
以下のとおり覚書（以下、本覚書という）を締結する。


「理由」
甲が乙に依頼する業務の仕様について、変更の必要が生じたため。

第一条（仕様の変更）
   甲及び乙は原契約についての仕様書を以下のとおり変更する。
   【変更前】原契約の別紙仕様書
   【変更後】本覚書の別紙変更仕様書

第二条（原契約維持）
   甲及び乙は、本覚書に記載なき事項は、原契約に定めるところによることと
する。

   本覚書締結の証として、本覚書二通を作成し、甲乙ともに署名・捺印のうえ、
各一通を保管することとする。

令和○年2月15日

                          甲              印

                          乙              印
```

契約書には書いていない詳細な内容や、契約書内容の一部変更などの合意事項を記載する。以前に取り交わした契約書に変更点が出た場合の文例

🔄 **納期を変更する場合**

「甲及び乙は原契約に定めた契約期間を以下のとおり変更する。
　【変更前】平成○年12月
　　　　　31日まで
　【変更後】令和○年3月
　　　　　31日まで 」

法的文書

身元保証書

新入社員の身元保証人を、5年間務める場合の文例。身元保証人は、従業員の身分を保証する役割を担う

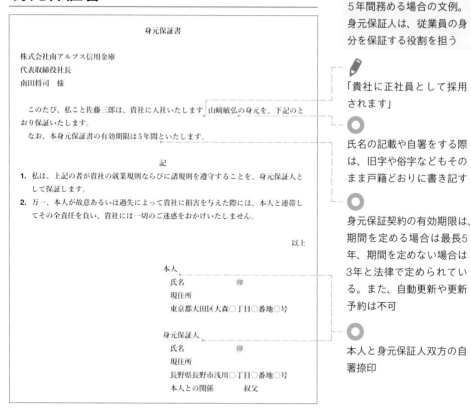

身元保証書

株式会社南アルプス信用金庫
代表取締役社長
南田将司　様

　このたび、私こと佐藤三郎は、貴社に入社いたします　山崎敏弘の身元を、下記のとおり保証いたします。
　なお、本身元保証書の有効期限は5年間といたします。

記

1. 私は、上記の者が貴社の就業規則ならびに諸規則を遵守することを、身元保証人として保証します。
2. 万一、本人が故意あるいは過失によって貴社に損害を与えた際には、本人と連帯してその全責任を負い、貴社には一切のご迷惑をおかけいたしません。

以上

本人
　　氏名　　　　　　　　㊞
　　現住所
　　東京都大田区大森○丁目○番地○号

身元保証人
　　氏名　　　　　　　　㊞
　　現住所
　　長野県長野市浅川○丁目○番地○号
　　本人との関係　　　叔父

「貴社に正社員として採用されます」

氏名の記載や自署をする際は、旧字や俗字などもそのまま戸籍どおりに書き記す

身元保証契約の有効期限は、期間を定める場合は最長5年、期間を定めない場合は3年と法律で定められている。また、自動更新や更新予約は不可

本人と身元保証人双方の自署捺印

記書きのルール

記書きは、箇条書きにするのが鉄則。ナンバリングをすると読みやすくなります。続く文章が長い場合、文章の頭をそろえます。ナンバリングと標題は本文とはフォントを変えるか、少し大きく見えるものにすると、埋もれません。

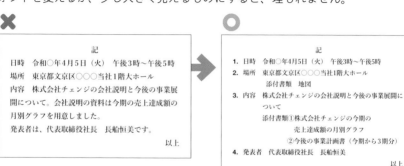

✖

記

日時　令和○年4月5日（火）　午後3時〜午後5時
場所　東京都文京区○○○当社1階大ホール
内容　株式会社チェンジの会社説明と今後の事業展開について。会社説明の資料は今期の売上達成額の月別グラフを用意しました。
発表者は、代表取締役社長　長船恒美です。

以上

○

記

1. 日時　令和○年4月5日（火）　午後3時〜午後5時
2. 場所　東京都文京区○○○当社1階大ホール
　　　　添付書類　地図
3. 内容　株式会社チェンジの会社説明と今後の事業展開について
　　　　添付書類①株式会社チェンジの今期の
　　　　　　　　　売上達成額の月別グラフ
　　　　　　　　②今後の事業計画書（今期から3期分）
4. 発表者　代表取締役社長　長船恒美

以上

巻末資料

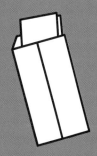

一筆箋の書き方

手紙を書くほどではないけれど、メモ用紙や付箋では素っ気ない──。そんなときに活躍するのが一筆箋です。通常の便箋の3分の1ほどの大きさなので、簡単な挨拶のあとにメッセージを添えるだけでOKです。ちょっとした感謝の気持ちを伝えたいときなどにぴったりです。

● 向いている場面

- 取引先に資料などを送るとき
- 同僚にお礼を伝えるとき
- 社内で回覧文書を回すとき
- フォーマルな社交文書の
  添え状として

✕ 向いていない場面

- 挨拶状や謝罪文、お見舞い状など、
  フォーマルな文書のとき
- 一筆箋が3枚以上になるような長
  い文章のとき

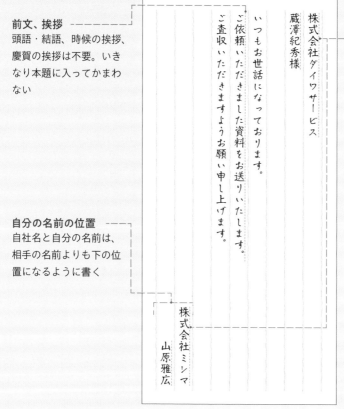

前文、挨拶
頭語・結語、時候の挨拶、慶賀の挨拶は不要。いきなり本題に入ってかまわない

自分の名前の位置
自社名と自分の名前は、相手の名前よりも下の位置になるように書く

宛先と差出人
最初に相手の名前を書き、最後に自分の名前を書く。社外の人に送る場合は社名＋フルネームが適切

＋α
一筆箋にはさまざまなデザインがあるが、社外の人に送る場合は、無地＋縦書きが無難。送る相手との関係によっては、イラストや模様が入ったものでもOK

本文（縦書き）:

株式会社ダイワサービス
蔵澤紀秀様

いつもお世話になっております。ご依頼いただきました資料をお送りいたします。ご査収いただきますようお願い申し上げます。

株式会社ミシマ
山原雅広

添え状の書き方

　郵便物や宅配物などを送る際に添える書状が「添え状」です。「送付状」「送り状」とも呼ばれ、頭語・結語、時候の挨拶、慶賀の挨拶のあとに簡単な主文と末文を書き、内容物を記書きにまとめます。余白に「よろしくお願いします」など、ひと言手書きしてもいいでしょう。

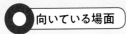 向いている場面
● 書類や製品などを送るとき

 向いていない場面
● 書類や製品などを手渡しするとき

一筆箋／添え状
封筒の宛書き方
はがき／折り方
押印／送付
敬語の使い方
時候の挨拶
気をつけたい表現
ビジネス用語

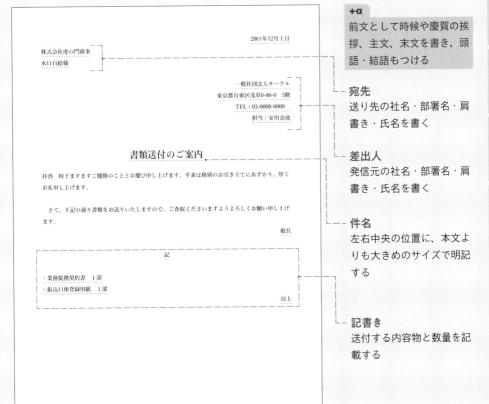

+α
前文として時候や慶賀の挨拶、主文、末文を書き、頭語・結語もつける

宛先
送り先の社名・部署名・肩書き・氏名を書く

差出人
発信元の社名・部署名・肩書き・氏名を書く

件名
左右中央の位置に、本文よりも大きめのサイズで明記する

記書き
送付する内容物と数量を記載する

記書きの内容:

20○○年12月1日

株式会社虎の門商事
水口百絵様

一般社団法人サークル
東京都台東区浅草0-00-0　5階
TEL：03-0000-0000
担当：安川奈波

書類送付のご案内

拝啓　時下ますますご健勝のこととお慶び申し上げます。平素は格別のお引き立てにあずかり、厚くお礼申し上げます。

　さて、下記の通り書類をお送りいたしますので、ご査収くださいますようよろしくお願い申し上げます。

敬具

記

・業務提携契約書　1部
・振込口座登録用紙　1部

以上

封筒の書き方

　封筒には、縦長で短い辺に封入口がある「和封筒」と、横長で長い辺に封入口がある「洋封筒」があり、それぞれ住所や名前の書き方が異なります。書き方を間違えると失礼にあたるので、注意しましょう。

　手書きする場合は、黒い消えないインクのものを使います。

● 和封筒

社外の人にビジネス文書を送る場合は、和封筒に縦書きするのが基本です。また、請求書や領収書の送付などの事務的なやりとりには茶封筒、お礼状などの改まった社外文書には白の二重封筒、弔事には白の一重封筒を用います。

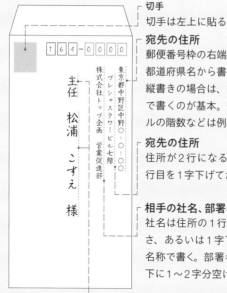

表書き

切手
切手は左上に貼る

宛先の住所
郵便番号枠の右端のやや内側に、都道府県名から書きはじめる。縦書きの場合は、数字は漢数字で書くのが基本。部屋番号やビルの階数などは例外もあり

宛先の住所
住所が2行になる場合は、2行目を1字下げてから書く

相手の社名、部署名
社名は住所の1行目と同じ高さ、あるいは1字下げて正式名称で書く。部署名は社名の下に1〜2字分空ける

相手の役職・名前
役職名は氏名の上、または右横上に小さめの字で、相手の氏名は紙面の中央に一番大きな字で書く

封
のりまたは両面テープで封をしたら、封じ目に「〆」または「封」と書く

裏書き

差出人の情報
差出人の住所・社名・部署名・肩書き・名前を封筒の左側、真ん中より下に書く

+α
差出人の情報は、左下に書くのが通例だが、封筒の合わせ目が一番下と考え、合わせ目のすぐ左、封筒の中央に書くケースもあります

● 洋封筒

招待状や挨拶状などは、横に長い洋封筒を用いてもかまいません。なお、フォーマルな場面では、洋封筒でも住所や氏名は縦書きにします。

一筆箋／添え状

封筒の書き方

はがき／折り方

押印・送付

敬語の使い方

時候の挨拶

気をつけたい表現

ビジネス用語

表書き

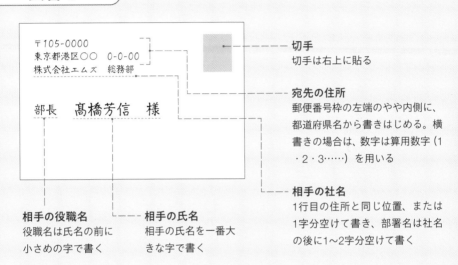

〒105-0000
東京都港区○○　0-0-00
株式会社エムズ　総務部

部長　髙橋芳信　様

切手
切手は右上に貼る

宛先の住所
郵便番号枠の左端のやや内側に、都道府県名から書きはじめる。横書きの場合は、数字は算用数字（1・2・3……）を用いる

相手の社名
1行目の住所と同じ位置、または1字分空けて書き、部署名は社名の後に1～2字分空けて書く

相手の役職名
役職名は氏名の前に小さめの字で書く

相手の氏名
相手の氏名を一番大きな字で書く

裏書き

● 横書きの場合

〒152-0000
東京都目黒区○○　0-0-00
株式会社中央社　経理部
柚木春日

差出人の情報
封じ目の下のスペースに、差出人の住所・社名・部署名・肩書き・名前を書く。名前はやや大きめに書くこと

● 縦書きの場合

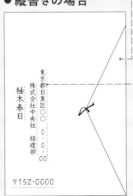

東京都目黒区○○　0-0-00
株式会社中央社
柚木春日
経理部
〒152-0000

封筒の向き
封入口が右にくるようにする

差出人の情報
一番下に郵便番号、封筒の左側真ん中より下に差出人の住所・社名・部署名・肩書き・名前を縦書きで書く

+α
法事の案内状などは、封筒のふた（フラップ）が逆になる、つまり封入口が左になるので、継ぎ目の右側に差出人の住所・社名・部署名・肩書き・名前を書く

はがきの書き方

季節の挨拶状やちょっとしたお礼状などは、はがきで送ってもかまいません。はがきは、スペースに限りがあるので、文章を簡潔にまとめることがポイント。なお、返信が必要な場合は、往信用と返信用のはがきがひと続きになった往復はがきを利用しましょう。

⚫ 向いている場面
- 年賀状、暑中見舞い、寒中見舞いなどを送るとき
- 通知状、案内状、招待状、お礼状などを送るとき

❌ 向いていない場面
- お詫び状を送るとき
- 第三者に見られたら困る内容を書くとき

表書き

宛先の住所
郵便番号枠の右端のやや内側から、都道府県名から書きはじめる。

相手の社名、部署名
社名は住所の1行目と同じ高さか、1字下げて正式名称で書く。部署名は社名の下に1〜2字分空ける

相手の名前
氏名は紙面の中央に一番大きな字で書く

差出人の情報
差出人の住所・社名・部署名・肩書き・名前を書く

相手の役職名
役職名は氏名の上、または右横上に小さめに書く

裏書き

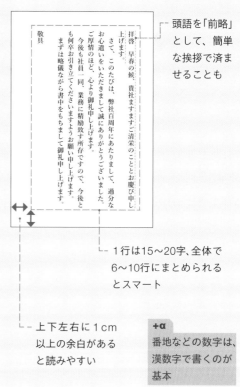

頭語を「前略」として、簡単な挨拶で済ませることも

- 1行は15〜20字、全体で6〜10行にまとめられるとスマート

- 上下左右に1cm以上の余白があると読みやすい

+α
番地などの数字は、漢数字で書くのが基本

用紙の折り方

　ビジネス文書を郵送する際は、受け取った相手が読みやすいように折って、封筒に入れるのがマナーです。

　ここでは、和封筒に入れる場合と、洋封筒に入れる場合について説明します。

● 和封筒へ

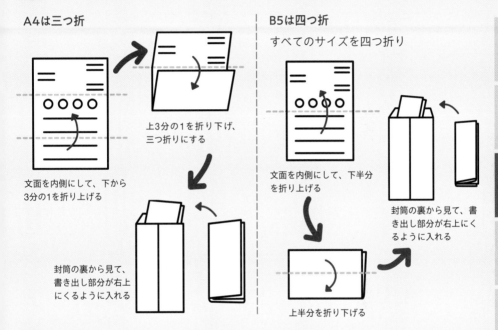

A4は三つ折

文面を内側にして、下から3分の1を折り上げる

上3分の1を折り下げ、三つ折りにする

封筒の裏から見て、書き出し部分が右上にくるように入れる

B5は四つ折
すべてのサイズを四つ折り

文面を内側にして、下半分を折り上げる

上半分を折り下げる

封筒の裏から見て、書き出し部分が右上にくるように入れる

● 洋封筒へ

すべてのサイズを四つ折り

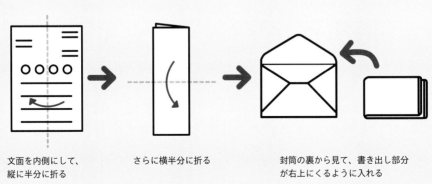

文面を内側にして、縦に半分に折る

さらに横半分に折る

封筒の裏から見て、書き出し部分が右上にくるように入れる

一筆箋／添え状

封筒の書き方

はがき／折り方

押印・送付

敬頭の使い方

時候の挨拶

気をつけたい表現

ビジネス用語

押印のマナー

　ビジネス文書には押印することが多いので、それぞれの役割と押し方を覚えておきましょう。なお、押印は責任の所在を示す重要なものですので、まっすぐにきれいに押しましょう。また、周囲をインクで汚さないよう注意します。

● 印鑑の種類と押し方

社印

四角い印鑑に会社名が彫られたものを「社印」または「角印（かくいん）」といいます。見積書や請求書、領収書、契約書などに使用されます。個人の認め印に相当します。

株式会社 美宇プランニング
東京都豊島区○○ ○○ 0-0-0
(00) 0000-000

社名の最後の1字に印影が半分かかるように押します（かからないように押印する場合もあります）。

職印

会社の役職が刻印された印鑑のことです。「役職印」「部長印」「支店長印」「工場長印」ともいい、代表者の代わりに承認が必要なときなどに用いられます。

株式会社 美宇プランニング
多摩川営業所所長　新田 貴之

氏名の最後の1字に印影が半分かかるように押します

代表者印

法人設立時に作成し、法務局に登録する会社の「実印」。「丸印（まるいん）」ともいう。一般的に二重丸の内に役職名、外側の円に社名が書かれています。

株式会社 美宇プランニング
代表取締役社長　田中 芳夫

氏名の最後の1字に印影が半分かかるように押します（かからないように押印する場合もあります）

銀行印

銀行口座の開設や、小切手などを振り出す際に使われる印鑑です。中央には「銀行之印」、外側には社名が刻印されています。

株式会社 美宇プランニング
東京都豊島区○○ ○○ 0-0-0
(00) 0000-000

振出人欄、または受領証に記入した社名・代表者名の後に押印します。

● 実印と認め印

　実印と認め印の違いは、法的効力の有無です。法務局に登録する代表社印には法的効力がありますが、社印には法的効力はありません。社印はあくまでも商習慣として押印されます。

送付時のマナー

契約書や請求書、機密事項が書かれた文書などの重要書類は、内容に不備があったり、相手のもとに届かなかったりしたら大変です。送付時に実践しておきたいトラブルを防ぐためのポイントを紹介します。

● 送付する前に確認しておくこと

ビジネス文書が完成したら、まずはセルフチェックを。その後上司がダブルチェックすることで、不適切な表現や誤字脱字など、思わぬミスを減らすことができます。また、控えを残す必要があるかどうかも確認してください。

《控えを残す》

社外文書は、発信元が控えを保存するのが原則です。文書が完成したら、同一のものを3部作成し、それぞれを「正本」(実際に送付する文書)、「控え」(発信元の保管用文書)、「写し」(発信元が関連部署などに情報共有するための文書) とします。

《上司にチェックしてもらう》

契約書や請求書、機密事項などを扱う重要な文書は、上司から指示がなくても、送付前に一度チェックしてもらったほうが安全で、安心です。

● 受け取る相手への気配りを忘れずに

せっかく仕上げた文書も、配達の途中で雨に濡れたり、折れ曲がったり、誤配送されたりしたら台なしです。相手のもとに確実に届くよう、細心の注意を払いましょう。また、返送が必要な場合は、返送用封筒を同封するのを忘れずに。

☑ **クリアファイルに入れる**

文書を折らずに封筒に入れて送る場合は、クリアファイルに入れましょう。大切な文書が折れ曲がったり、水に濡れたりするのを防げます。

☑ **適切な方法で送る**

手紙や請求書、証明書などの「信書」は、日本郵便または民間宅配業者の信書専用便で送ります。重要な書類は、配達記録が残る方法や追跡サービスを利用しましょう。

☑ **返送用封筒を同封する**

返送が必要な場合、あらかじめ切手を貼り、返送先の住所・氏名を記入した返送用封筒を用意しましょう。返送先の宛名には「行き」または「宛て」と書きます。

敬語の使い方

　敬語は、尊敬語、謙譲語、丁寧語の3種類に大別できます。敬語を正しく使い分けられているかどうかによって文書の印象が大きく変わるので、これを機に、正確に覚えましょう。正しい使い方が身につけば、文書だけでなく、あらゆるシーンで役立つこと間違いなしです。

基本の3種類

尊敬語 目上の人や社外の人などの動作、状態、所有物を高めて敬意を表します。
例）名前➡お名前　住所➡ご住所　食べる➡召し上がる　読む➡お読みになる

謙譲語 自分や身内についてへりくだった表現をすることで、相手に対して敬意を示します。
例）行く➡伺う　来る➡参る　知る➡存じ上げる　自社、当社➡弊社、小社

丁寧語 語尾に「です」「ます」などをつけ加えて、丁寧な話し方で聞き手に対して敬意を表します。なお、「ございます」は「ます」「です」よりも、さらに丁寧な言い方になります。

美化語

名詞の頭に「お」「ご」を加えて上品にいう言い方。ただし、外来語（コピー、メール、コーヒーなど）や、公共のもの（学校、電車、バスなど）、縁起の悪いもの（事故、離婚、死亡など）には「お」「ご」はつけないので注意しましょう。
例）魚➡お魚　車➡お車　連絡➡ご連絡　都合➡ご都合　意見➡ご意見　忙しい➡お忙しい

二重敬語に注意！

ひとつの言葉に、同じ種類の敬語を二重に使うことを「二重敬語」といいます。二重敬語は相手に過剰な印象を与えてしまうため一般的にはNGですが、「お召し上がりになる」「お見えになる」「お伺いする」など、習慣として定着しているものもあります。
例）×おっしゃられる➡○おっしゃる　×お読みになられる➡○お読みになる　×拝見させていただきます➡拝見します

尊称と卑称

尊称とは相手を尊敬していることを示す呼称、卑称とは、自分や身内をへりくだって使う呼称のことをいいます。

対象	尊称（相手方）	卑称（自分方）
会社、店	貴社　御社　貴店　貴支社	弊社　小社　当社　我が社　小店　弊店　当店

対象	尊称（相手方）	卑称（自分方）
銀行	貴行	当行

対象	尊称(相手方)	卑称(自分方)
団体	貴会　貴協会	当会　本会　当協会
意見	ご意見　ご高説　ご賢察	考え　私見　浅見　愚見
手紙、文書	お手紙　ご書状　ご書面　おはがき　貴書	手紙　はがき　書面　書状　拙文
品物、贈り物	ご厚志　ご芳志　ご高配　お心づくしの品　けっこうなお品　佳品　銘菓　銘酒	寸志　粗品　心ばかりの品　ささやかな品　粗菓　粗酒
気持ち	お気持ち　お心　ご厚志　ご厚情　ご芳情　ご芳志	私意　微意　拙意　薄志
本人	○○様　貴殿(→P.50)　あなた様　貴台　(→P.172)	私　私ども　当方　小職　(→P.103)

対象	尊称(相手方)	卑称(自分方)
社長、社員	貴社社長　貴社社員	当社の○○　弊社社員　当社社員
父	お父上　ご尊父様　後賢婦様	父　父親　実父　老父
母	お母上　ご母堂様　ご賢母様	母　母親　実母　老母
両親	ご両親様　お父様　お母様	両親　父母
夫	ご主人　ご夫君	夫　主人
妻	奥さま　ご令室　令夫人	妻　家内　女房
息子	ご子息　ご令息	息子　せがれ
娘	ご息女　ご令嬢	娘
家族	ご家族様　ご一同様　ご家族の皆様	家族　家族一同　私ども

一筆箋／添え状　封筒の書き方　はがき／折り方　押印／送付　敬語の使い方　時候の挨拶　気をつけたい表現　ビジネス用語

動詞の言い換え

動詞	尊敬語	謙譲語
する	なさる　される	させていただく　いたす
いる	いらっしゃる　おられる	おる
いう	おっしゃる　いわれる	申す　申し上げる
聞く	お聞きになる　聞かれる	伺う　お聞きする　拝聴する　承る
見る	ご覧になる　見られる	見せていただく　拝見する
行く	いらっしゃる　おいでになる　行かれる　おでかけになる	参る　伺う　参上する
来る	いらっしゃる　来られる　おいでになる　見える　お見えになる　お越しになる	伺う　参る　参上する

動詞	尊敬語	謙譲語
会う	お会いになる　会われる	お目にかかる　お会いする
知る	お知りになる　知っていらっしゃる　ご存じ	存じ上げる（人に対して）　存じる（人以外に対して）　承知する
思う	お思いになる　思われる	存じる　存じ上げる
書く	お書きになる　書かれる	書かせていただく　したためる
読む	お読みになる　読まれる	拝読する　読ませていただく
食べる	召し上がる　食べられる	いただく　ちょうだいする　ごちそうになる
受け取る	お受け取りになる　受け取られる	拝受する　ちょうだいする　いただく　賜る

時候の挨拶

　前文（P.18）に使用する時候の挨拶には、「○○の候」と短く表現した漢語表現と、やわらかな表現の「和語表現」があります。それぞれを月ごとにまとめましたので、ビジネス文書を作成する際の参考にしてください。

　二十四節気に「の候」をつけて時候の挨拶にすることもできます。なお、「候」は「みぎり」としてもかまいません。

月	時候のあいさつ	二十四節気
1月	●初春の候　●新春の候　●寒冷の候　●厳冬の候 ●寒気厳しい折から　●松の内の賑わいも過ぎ ●初春とはいえ厳しい寒さが続いておりますが	小寒（しょうかん）1月5日頃 大寒（だいかん）1月21日頃
2月	●春寒の候　●梅花の候　●向春の候　●晩冬の候 ●立春とは名ばかりの寒さが続いておりますが ●梅のつぼみがふくらみはじめた今日この頃 ●春の兆しを感じる季節になりました	立春（りっしゅん）　2月4日頃 雨水（うすい）　2月19日頃
3月	●早春の候　●陽春の候　●春寒の候　●浅春の候 ●ひと雨ごとに寒さもゆるんでまいりましたが ●日差しに春の訪れが感じられる今日この頃 ●桜の便りが聞こえてくる今日この頃	啓蟄（けいちつ）　3月5日頃 春分（しゅんぶん）3月21日頃
4月	●春暖の候　●桜花の候　●晩春の候　●陽春の候 ●すっかり春めいてまいりましたが ●春たけなわの季節になりました ●春光うららかな季節となりました	清明（せいめい）4月5日頃 穀雨（こくう）　4月20日頃
5月	●薫風の候　●新緑の候　●若葉の候　●惜春の候 ●風薫るさわやかな季節となりましたが ●新緑が目にしみる今日この頃 ●早くも夏の気配が感じられる季節となりました	立夏（りっか）5月5日頃 小満（しょうまん）　5月21日頃
6月	●向暑の候　●入梅の候 ●長雨の候（⇒P.157）　●麦秋の候 ●梅雨冷えの日が続いておりますが ●梅雨明けが待たれる今日この頃 ●あじさいの花咲く季節となりました	芒種（ぼうしゅ）　6月6日頃 夏至（げし）6月21日頃

二十四節気とは

「にじゅうしせっき」と読み、季節を表す用語です。1年を春夏秋冬の4つの季節に分け、さらに各6つに分けたもので、15日程度で次の節気に移ります。今でもよく使われる立春や夏至、冬至などもこの二十四節気の1つ。時節にあった前文を書きたいときは、参考にしてみてください。

月	時候の挨拶	二十四節気
7月	●盛夏の候　●猛暑の候　●炎暑の候　●酷暑の候 ●猛暑到来となりましたが ●夏空がまぶしく感じられる今日この頃 ●暑さ厳しい折から	小暑（しょうしょ）　7月7日頃 大暑（たいしょ）　7月23日頃
8月	●晩夏の候　●残暑の候（➡P.74）　●暮夏の候 ●残炎の候 ●まだまだ暑い日が続いておりますが ●立秋とは名ばかりの暑さが続きますが	立秋（りっしゅう）　8月8日頃 処暑（しょしょ）　8月23日頃
9月	●初秋の候　●清涼の候　●新涼の候　●新秋の候 ●朝晩はしのぎやすくなってきましたが ●虫の音に秋涼を感じる今日この頃 ●天高く馬肥ゆる秋となりました	白露（はくろ）　9月8日頃 秋分（しゅうぶん）　9月23日頃
10月	●仲秋の候　●紅葉の候　●秋冷の候 ●菊花の候　●錦秋の候（➡P.167） ●秋もたけなわとなりましたが ●秋も深まってまいりましたが ●すがすがしい秋晴れの今日この頃	寒露（かんろ）　10月8日頃 霜降（そうこう）　10月24日頃
11月	●晩秋の候　●向寒の候　●暮秋の候 ●朝夕はすっかり冷え込むようになりましたが ●菊薫る今日この頃 ●日ごとに寒さが身に染みる季節になりました	立冬（りっとう）　11月7日頃 小雪（しょうせつ）　11月22日頃
12月	●師走の候　●寒冷の候　●初氷の候　●歳末の候 ●今年も残すところあとわずかとなりましたが ●寒さが身に染みる今日この頃 ●年の瀬も押し迫ってまいりました	大雪（たいせつ）　12月7日頃 冬至（とうじ）　12月21日頃

一筆箋／添え状

封筒の書き方

はがき／折り方

押印／送付

敬称の使い方

時候の挨拶

気をつけたい表現

ビジネス用語

気をつけたい表現

「ちょっと」「なるはや」「一番最初」など、つい使ってしまいがちですが、ビジネス文書では避けたい表現を紹介します。併せて、お悔み状や開業祝の書状を出す際に覚えておきたい「忌み言葉」についても取り上げます。

● 口語表現

「すごく」「やっぱり」「すみません」などの口語表現（話し言葉）は、ビジネスシーンにふさわしくありません。言い換え表現を覚えましょう。

✕	○
ちょっと	少々
すごく	とても　大変
やっぱり	やはり
だって	なぜかといいますと／なぜなら／理由は
さっき	先ほど
あとで	後ほど
あっち／こっち／どっち	あちら／こちら／どちら

✕	○
すみません	申し訳ございません 申し訳ありません
わかりました	かしこまりました 承知いたしました
〜でいいですか	〜でよろしいですか
どうですか	いかがでしょうか
わかりません	わかりかねます
できません	いたしかねます

● あいまい語

「なるはや」「けっこうです」などのあいまいな表現をビジネス文書に使ってしまうと、思わぬトラブルに発展する可能性があります。

✕	○
なるはやで／早めに／のちほど／すぐに	○月○日までに ○時までに
しばらく	○月○日から○月○日まで

✕	○
かなり／少し／もっと／たくさん	○日間　○人 ○分　○個
けっこうです	否定→遠慮します 肯定→問題ありません

重言

「頭痛が痛い」のように、同じ意味の語を重ねて使うことを「重言」といいます。使ってしまいがちなので気をつけましょう。

×	○
頭痛が痛い	頭痛がする／頭が痛い
後で後悔する	後悔する／後から悔いる
あらかじめ予約する	予約する／あらかじめ約束する
車に乗車する	乗車する／車に乗る

×	○
いちばん最初	最初
いちばん最後	最後
今の現状	現状
返事を返す	返事をする
被害を被る	被害を受ける

忌み言葉に注意!

冠婚葬祭にかかわる文書を作成する際は、縁起が悪いとされている「忌み言葉」は使わないのがマナーです。

お見舞い	病気の長期化や予後不良、別れを連想させる言葉や、不幸が重なることをイメージさせる重ね言葉はNGです。 死ぬ／死／四（＝死）／苦しむ／苦／九（＝苦）／寝る／寝つく／長引く／散る／衰える／終わる／たびたび／いよいよ　など
お悔やみ	不幸が重なることをイメージさせる重ね言葉はNGです。このほか、生死の直截的な表現も控えます。 重なる／重ね重ね／くれぐれも／たびたび／いよいよ／次々／追って／さらに／死／四（＝死）／苦／九（＝苦）　など
新築・開店・開業	火事や建物の倒壊、倒産、閉店などを連想させる言葉は避けます つぶれる／崩れる／倒れる／傾く／閉じる／終わる／落ちる／焼ける／燃える／火／炎／赤（＝赤字）　など

二重否定はややこしくなるので注意!

文章や発言の中で、否定する言葉を2回使うことを二重否定といいます。ビジネス文書で使うと、相手が意味を取り違える可能性があるので、極力避けましょう。
例）×間に合わないこともない➡○間に合う　×やれないこともない➡やれる

反復語は表現が過剰になるので注意!

同じ語をくり返した言葉を「反復語」といいます。反復語は「畳語」ともいい、ビジネス文書で使いすぎると、表現が過剰な印象を与えます。使いすぎないよう注意しましょう。
例）ほぼほぼ　のちのち　もろもろ　ぜひぜひ　ではでは　よくよく

一筆箋／添え状

封筒の書き方

はがき／折り方

押印／送付

敬語の使い方

時候の挨拶

気をつけたい表現

ビジネス用語

使いこなしたいビジネス用語

あ

	読み方	掲載頁	意味
愛顧	あいこ	—	目をかけて引き立てること。ひいき。通常は頭に「ご」をつけて使う
遺憾	いかん	—	期待していた通りにならず、残念に思うこと
委任	いにん	P.143	法律行為を他人に委託すること
遺漏	いろう	—	行動や仕事に、抜けや漏れがあること
引見	いんけん	P.185	高位の人が目下の人を招いて対面すること

か

	読み方	掲載頁	意味
回覧	かいらん	P.222	通知や共有したい事項を記載した文書を順に回し、閲覧すること
各位	かくい	P.45	宛先が多数にわたる場合の省略した宛名
寛恕	かんじょ	P.96	寛大な気持ちで許すこと
感服	かんぷく	P.177	感心し、尊敬すること
貴意	きい	—	相手の意見や考えを丁寧にいう表現。「貴意を得ず」などと使う
貴学	きがく	P.59	学校に対する尊称
議事	ぎじ	P.245	特定の事柄について話し合いを行うこと。また、その内容
貴信	きしん	P.83	相手の手紙やメールを敬っていう言葉
貴台	きだい	P.172	相手を敬っていう二人称
忌憚なく	きたん（なく）	P.58	「遠慮せずに」「ためらわずに」といった意味
貴殿	きでん	P.50	男性が目上、または同等の男性に向けて使う二人称
急啓	きゅうけい	P.98	緊急時に発信する文書の代表的な頭語
休職	きゅうしょく	P.290	一般的に、雇用を維持したままの長期休暇を指す
教示	きょうじ	—	知識や考え、方法などを具体的に教え示すこと
業務災害	ぎょうむさいがい	P.252	業務が原因で被ったけがや病気、死亡のこと
供覧	きょうらん	P.221	多くの人が読む、意思決定を伴わない文書
玉稿	ぎょくこう	P.65	原稿を敬っていう言葉
謹告	きんこく	P.99	「謹んで申し上げる」の意
僅少	きんしょう	P.181	「ほんの少し」の意味
苦衷	くちゅう	P.89	苦しい立場
繰り合わせ	くりあわせ	P.168	予定をやりくりするという意味
懈怠	けたい	P.139	義務を怠ること
賢察	けんさつ	P.66	相手の推察を敬っていう言葉

健勝	けんしょう	—	健康で元気であること。通常は頭に「ご」をつけて使う
公器	こうき	P.195	公共のための存在
交誼	こうぎ	—	親しくつき合うこと。目上の人に使うと失礼にあたる。通常は頭に「ご」をつけて使う
高誼	こうぎ	—	深い思いやり、好意。通常は頭に「ご」をつけて使う
厚誼	こうぎ	P.46	心のこもった親しいつき合い。通常は頭に「ご」をつけて使う
厚志	こうし	P.193	思いやりの意味
厚情	こうじょう	—	思いやりの気持ち。親切な心。通常は頭に「ご」をつけて使う
幸甚	こうじん	P.49	大変感謝している、とてもうれしく思う
高配	こうはい	P.53	相手の配慮を敬っていう言葉
高来	こうらい	P.167	他人を敬って、その来訪についていう言葉
高覧	こうらん	P.80	相手が見るのを敬っていう言葉
光臨	こうりん	P.166	出席を敬っていう言葉
懇請	こんせい	P.85	心よりお願いすること。熱心に頼むこと

さ

催告	さいこく	P.139	相手に対して、一定の行為を請求すること
査収	さしゅう	P.49	金品や書類を相手が受け取るのを敬っていう言葉
慚愧	ざんき	—	自分の行動を恥じ入り、深く反省すること。「慚愧（の念）に堪えない」などと使う
子息	しそく	P.203	他人の息子に対する敬称
謝意	しゃい	—	「感謝の気持ち」「お詫びする気持ち」の両方の意味がある
社葬	しゃそう	P.204	会社が施主となって行う葬儀
祝詞	しゅくし	—	お祝いの言葉。祝辞
遵守	じゅんしゅ	—	ルールや命令、道理を守ること。「順守」も同様
承引	しょういん	P.81	承知して引き受けること
小宴	しょうえん	P.166	自分たちが開く宴会をへりくだっていう言葉
照会	しょうかい	P.234	問い合わせて確認すること
精進	しょうじん	P.264	目上の相手に対して、仕事に集中する決意をあらわす言葉
笑納	しょうのう	P.161	「つまらないものですが、笑ってお納めください」という意味
所感	しょかん	P.241	物事を見て思ったことや感じたこと
所見	しょけん	P.241	物事にふれての意見
諸般の事情	しょはんのじじょう	P.66	いろいろな事情、もろもろの理由
深謝	しんしゃ	—	「心から謝罪する」「深く感謝する」の両方の意味がある
斟酌	しんしゃく	—	相手の事情や気持ちを汲み取ること
親展	しんてん	—	「宛名に書かれた人に開封してほしい」という意味

遂行	すいこう	P.279	最後まできちんとやり遂げること
清栄	せいえい	―	清く栄えること。通常は頭に「ご」をつけて使う
盛栄	せいえい	―	商売などが盛んなこと。通常は頭に「ご」をつけて使う
盛夏	せいか	P.160	夏の一番暑い盛り
清祥	せいしょう	P.50	相手の繁栄、健康を喜ぶ挨拶
盛名	せいめい	P.80	盛んな良い評判
誓約	せいやく	P.295	提出先が提示した約束事に対し、提出者が厳守する意思を表明すること
精励	せいれい	P.176	仕事などに努め励むこと
精励	せいれい	P.176	仕事などに努め励むこと
粗宴	そえん	P.58	宴会のこと。へりくだっていう言葉

た

衷心	ちゅうしん	P.170	心から。真心の奥底
注文請書	ちゅうもんうけしょ	P.126	受注者が注文を受理したことを示す契約書の一種
懲戒	ちょうかい	P.230	社内外での不当な行為に対して科す制裁のこと
締結	ていけつ	P.137	条約や契約を取り結ぶこと

な

念書	ねんしょ	P.265	当事者と交わした約束事を、証拠として残すための文書

は

倍旧	ばいきゅう	―	これまでよりも程度が増すこと。今まで以上「旧に倍する」とも（P.198）
拝承	はいしょう	P.177	聞くこと、承知することをへりくだっていう言葉
拝復	はいふく	P.89	相手からの返信に対する回答
万障	ばんしょう	―	さまざまな不都合、支障。「万障繰り合わせる」などと使う
反駁	はんばく	P.106	反論すること
微意	びい	P.183	「わずかながらの心遣い」の意味
美菓	びか	P.177	お菓子を敬っていう言葉
ひとかたならぬ		―	非常な。並ひと通りではない
鞭撻	べんたつ	P.151	強く励ますこと。通常は頭に「ご」をつけて使う
芳志	ほうし	―	相手の親切な心遣いを敬っていう表現。「厚情」も同様。通常は頭に「ご」をつけて使う

ま

毎々	まいまい	P.187	いつも。たびたび
末筆	まっぴつ	—	手紙などの最後の部分
見計らい注文	みはからいちゅうもん	P.126	商品の数量と数だけ指定し、サイズや細かい種類などは注文先の選定に任せる注文方法
身元保証書	みもとほしょうしょ	P.292	被雇用者の身元を保証する書類
申し越し	もうしこし	—	「いって寄越す」を意味する。通常は頭に「ご」をつけて使う

や

用命	ようめい	P.115	用をいいつけること。商品を注文すること

ら

履行	りこう	—	契約や約束、いったことなどを実行すること
略儀	りゃくぎ	—	正式な手続き・手順などを一部省略して、簡単にしたやり方
隆昌	りゅうしょう	—	店や家の勢いが盛んで栄えていること。「隆盛」も同様
稟議	りんぎ	P.272	決裁権限者に対し、特定の事柄について承認を要請する手続き
隣席	りんせき	P.208	高位の人が出席・参加すること

わ

私こと	わたくしこと	P.150	自分自身のことをへりくだっていう言葉

索引

五十音順で引けるインデックスを用意しました。

索引

317

索引

監修者

奈良正哉（なら まさや）

慶應義塾大学経済学部卒。みずほ信託銀行総合リスク管理部長、運用企画部長を務めた後、執行役員を経て同社常勤監査役となる。銀行勤めをする傍ら40歳のときに司法試験挑戦を思い立ち、45歳で合格。2014年からみずほ不動産販売専務取締役。退任後に司法修習を受け、2017年から弁護士として活動。銀行の管理職時代に、自らの経験をもとに「ビジネス文書を書くノウハウ」をまとめ、延べ1200人以上の社員にセミナーを行った。現在、鳥飼総合法律事務所所属。関連著書に『ダメ出しされない文章が書ける77のルール　ビジネス文章力の基本』（日本実業出版社）がある。株式会社オムロン 社外監査役、理想科学工業株式会社 社外監査役、株式会社熊谷組 社外監査役。

- 編集：有限会社ヴュー企画（佐藤友美）
- 執筆・編集協力：相崎良介・小川裕子・松井 巧
- イラスト：平松 慶
- 本文デザイン：大悟法淳一・武田理沙（ごぼうデザイン事務所）・黒木亜沙美
- 企画編集：成美堂出版編集部（原田洋介・芳賀篤史）

・「送る場面」はスペースの関係で一部の表記を省略していることがあります。
・「ビジネス用語集」はビジネス文書に頻出する社会人として知っておきたい用語を厳選して掲載しています。
・本書は原則として2023年2月末時点の情報に基づいております。

いちばんわかりやすい ビジネス文書 書き方とマナー

監　修	奈良正哉（なら まさや）
発行者	深見公子
発行所	成美堂出版
	〒162-8445　東京都新宿区新小川町1-7
	電話(03)5206-8151　FAX(03)5206-8159
印　刷	広研印刷株式会社

©SEIBIDO SHUPPAN 2023 PRINTED IN JAPAN
ISBN978-4-415-33234-5
落丁・乱丁などの不良本はお取り替えします
定価はカバーに表示してあります